中国社会科学院创新工程学术出版资助项目

中国房地产周期波动区域差异研究

REAL ESTATE

REGIONAL DIFFERENCES OF
CYCLES IN CHINA

邹琳华 / 著

社会科学文献出版社
SOCIAL SCIENCES ACADEMIC PRESS (CHINA)

内容提要

中国房地产市场经历了改革开放以来数十年的发展,在其发展轨迹中已经出现可观察测度的周期现象,特别是 2002 年以来的房地产热及 2008 年的房地产市场调整,使人们真实感受到了中国房地产周期的存在与作用。但相比较而言,关于全国性房地产周期的研究较多,而区域性房地产周期的研究仍处于初始阶段。房地产周期为什么会存在区域差异,其主要原因或影响因素是什么?房地产周期波动会对区域经济构成何种影响?我国存在什么样的区域房地产周期?我国房地产周期区域差异的具体表现形式或特征是什么?在现有的研究中,这些问题都没有得到很好的解答。

为对上述问题做出科学解答以弥补相关研究的不足,本书首先构建了经中国区域市场特性修正的黏性价格存量—流量模型,并通过参数模拟的方法探讨了区域市场的市场结构及经济基本面因素对房地产周期波动特征模式的影响;进而构建了包含金融加速器效应的动态一般均衡模型,分析了房地产周期与宏观(区域)经济波动的相互作用机理及其后果。在实证部分,本书首先综合运用 HP 滤波、谱密度分析和 BP 滤波等方法,对北京、上海、广州、深圳 4 个一线城市房地产周期作了经验测度与阶段划分,在此基础上对 4 个城市的房地产周期差异作了简单的分析比较;进而以东、中、西部 10 个重要城市为例,通过互谱分析等方法测度了我国不同区域房地产周期的相关性、领先滞后关系和波动性差异。

通过对基于黏性价格的存量—流量模型动态参数模拟本研究发现,在其他条件不变时,供给弹性越大、需求弹性越小的区域,房地产周期波动越显著,波幅越大,波动的持续性越强;价格调整速度越慢的区域,房地产周期的波幅越大,波动的持续性越强,波动的周期越长;收入(经济)增长速度越快的区域及房地产拆迁速度或折旧速度越快的区域,房地产周期的波幅越大,波动的持续性越强;房地产需求收入弹性越大的区域,房地产周期的波幅越大,波动的持续性越强,波动的周期越短,周期的波形也越不规则；建筑滞后期越长的区域，房地产周期的波幅越大，波动周期越长，波动频率越低。

通过对信贷约束条件下的一般均衡模型动态模拟，发现在房地产价格的下降阶段，房价下跌会通过金融加速器效应，使总产出加速下滑。但是总产出下降并不会循环反馈到房价上加速房价的下跌，房价运动有其相对独立的运动规律。通过外部融资升水条件下的动态一般均衡模型模拟笔者还发现，在金融加速器效应的条件下，货币政策调控对缓解房价下降以及对宏观（区域）经济的冲击基本没有效果，财政政策对抑制总产出的下降虽有一定成效，但是会增大私人投资的下降幅度，同时对房价的下跌也基本没有阻止作用。

通过综合利用波谱分析和 HP 滤波、BP 滤波等方法对我国北京、上海、广州与深圳 4 个房地产一线城市的房地产价格、实际供求和开发投资周期的测度发现，北京存在 5~6 年及 3 年左右的房地产价格周期、15 年左右的住房实际供求周期，但北京房地产开发投资不存在明显的周期；上海存在 5~6 年的房地产价格周期、10 年左右的住房实际供求周期和 7 年左右的房地产开发投资周期；广州存在 5~6 年的房地产价格周期、15 年左右及 6 年左右的住房实际供求周期和 12 年左右的房地产开发投资周期；深圳存在 5~6 年的房地产价格周期、10 年左右的住房实际供求周期和 9 年左右的房地产开发投资周期；除了房地产周期长度外，各城市间由峰谷对应反映的领先滞后关系也存在一定差异。

通过以东、中、西部地区 10 个重要城市的交叉谱分析和波动性分析，发现从相干谱反映房价周期的相关性看，东部城市之间房价周期的关联性较强，而中、西部城市之间房价周期的关联性则较弱，并且不同区域内部各城市之间房价周期的关联性也存在差异；从相位谱反映的房价周期领先滞后关系看，在具有较强相关性的城市之间，房价周期也不完全同步，而是存在丰富的领先滞后关系；从离散系数和贝塔系数反映的房价波动性看，东部地区城市房价周期的波动性要远大于中部和西部地区城市。且在东部地区城市中，上海与深圳的房价波动性又要大于其他城市。

综合本书分析结果可知，中国不仅存在房地产周期，而且房地产周期具有很强的地域性特征。从投资意义看，在房地产投资组合中应当充分考虑各城市房价波动性的区域差异，以确立与投资收益（风险）目标相一致的房地产投资组合比例；在跨区域房地产投资中可通过区域梯度转移等方式充分利用区域房地产周期的差异以"延长"房地产景气时间,并规避可能的房地产周期风险。从政策意义看,由于房地产市场的大起大落会对宏观(区域)经济带来较大的负面冲击,因而未雨绸缪保持房地产市场的平稳发展,是实现房地产业与宏观(区域)经济良性互动的关键。在制定相关房地产市场调控政策特别是"反周期"政策时,中央政府应当充分考虑其区域效应,尽量避免"一刀切"。房地产政策可以考虑采取"分类指导"的方式,在必要的条件下,也可以给予地方相关管理部门更多的房地产调控政策自主权。

An Analysis about the Regional Differences of Real Estate Cycles in China

Fluctuations orcycles can be observed from the real estate markets of China since the reform and opening up especially from 2002 to 2008. However, we have paid more attention to the national real estate cycles, but paid less attention to the local real estate cycles. Why do regional differences of real estate cycles exist? What is the main reason for the differences? Can the fluctuations orcycles in real estate markets influence the growth of regional economy? What are the dynamic performances of local real estate cycles in China? What is the pattern of regional differences among the China's local real estate markets? These questions have not been solved properly in present research.

In order to answer these questions, this book first constructs a stock-flow model with sticky price and simulates it with the parameters of China's local real estate markets to investigate the influences of the market structure and economic fundamentals on the pattern of local real estate cycles, then builds a dynamic general equilibrium model with financial accelerator to analyze the interaction between real estate cycles and fluctuations of macro (regional) economy. In the empirical analysis of this article first measures and compares the real estate cycles of Beijing, Shanghai, Guangzhou and Shenzhen by using HP filter, spectral density analysis and BP filter, and then estimates the coherency, leading-lag relationships and differences in volatility of real estate cycles among 10 major cities which are located in the eastern, middle and western China by the cross-spectral analysis and other methods.

The simulations of stock-flow model show that if other conditions remain unchanged, the amplitude and persistence of real estate cycles in regional markets will increase when the supply is elastic or demand is rigid; the amplitude, persistence and cycle length will increase when the regional market's price is more sticky; the amplitude and persistence will increase when the regional markets has higher income growth rates or housing depreciation rates; the amplitude, persistence and frequency will increase and the cycles will become more irregular when the regional markets have greater income elasticity; the amplitude and cycle length will increase when the regional markets have longer construction lags.

Under the framework of credit constraint, the simulations of general equilibrium model show that the decline in real estate price will accelerate the decline in total output through the financial accelerator in the contract phase of real estate and business cycles, but the decline in total output will not accelerate the decline in real estate price as feedback. Under the framework of external financial premium, the simulations show that monetary policy can't alleviate the impact of real estate price decline on total output, fiscal policy has some effect on it but will accelerate the investment decline, and has no use in preventing the real estate price decline.

By using HP filter, spectral density analysis and BP filter, this article measures the price cycles, real supply/demand cycles and investment cycles in Beijing, Shanghai, Guangzhou and Shenzhen real estate markets. The results show about 5 −6 years and 3 years of price cycles and 15 years of real supply / demand cycles in Beijing market; about 5 −6 years of price cycles, 10 years of real supply /demand cycles and 7 years of investment cycles in Shanghai market; about 5 −6 years of price cycles, 10 years and 6 years of real supply/ demand cycles and 12 years of investment cycles in Guangzhou market; about 5 −6 years of price cycles, 10 years of real supply /demand cycle and 9 years of investment cycles in Shenzhen market. Besides the difference in cycle length, the results also show some differences in the leading-lag relationship among cities by comparing the peaks and troughs of cycles.

The cross-spectral analysis on real estate price cycles of 10 major cities from eastern, middle and western China shows that the coherence of price cycle among eastern cities is larger than coherence among the middle and western cities. The coherence is different among cities which are located in the same region too. Phase spectrum shows diverse leading-lag relationships among the price cycles of cities even though they have large coherence. The dispersion coefficients and beta coefficientsshow that the volatility of price cycles in eastern cities is greater than middle and western cities and price volatility in Shanghai and Shenzhen is larger than volatility in the other eastern cities.

It can be known from the results that there are great differences among real estate cycles in local markets of China. The differences should be seriously considered in making investment portfolios and also cross-regional real estate investments in order to take advantages or hedge risks from market fluctuations. For the government authorities when some policies especially counter-cyclical policies about real estate industry are made, the regional differences of real estate cycles should be seriously considered too.

目 录

第一章　绪论 ··· 001
- 一　问题的提出 ·· 001
- 二　概念界定与特征描述术语 ·· 004
- 三　文献回顾 ·· 009
- 四　研究思路、内容与结构 ·· 021
- 五　主要研究方法 ··· 023
- 六　可能的创新与不足 ·· 025
- 附　录 ··· 026

第二章　基于冲击—传导的房地产周期理论模型 ··················· 028
- 一　经济周期理论概述 ·· 028
- 二　房地产周期波动的蛛网模型 ··· 038
- 三　房地产周期波动的存量—流量模型 ······························· 039
- 四　考虑不确定性的楔子模型 ·· 041
- 五　本章小结 ·· 043

第三章　市场结构、经济基本面与房地产周期的区域差异 ······ 044
- 一　模型的构建 ·· 044
- 二　市场结构区域差异对房地产周期特征模式的影响 ··········· 049
- 三　经济基本面因素区域差异对房地产周期特征模式的影响 ··· 056
- 四　造成房地产周期区域差异的其他因素 ··························· 063
- 五　结论与政策建议 ·· 064
- 附　录 ··· 065

第四章 房地产周期波动对宏观（区域）经济的影响
——基于金融加速器效应与动态一般均衡模型的分析 ········ 067
- 一 问题的提出 ··· 067
- 二 相关理论概述 ··· 068
- 三 房地产市场的金融加速器效应 ················· 071
- 四 信贷约束情形下的动态一般均衡模型分析 ··· 075
- 五 外部融资升水情形下的动态一般均衡模型分析 ··· 083
- 六 结论与政策建议 ····································· 094

第五章 主要一线城市房地产周期的测度与划分 ··········· 095
- 一 房地产周期波动的测度与分析方法 ············ 095
- 二 数据说明 ·· 102
- 三 4城市房地产周期的测度与划分 ················ 106
- 四 4城市房地产周期的简单比较 ···················· 135
- 五 本章小结 ·· 138
- 附　录 ··· 139

第六章 房价周期的区域差异：以东、中、西部10城市为例 ··· 144
- 一 分析方法 ·· 144
- 二 样本选择与数据说明 ································ 147
- 三 房价周期的相关性及其领先滞后关系 ········ 149
- 四 房价周期的波动性差异 ····························· 158
- 五 结论与政策建议 ······································ 159

全书总结与后记 ··· 161

参考文献 ··· 163

图表索引

图 1 – 1	美国住房价格增长率	002
图 1 – 2	中国房屋销售价格指数	002
图 1 – 3	供求波动与房地产周期阶段	007
图 1 – 4	房地产周期波动的特征描述	007
表 1 – 1	房地产周期四阶段的一般性特征	008
表 1 – 2	房地产周期四阶段与特征事实	008
图 1 – 5	房地产周期波动分析的逻辑框架	022
图 A1 – 1	日本市街地价格指数（End of March 2000 = 100）	026
图 A1 – 2	日本东京圈市街地价格指数（End of March 2000 = 100）	026
图 A1 – 3	香港各类私人住宅月度售价指数（1999 年 = 100）	027
图 2 – 1	包含不确定性楔子的房地产开发函数	042
图 3 – 1	动态模拟供给弹性大于需求弹性情形	051
图 3 – 2	动态模拟供给弹性等于需求弹性情形	052
图 3 – 3	动态模拟供给弹性小于需求弹性情形	053
图 3 – 4	动态模拟价格调整时间为 0.5 年的情形	055
图 3 – 5	动态模拟价格调整时间为 2 年的情形	056
图 3 – 6	动态模拟年收入增长率为 4% 的情形	057
图 3 – 7	动态模拟年收入增长率为 16% 的情形	058
图 3 – 8	动态模拟收入弹性为 0.5 的情形	060
图 3 – 9	动态模拟收入弹性为 2 的情形	061
图 3 – 10	动态模拟建筑滞后期为 2 年的情形	062
图 3 – 11	动态模拟建筑滞后期为 3 年的情形	063
表 A3 – 1	2003 ~ 2007 年中国各省份地区生产总值增长率及排名（上年 = 100）	065

图 4-1	房地产市场金融加速器机制的作用渠道	072
表 4-1	房地产开发企业（单位）资产负债	073
表 4-2	固定资产投资结构	074
表 4-3	房地产开发资金来源结构	075
图 4-2	经济环境设定	076
图 4-3	信贷约束条件下的动态模拟结果	081
图 4-4	总产出下降速度	082
图 4-5	信贷约束成立与不成立条件下的房价动态变化	082
图 4-6	总体经济环境设定	084
图 4-7	货币政策效力分析的逻辑框架	084
图 4-8	外部融资升水条件下的动态模拟结果（1）	091
图 4-9	外部融资升水条件下的动态模拟结果（2）	092
图 4-10	外部融资升水条件下的动态模拟结果（3）	093
图 4-11	外部融资升水条件下的动态模拟结果（4）	094
图 5-1	三种周期的联系与区别	096
图 5-2	4 城市房屋销售价格指数	103
表 5-1	4 城市房屋销售价格指数描述性统计	103
图 5-3	4 城市竣工住宅面积	104
表 5-2	4 城市竣工住宅面积描述性统计	105
图 5-4	4 城市房地产开发投资	105
表 5-3	4 城市房地产开发投资描述性统计	106
图 5-5	经 HP 滤波的北京房屋销售价格指数	106
图 5-6	北京房屋价格指数波动的谱密度估计	107
图 5-7	北京 5~6 年的房价周期	108
表 5-4	北京 5~6 年的房价周期的划分	108
图 5-8	北京 3 年左右的房价周期	108
表 5-5	北京 3 年左右房价周期的划分	109
图 5-9	北京住房均衡供给演进路径	109
图 5-10	北京竣工住宅面积及实际供求缺口	110
表 5-6	北京历年住房实际供求状况测算	110
图 5-11	北京住房实际供求波动的谱密度估计	111
图 5-12	北京 15 年左右的住房实际供求周期	112

表 5-7	北京 15 年左右的住房实际供求周期的划分	……	112
图 5-13	北京房地产开发投资及 HP 滤波结果	……	112
图 5-14	北京房地产开发投资波动的谱密度估计	……	113
图 5-15	北京 3 年左右的房地产开发投资波动	……	113
图 5-16	经 HP 滤波的上海房屋销售价格指数	……	114
图 5-17	上海房屋价格指数波动的谱密度估计	……	115
图 5-18	上海 5~6 年的房价周期	……	115
表 5-8	上海 5~6 年房价周期的划分	……	115
图 5-19	上海住房均衡供给演进路径	……	116
图 5-20	上海竣工住宅面积及实际供求缺口	……	116
表 5-9	上海历年住房实际供求状况测算	……	117
图 5-21	上海住房实际供求波动的谱密度估计	……	118
图 5-22	上海 10 年左右的住房实际供求周期	……	118
表 5-10	上海 10 年左右住房实际供求周期的划分	……	119
图 5-23	上海房地产开发投资及 HP 滤波结果	……	119
图 5-24	上海房地产开发投资波动的谱密度估计	……	120
图 5-25	上海 7.3 年左右房地产开发投资周期	……	120
表 5-11	上海 7.3 年左右房地产开发投资周期的阶段划分	……	120
图 5-26	经 HP 滤波处理的广州房屋销售价格指数	……	121
图 5-27	广州房屋价格指数波动的谱密度估计	……	121
图 5-28	广州 5~6 年的房价周期	……	122
表 5-12	广州 5~6 年房价周期的划分	……	122
图 5-29	广州住房均衡供给演进路径	……	123
图 5-30	广州竣工住宅面积及实际供求缺口	……	123
表 5-13	广州历年住房实际供求状况测算	……	124
图 5-31	广州住房实际供求波动的谱密度估计	……	125
图 5-32	广州 15 年左右的住房实际供求周期	……	125
表 5-14	广州 15 年左右住房实际供求周期的划分	……	126
图 5-33	广州 6 年左右的住房实际供求周期	……	126
表 5-15	广州 6 年左右的住房实际供求周期的划分	……	127
图 5-34	广州房地产开发投资及 HP 滤波结果	……	127
图 5-35	广州房地产开发投资波动的谱密度估计	……	128

图 5 – 36	广州 12 年左右的房地产开发投资周期	128
表 5 – 16	广州 12 年左右的房地产开发投资周期的阶段划分	128
图 5 – 37	经 HP 滤波处理的深圳房屋销售价格指数	129
图 5 – 38	深圳房屋价格指数波动的谱密度估计	129
图 5 – 39	深圳 5~6 年的房价周期	130
表 5 – 17	深圳 5~6 年房价周期的划分	130
图 5 – 40	深圳住房均衡供给演进路径	131
图 5 – 41	深圳竣工住宅面积及实际供求缺口	131
表 5 – 18	深圳历年住房实际供求状况测算	132
图 5 – 42	深圳住房实际供求波动的谱密度估计	133
图 5 – 43	深圳 10 年左右的住房实际供求周期	133
表 5 – 19	深圳 10 年左右的住房实际供求周期的划分	133
图 5 – 44	深圳房地产开发投资及 HP 滤波结果	134
图 5 – 45	深圳房地产开发投资波动的谱密度估计	134
图 5 – 46	深圳 9 年左右的房地产开发投资周期	135
表 5 – 20	深圳 9 年左右的房地产开发投资周期的阶段划分	135
图 5 – 47	北京、上海、广州和深圳 5~6 年的房价周期	136
图 5 – 48	北京、上海、广州和深圳 10~15 年的住房实际供求周期	137
图 5 – 49	上海、深圳与广州的 7~12 年的房地产开发投资周期	138
图 A5 – 1	北京、上海、广州和深圳房屋销售价格指数波动的谱密度估计	140
图 A5 – 2	北京、上海、广州和深圳住房实际供求波动的谱密度估计	142
图 A5 – 3	北京、上海、广州和深圳房地产开发投资波动的谱密度估计	143
表 6 – 1	东、中、西部 10 个城市房屋销售价格指数	147
表 6 – 2	经 HP 滤波处理的中、东、西部 10 个城市房价指数描述性统计	149
图 6 – 1	东部 4 个城市房价周期的交叉谱分析	151
图 6 – 2	中部 3 个城市房价指数（以上年同期为 100）	152
图 6 – 3	中部 3 个城市房价周期的交叉谱分析	153

图 6-4 西部 3 个城市房价指数（以上年同期为 100）……………… 154
图 6-5 西部 3 个城市房价周期的交叉谱分析 …………………………… 155
图 6-6 东、中、西部 3 个城市房价指数（以上年同期为 100）…… 156
图 6-7 东、中、西部城市房价周期的交叉谱分析 …………………… 157
表 6-3 东、中、西部 10 个城市房价指数的离散系数 ……………… 158
表 6-4 东、中、西部 10 个城市房价指数的贝塔系数 ……………… 159

第一章 绪论

一 问题的提出

历史经验证明,房地产市场具有很强的周期波动性,并且房地产市场的周期波动往往与宏观(区域)经济波动具有较高的关联性。

在20世纪80年代,基于日本人多地少及经济腾飞的事实,很少有人认为日本的房价会大幅下跌。随着房地产价格的不断上扬,1991年日本市街地价指数达到1980年的2倍,1970年的4.8倍(见图A1-1,见第26页)。① 而涨幅居前列的东京圈1991年的市街地价指数为1985年的2.7倍(见图A1-2,见第26页)。但进入20世纪90年代以后,日本房地产泡沫开始破灭。日本市街地价格指数从1991年的147.8点到2008年的63.9点,下降了56.77%。其中商业用地价格指数波动最大,从1991年的高点到2008年的低点下降了71.56%。东京圈市街地价格指数跌幅居各区域之首。从1991年到2005年市街地价格指数下跌了71.25%,商业用地价格指数下跌了80.67%。伴随着房地产市场和股票市场泡沫的破灭,日本经济陷入衰退,整个20世纪90年代被称为"失去的十年",至今未见复苏迹象。

香港房价从1986年房地产市场复苏算起,到1997年最高点上升了7.1倍。在香港楼市繁荣时期,投机充斥,"炒楼花"盛行。但在1997年亚洲金融危机的作用下,香港房地产市场泡沫被刺破,房价出现大跌,香港私人住房价格指数从1997年10月172.9点的高点到2003年7月58.4点的低点,跌幅达66.22%(见图A1-3,见第27页),香港中产阶层在此次楼市泡沫破灭过程中财富缩水非常严重,大批的资产"负翁"由此诞生。

在美国房地产市场经历多年持续景气后,2005年第3季度房价增速开

---

① 为保持文章的可读性,在本文中,图或表序号前带"A"(appendix)表示该图或表被放置于本章附录部分。

始放缓,从 2007 年第 3 季度开始房价出现环比下跌,此后房价出现了加速下滑的趋势(见图 1-1)。房价连续上涨期间积累的泡沫风险在房价下跌阶段释放出来,成为美国次贷危机及之后全球金融风暴形成的直接诱因。

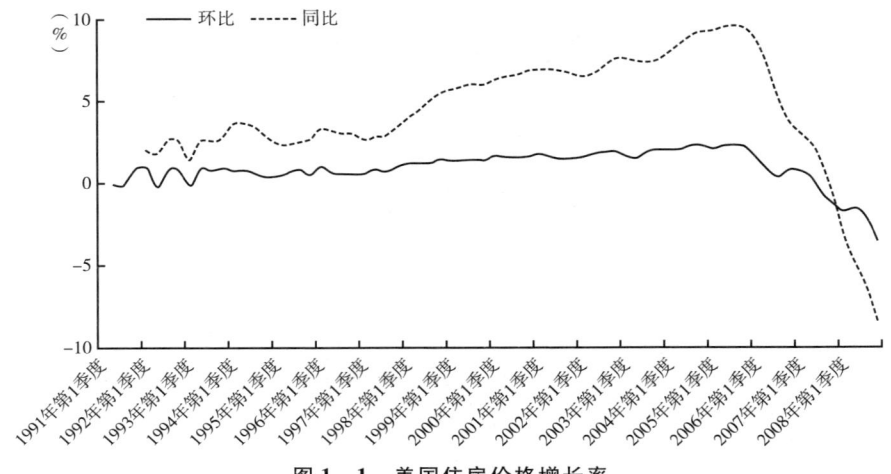

图 1-1 美国住房价格增长率

资料来源:Office of Federal Housing Enterprise Oversight (OFHEO)。

从我国情况看,自 2002 年以来,我国房地产市场也出现了连续多年的高度景气,房价涨速很快。但到 2008 年,房价持续上涨的势头出现了改变(见图 1-2)。国家发改委和国家统计局的调查结果显示,2008 年 12 月,

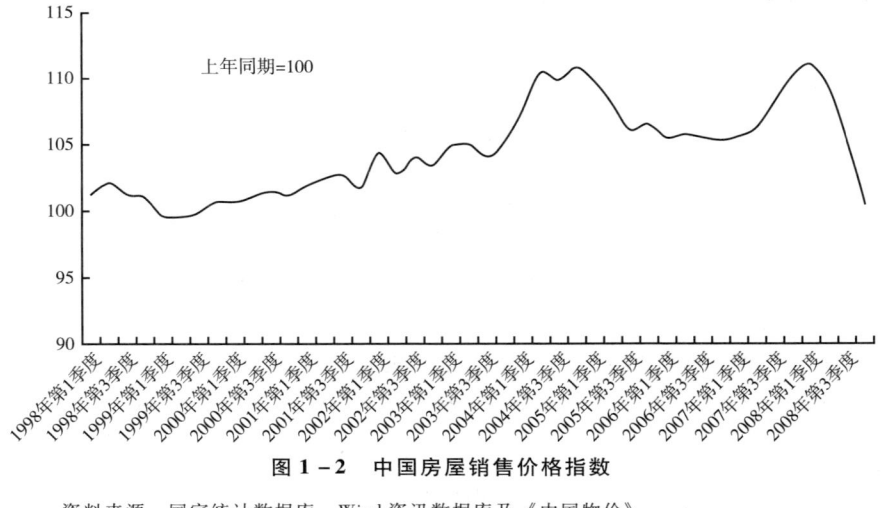

图 1-2 中国房屋销售价格指数

资料来源:国家统计数据库、Wind 资讯数据库及《中国物价》。

全国 70 个大中城市房屋销售价格同比和环比同时出现下降，分别下降 0.4% 和 0.5%。

由于我国房地产市场的高位调整正逢全球金融经济危机的敏感时期，因而我国房地产市场的未来走向及其对宏观经济的影响倍受关注。现阶段对我国房地产周期波动的研究，不仅具有良好的研究素材和重要的理论价值，而且还有助于分析解决当前我国国民经济与房地产市场发展中所面临的一系列重大现实问题。

另外，房地产周期往往具有很强的区域差异性，不同的区域市场可能存在不同的房地产周期性特征。比如，次贷危机发生前当美国房价处于持续上涨期时，日本的房价仍未扭转自 1990 年以来的持续下跌趋势。不仅日本、美国等不同的国家和地区之间房地产周期波动存在较大的差异，而且同一个国家内部的不同城市之间，房地产周期波动也可能具有较大差别。比如，2002～2004 年以上海等为代表的长三角城市房价出现急剧上涨的同时，海口等城市上一轮房地产泡沫形成的积压商品房尚未消化完毕。① 而以深圳等为代表的珠三角城市房地产市场也表现得非常平静。但自 2005 年开始，长三角城市房地产市场进入短暂的调整期，而珠三角城市的房价却开始加速上涨。因而，如果在房地产周期研究中简单地将不同区域的房地产周期混为一谈，不仅容易掩盖真实的房地产周期走势，甚至还可能颠倒事实形成误导。总而言之，房地产周期波动研究需要充分考虑到区域差异特征，否则研究的科学性将难以得到可靠保证。

基于以上认识，本书拟从区域差异角度对我国房地产周期波动做出理论解释、经验测度和阶段划分，从而为进一步的房地产周期理论研究、房地产投资决策及房地产相关政策制订提供科学参考。具体而言，本书所需要解决的主要问题包括 5 个方面，即为什么会发生房地产周期，或对房地产周期应作何种理论解释；房地产周期区域差异的形成原因或主要决定因素是什么；房地产周期波动是否会反过来对宏观（区域）经济构成影响，其动态特征如何；我国存在什么样的区域房地产周期波动；我国房地产周期波动区域差异的具体表现形式或特征是什么。

---

① 戴开权：《海口市处置积压房地产 8 年经验谈》，《中国经济周刊》2008 年第 5、6 期合刊。

二 概念界定与特征描述术语

（一）概念界定

虽然房地产周期的概念最早由 Hoyt 于 1933 年在芝加哥土地市场的分析中提出，但至今为止，对房地产周期仍然没有一个共同认可的界定，在诸多房地产周期研究文献中，"房地产周期"一词被广泛用来指代租金、吸纳、空置、建筑开发等诸多房地产变量的周期性波动（Pyhrr、Roulac 和 Born，1999）。造成这种情形的客观原因是，房地产周期是一种复杂多面的经济现象，涉及众多的周期性变量，Pyhrr 和 Born（1999）曾列举 43 种房地产及其相关周期，而且这些变量的周期波动特征各不相同，如供给周期滞后于需求周期并比需求的波幅大（Pritchett，1984；Mueller，1995）等。

英国皇家特许测量师学会（RICS）在 1994 年的《理解房地产周期》中对房地产周期做出如下定义："各种类型房地产总收益率重复但不规则的波动，这种波动在其他许多房地产活动指标中也很明显，但它们的变动滞后或领先于上述房地产总收益率周期。"RICS 关于房地产周期的定义是不多见的对房地产周期的定义之一，它把房地产周期的关键特征概括为"重复但不规则的波动"，并仿照美国国家经济研究局（NBER）确立一般商业周期的办法，将房地产总收益率作为房地产周期的基准循环指标，而把开发面积等其他房地产指标视为房地产周期的领先或滞后指标。这个定义既突出了作为基准循环指标的总收益率，又兼顾了被作为领先或滞后指标处理的其他房地产活动指标，清楚简洁（Rottke 等，2003）。但 RICS 关于房地产周期定义的明显不足之处在于，以总收益率作为度量房地产周期的基准指标，涵盖面窄，在某些国家或地区市场不一定具有代表性，容易遗漏重要信息，难以满足房地产周期多角度研究的需要，另外数据的可获得性也是一个问题。事实上，除了收益率外，不同的房地产周期研究者，一般根据各自具体的研究目以及可获得的数据来源，确立各自的房地产周期基准指标。在这些指标中，空置率的应用最为广泛，Pritchett（1984）、Mueller 和 Laposa（1994）等人认为空置率是划分房地产周期最合适的指标。建筑支出、建筑许可面积、租金、吸纳率、土地价格、房地产价格等也常被用来作为房地产周期的度量指标。

Mueller（1995）提出了房地产实际周期（physical cycle）与房地产金融周期（financial cycle）两个不同层次的房地产周期，使早期笼统的、包含多种复杂内涵的房地产周期概念更加明确具体。Mueller 认为，因为房地产兼具实际生产要素（或生活资料）与投资品的双重属性，所以与之对应存在房地产实际市场与房地产金融市场两个层次的房地产市场，这两个层次市场具有各自的周期波动。所谓房地产实际周期，指的是房地产实际市场上对房地产真实空间的需求、供给与使用的波动周期，它决定房地产租金；房地产金融周期，则是指房地产金融市场上资本（债权或股权）向房地产流动的周期性变化，它决定房地产价格。两个层次的周期存在相互影响与联系：没有资本的流动，房地产实际周期将不会发生；有时两种周期的走势会相互背离，如当房地产市场收益率高于其他资本市场收益率时，即使房地产实际周期正处于下降阶段，大量资本流向房地产市场也促使房地产价格上升，反过来的情况也同样存在。

在我国的房地产周期研究文献中，学者使用过房地产周期（何国钊、曹振良，1996；曲波、谢经荣，2003；张晓晶、孙涛，2006 等）、不动产经济周期（梁桂，1996 等），房地产产业周期（张元端，1996；谭刚，2001 等）等内涵相近的表述。谭刚将房地产业周期定义为房地产经济水平起伏波动、周期循环的经济现象，表现为房地产业在经济运行过程中交替出现扩张与收缩两大阶段、复苏—繁荣—衰退—萧条四个环节循环往复。

高波等（2007）在总结众多房地产周期定义的基础上，将房地产周期定义为：房地产业实际增长曲线围绕趋势线上下波动，而呈现出相似性、重复性、循环性的一种规律。这一定义较为清晰，易界定而无歧义。但该定义隐含的理论假定是趋势与波动的二分法，从数学关系上看则要求房地产周期与趋势互不相关从而能明确区分。如果房地产周期与趋势成分存在互相影响，或周期与趋势成分的关系如 RBC 理论所认为的为同一现象，则该界定仍将变得较为模糊。

为避免理论与现实中的歧义，本文在高波等（2007）基础上采用更为宽松的房地产周期定义，将房地产周期界定为房地产市场在波动中所表现出来的相似性、重复性、循环性的规律，它能够从房地产价格、房地产开发投资增长率、房地产销售增长率、建筑开工量、建筑竣工量、空置率、房地产租金等诸多房地产经济指标的波动中反映出来。

对房地产市场各变量的波动具有周期性可以根据其数学分布特征来判

定。常用的周期性检验统计量有 Fisher's Kappa 统计量（Davis，1941；Fuller，1976）和 Kolmogorov-Smirnov 统计量（Bartlett，1966；Fuller 1976；Durbin 1967）。① Fisher's Kappa 统计量 = m × Max（J_k）/Sum（J_k）。其中 J_k 为平稳时间序列的周期图，它为傅氏频率 k 的函数②，该统计量用以检验周期图 J_k 的最大值可以被认为显著异于 J_k 的均值。如果时间序列具有周期性，其在不同的傅氏频率 k 下应有不同的 J_k 期望值。Kolmogorov-Smirnov 统计量则为标准化的累积周期图与标准均匀分布随机变量（0，1）累积分布函数的最大绝对差，标准化的累积周期为：

$$H_j = \frac{\sum_{k=1}^{j} J_k}{\sum_{k=1}^{m} J_k}$$

其中 $j = 1, 2\cdots, m-1$，$m = n/2$（n 为偶数）或 $m = (n-1)/2$（n 为奇数），n 为时期数。

Kolmogorov-Smirnov 检验的临界值为 $\frac{a}{\sqrt{m-1}}$，其中在 5% 与 1% 的显著水平下 a 分别为 1.36 与 1.63。这两个检验的原假设均为被检验系列，是白噪声系列，如果原假设被接受，表明被检验的系列不具有显著的周期性。

（二）特征描述术语

房地产周期的特征描述术语主要有二阶段与四阶段两种。

Born 和 Pyhrr（1994）根据房地产供给与需求的相互作用及因此产生的空置率变化，将房地产周期划分为上升（需求大于供给，空置率下降）、波峰（空置率最低点）、下降（供给大于需求，空置率上升）、波谷（空置率最高点）周而复始的循环阶段（见图 1 – 3），并概括出周期阶段的一般特征：在周期波动中，供给的波幅要比需求大，周期到达波峰后供给开始大于需求，而到达波谷后则需求开始大于供给；房地产的需求周期要领先于供给周期；空置率是划分房地产业周期波动阶段的最佳指标，空置率在周期波谷时处于最高点，然后逐步下降并在周期的波峰达到最低点，接着在周期的下降阶段逐渐上升。

---

① 具体检验过程也可详见 SAS 9.1 Help and Documentation，SAS Institute Inc. USA。
② 关于周期图的定义与计算详见第五章谱密度分析说明部分。

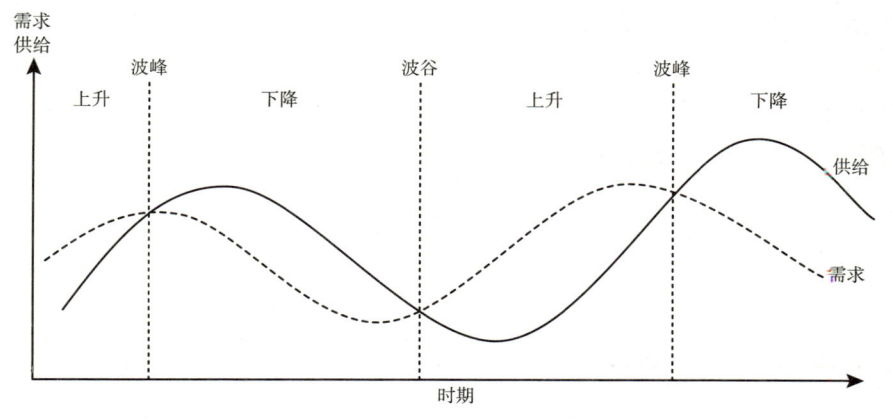

图 1-3　供求波动与房地产周期阶段

资料来源：Born and Pyhrr（1994）。

正弦波结构是描述标准房地产周期四阶段的一般方法，使用的周期特征指标包括周期长度、频率、波幅、波峰、波谷、阶段、转折点等，Pyhrr、Roulac 和 Born（1999）建议房地产周期研究者以正弦波结构作为房地产周期的标准描述。Mueller 和 Laposa（1994）以均衡空置率为基线[①]，根据实际空置率围绕均衡空置率的正弦波式运动，将一个完整的房地产业周期顺次划分为复苏、繁荣、收缩和衰退四个阶段（见图 1-4）：[②] 复苏和

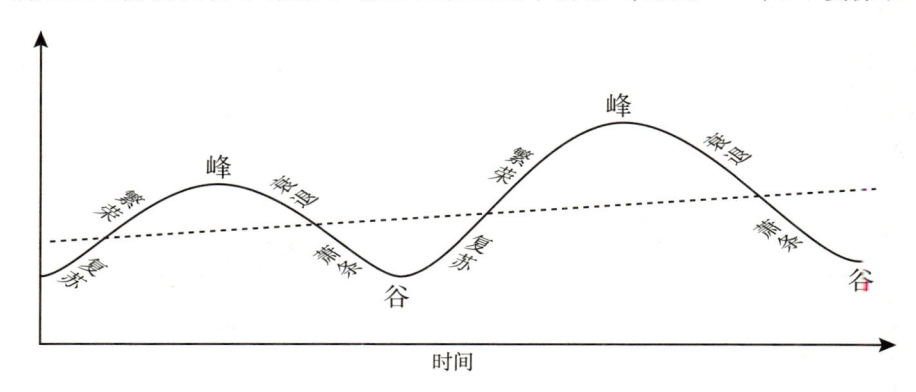

图 1-4　房地产周期波动的特征描述

[①] 均衡空置率指房地产市场供需均衡时的空置率，这个空置率包含卖方必要的空置，均衡空置率可以通过计算长期平均空置率来获得（Mueller, 1995）。

[②] 在国内文献中，更常见的是采用复苏、繁荣、衰退、萧条四阶段，对应于复苏、扩张、收缩和衰退四个阶段，在图 1-4 中也采用国内常用的术语。

繁荣阶段为周期上升阶段，空置率下降；衰退和萧条阶段为周期下降阶段，空置率上升；波峰为繁荣与收缩阶段的转折点，空置率达到最小值；波谷为衰退与和萧条阶段的转折点，空置率达到最大值；实际空置率的正弦波曲线与均衡空置率基线的两个交点分别为复苏与繁荣、衰退与和萧条阶段的分界点。

房地产周期四阶段的一般特征也可归纳为表 1-1 所示。

表 1-1　房地产周期四阶段的一般性特征

阶段＼指标	供求	价格	交易量	市场信心	投机
复苏	供大于求，但存量逐步被吸纳	止跌企稳到缓慢回升	较低但有缓慢回升迹象	逐渐恢复	少数炒家开始入市
繁荣	供不应求	迅速上涨	成交量持续放大	极为乐观	市场充斥投机
衰退	房价过高及新房大量入市使供给开始大于需求	开始下跌	大幅降低	悲观	投机者抛售，部分开发商破产
萧条	供大于求，出现有价无市现象	加速下降	极低	极度悲观	大量开发商破产，几乎没有投机者

Rottke 等（2003）还根据需求、吸纳、新增供给、租金、空置多种指标的变化方向组合将周期分为过度开发期、市场调整期、市场稳定期、建筑/开发期四阶段，各阶段的特征事实如表 1-2 所示。

表 1-2　房地产周期四阶段与特征事实

阶段＼指标	需求	吸纳	新增供给	租金	空置
过度开发期	↓	↓	↑↑	↓	↑
市场调整期	↓↓	↓=	↑	↓↓	↑↑
市场稳定期	↗	↑	↓	↗	↓
建筑/开发期	↑↑	↑↑	↓↓	↑	↓↓

注：↑↑表示大幅增长，↑表示增长，↓表示下降，↓↓表示大幅下降，↓=表示下降/不变，↗表示缓慢增长。

资料来源：根据 Rottke 等（2003）整理。

考虑到四阶段的描述在现实分析中较为模糊难以界定,如复苏与繁荣的分界、衰退与萧条的分界尚没有明确的划分标准,因而本文主要采用上升与下降两大阶段的周期划分。周期长度由波峰—波峰或波谷—波谷的长度来确定,振幅则为由波峰到相邻波谷的垂直距离,频度为1/周期长度。

三 文献回顾

房地产周期研究起源于 20 世纪 30 年代大萧条时期前后,研究先驱者包括 Kuznets（1930）、Hoyt（1933）、Burns（1935）等人。但在"二战"后的 20 年间,房地产周期波动变得不明显,相关研究也停滞不前。20 世纪 70 年代以后,房地产市场出现大幅起落,房地产周期研究也进入活跃阶段。Mueller、Wheaton 等人致力于从基本面对房地产周期波动进行解释、分析与预测,Case、Shiller 等人质疑单纯以基本面因素对房地产周期的解释力,更加强调投机与泡沫因素对房地产周期波动的推动作用。近年来,一些研究者还运用微观经济理论解释分析了房地产周期以及它的福利效应,使房地产周期波动研究更具坚实的经济学理论基础。不同角度的房地产周期波动研究均发现了房地产周期波动区域差异的显著存在。

（一）房地产周期波动的市场基本面分析

市场基本面因素分析可以帮助研究者解释不同房地产市场周期波动的差异性,并找出能够有效监测房地产周期波动的基本面指标。房地产周期的市场基本面分析主要包括市场供求分析、市场结构分析等。

1. 房地产市场供求分析

房地产供给与需求的不同步运动是房地产周期波动的基本特征。Pritchett（1984）通过将房地产需求周期和滞后的供给周期纳入研究模型,发现供给的增长与下降总是滞后于需求的增长与下降,当供给与需求运动方向背离时就可以找到周期顶部与底部的转折点;空置率是划分周期阶段的最好指标,在衰退阶段空置率很高,而在繁荣阶段则空置率下降,并在周期波峰达到最低点。Witten（1987）发现每个城市都有自身的独有房地产周期,周期长度和波动程度各不一样,房地产供给的波动要比需求的波动大,因为供给通常更多地决定于融资的难易程度而不是市场需求。

Mueller（1995）提出了房地产自然周期与房地产投融资周期理论，并依此于1999年提出房地产自然周期阶段的租金增长率假说。租金增长率假说认为，租金增长率是房地产市场所处的自然周期阶段的函数，当市场空置率高于长期平均空置率，租金增长率将低于通货膨胀率；当市场空置率低于长期平均空置率，租金增长率将高于通货膨胀率。通过对美国54个写字楼和工业房地产市场30年的数据分析，Mueller验证了上述假说，租金增长率在自然周期的底部低增长或负增长，在长期平均空置率的位置向通货膨胀率靠近，在周期顶部时具有很高的增长率，在从顶部的下降阶段租金增长率下降，在衰退阶段低于通货膨胀率或出现负增长率，除了复苏阶段的工业地产外，写字楼与工业地产全国平均租金增长率能够通过市场所处自然周期位置来预测。

Mueller（2002）利用更长的可观察时间窗口，从影响供求的主要因素角度对近30年房地产自然周期与房地产投融资周期的变化做出历史分析，并在此基础上推测了未来的房地产周期模式的特征。他认为，影响房地产供求的因素已经或正在发生根本性的变化，这种变化集中体现在更理性的公共资本市场、建设开发限制和市场透明度增强三方面。公共资本市场改变了早期房地产市场的纯私人性质，它比私人资本市场更加理性，能够抑制对房地产的过度投资开发。建设开发限制如越来越多的环境规划管制与建筑材料和劳动力成本的提高，使供给增加比以前困难，从而不断降低供给弹性。市场透明度增强表现在数据信息越来越可靠，个人与机构投资者、银行、研究团体能够更有效地监测过度开发风险和预测市场机会，这些将使房地产市场自动调节机制的循环反馈过程缩短。综合上述因素可以得出，以往供给对需求的过度反应机制而形成的周期性过量开发现象正发生重大改变，未来的房地产周期模式，将更多地要从需求方面而不是供给方面对其做出解释。

2. 市场结构分析

不同类型的房地产市场具有不同的市场结构，从而周期特征也各不相同。

Hekman（1985）、Wheaton（1987）、Wheaton和Torto（1988）等都研究了写字楼市场周期中的租金调节机制与投资开发反应。Hekman（1985）发现写字楼市场租金不仅对当地经济状况而且也对全国经济状况做出反应与调整，以写字楼开发许可数衡量的写字楼投资开发，与经过通货膨胀调整后的写字楼租金和写字楼使用行业就业率的长期增长高度相关。Wheaton（1987）发现租金不能及时调整使市场出清，而是逐渐地对空置率变化做出反应，从而延长了周期；供给将更多的是对给定的租金或空置率变化而不是意愿需求做出反应；供给对市场条件变化的反应要远比需求有弹性，从而助长了市场的不稳定性。Wheaton 和 Torto（1988）发现写字楼空置率与租金都具有周期性特征，租金变化对当前过度空置有强烈反应，每超过长期平均值 1 个百分点的空置率将使写字楼租金逐年下降 2%，空置变化影响的是实际租金而不是名义租金，结构性或摩擦性的空置率在所研究的整个时期内显著上升。

除写字楼外，Tsolacos（1999）研究了英国零售房地产开发周期（以新开工零售物业数量来衡量），发现实际零售物业租金、总消费性支出能够很好反映新开工零售物业数量变化，从实际零售物业租金、总消费性支出变化到新的建筑开发有两年的滞后。Wheaton 和 Rossoff（1998）在 1969~1994 年酒店业的结构模型中，发现首先是出租率发生变动，然后是租金率产生变动，再后是供给的周期性出现变动，每一阶段的变动传递都有较长时间的滞后，酒店业的需求主要受总体宏观经济周期的影响。对于租金变化滞后于需求变化的原因，他们推测是酒店业寡头垄断的市场结构。

为了进一步说明写字楼、住宅、工业地产、零售物业等不同类型房地产市场周期波动差异形成的原因，Wheaton（1999）建立了存量—流量房地产周期模型，用以模拟各种市场结构因素对房地产周期的影响。Wheaton 通过模拟发现当微观主体具有非理性预期时，发生的周期波动依赖于资产耐久性、建筑开发时滞性、供给弹性与需求弹性等市场结构特征。周期波动发生的必要条件是需求弹性小于或等于供给弹性，加大供给价格弹性与需求价格弹性的差，波动将持续更长，波幅将更大；其他参数不变，建筑时滞越长，周期也将随之变长，模型将出现更大的波幅与更低的频率；如果房地产存量折旧率（或市场需求增长率）增加，模型的波幅与频率都将增大，折旧率大于 0.1，模型将不再向稳定状态收敛。

反之，当微观主体具有理性预期时，模型一般不发生周期性波动。当加入一些房地产市场的制度性特征，如长期租赁合同、通过信用方式获取开发资金等，即使微观主体具有完全理性，也会发生一定的过度开发和价格波动,但没有出现反复波动;当采用一些非常极端的、在现实中几乎不可能出现的参数组合时,理性预期模型也出现了反复的周期波动。

(二) 房地产周期波动的宏观基本面分析

在宏观经济周期与房地产周期的关系研究方面,Grebler 和 Burns (1982)、Downs (1993)、Clayton (1996) 都发现了房地产周期与宏观经济周期存在强关联性。Wang (2003) 引入多变量谱分析的方法,用以分析英国房地产与其他相关经济部门的共同周期,通过频域分析发现房地产与多数经济部门特别是房地产使用部门具有共同周期,但房地产周期与其他相关部门的周期在年度频率上有较大差异,房地产周期要比总体经济波动剧烈;Krystalogianni、Matysiak 和 Tsolacos (2004) 还用 Probit 模型分析了英国宏观经济领先指标与英国房地产周期阶段的概率关系,发现先行指标中政府债券收益率与广义货币供应量 (M2) 指标对于工业、写字楼和零售房地产均有重要监测价值,对于写字楼与工业房地产来说,工业产出指标也很显著,对于零售房地产来说,汽车牌照数指标很显著。

在产出、利率、通货膨胀、就业等宏观经济变量对房地产周期的影响方面,Kling 和 McCue (1987) 发现名义利率对美国写字楼开发周期有重要影响,名义利率的下降提高了预期总产出,使作为引致需求的写字楼需求增加,从而引起写字楼市场的周期性过度开发。Kaiser (1997) 发现在美国房地产长周期的大波峰之前,往往有一个非常高的通货膨胀期,通货膨胀使租金的提高要远快于运营支出的提高,营业净收入 (NOI) 的增加,引起房价的快速增长,从而吸引了过量的资本流入房地产市场,导致房地产市场灾难性的过度繁荣。最终,空置率上升使净运营收入下降到繁荣前的水平。McGough 和 Tsolacos (1999) 使用非约束向量自回归框架检验了英国写字楼开发周期,研究结果支持了写字楼租金对写字楼开发的显著影响,但发现服务部门产出对写字楼开发只有很小的影响,而与大量美国相关研究结果不同的是,就业和利率对写字楼开发没有任何直接影响。

在资本市场对房地产周期的影响方面,Down (1985) 把美国 20 世纪 80 年代的过度开发归因于金融管制放松以及 1981 年税收法案导致资本市场对非住宅房地产投资的偏爱;Corcoran (1987) 将房地产资本市场与租赁市场相联系来解释空置率与房地产价格为什么会同时不断的上升,认为关键在于房地产既是一种生产要素也是一种资产，作为生产要素的房地产的市场出清价格是租金收入，而作为资产的房地产回报率则要与其他可选资产如股票和债券的投资回报率相比较，写字楼的价格上涨要比重置成本上升快得多，导致过度开发和空置率上升；Renaud（1997）在对1985～1994年第一次世界房地产周期的研究中，详列了形成世界房地产周期的各种国内国际因素，分析了它的冲击和影响及对还没有完全融入全球资本市场国家的经验教训，指出房地产市场周期和资本市场存在紧密联系，金融市场的全球化提供了房地产周期向全球传导的渠道。

（三）房地产周期波动的投机泡沫分析

虽然房地产投机行为几乎与交易行为一样古老，但是由于投机和泡沫直接涉及人的行为，难以准确定义和直接量化，影响了房地产周期波动投机泡沫分析的深入。目前房地产周期投机泡沫分析仍以问题导向为主，通过对房地产周期波动的具体案例分析，寻找投机泡沫推动作用的证据。

1. 投机泡沫存在的经验证据

Case 和 Shiller（1989）检验了1970～1986年亚特兰大、芝加哥、旧金山、达拉斯独户住宅市场有效性，发现这些城市住宅价格波动存在系列相关性，下一年价格倾向于与上年价格同方向变化。但房地产价格变动的系列相关性显然难以直接证明投机泡沫的存在。

20世纪80年代前后，波士顿和洛杉矶两个城市房地产市场都经历了剧烈的"繁荣—破灭"式周期波动。Case 和 Shiller（1994）以这两个城市为经典案例，研究了独户住宅市场上升与下降阶段不同档次住宅价格变动模式的相似性与差异。研究对象包括波士顿64个离散区域在1981～1993年的102674笔交易，洛杉矶75个离散区域在1970～1993年的753295笔交易，每个季度的所有交易根据交易价格分为高中低三档，并分别构建价格指数。在繁荣阶段，洛杉矶三个档次住宅价格具有非常相似的增长率，波士顿各档次的住宅价格也共同上升，当高档住宅价格停止上升时，低档住宅价格仍继续上升一年。在下降阶段，两个城市的各档次住宅价格表现出很大差异：1991年春季前，波士顿三个档次住宅价格一起下跌，此后，高档住宅开始复苏，低档住宅价格的下跌比例最大；相反，洛杉矶高档住宅价格下降最大，低档住宅价格下降最小。

Case 和 Shiller（1994）认为，两个城市住宅价格上涨的幅度与模式不能仅用基本面因素来解释，至少有部分价格上涨可以归结为买卖者的投机行为。首先，效率市场的价格变动应具有随机漫步的性质，但是两个城市存在房价平稳上升或下降超过 4 年时间的反向证据。其次，1988 年以后两个城市的经济基本面都已经恶化，但是经济基本面恶化是在房地产市场出现转折之后，而非之前。再次，基本面不同的地区房价增长情况却很相似，1988 年马萨诸塞州失业率达到最低点，该州某些地区的失业率要比州平均值高 30 个百分点，还有些地区则要高出 60 个百分点以上，然而在繁荣期间所有这些地区经历了相似的价格上涨；在价格下降期间，具有高失业率与低收入水平的地区房价经历了更大的下跌。这说明需求在很大程度上是被预期的价格上涨所推动，在繁荣期间，不同地区具有相同的价格上涨预期而形成相似的价格上涨模式，而在下降期间，那些价格脱离基本面幅度大的地区房价跌幅也更大。

Björklund 和 Söderberg（1999）检验了瑞典 20 世纪 80 年代房地产周期的上升阶段后证明，价格的显著上涨是可以用投机性泡沫来解释的。他们认为，利率等宏观经济变量虽然影响房地产价格，但是它们只是间接基本面因素，房地产运营收入才是支持房地产价格的直接基本面因素，间接基本面因素是通过直接基本面因素发生作用的。存在这样一种情况，价格的大部分变化可以被宏观经济变量所解释，但是不能同样很好地被直接基本面因素所解释。因此，不能仅仅因为用宏观经济变量对价格作回归的 R^2 值很大而排除投机性泡沫的存在，也不能仅通过价格来研究房地产周期及投机性价格泡沫，而是有必要进一步研究租金周期与价格周期的关系。他们使用能够反映租金周期与价格周期相对关系的 GIM（Gross Income Multiplier，GIM = 价格/总运营收入）来测度房地产周期阶段，并根据 GIM 指标提出四条存在投机性泡沫影响的充分条件：GIM 持续提高，但是这种提高不能被利率变化所解释；GIM 持续提高，但是这种提高不能被预期租金增长所解释；影响租金水平的基本面因素与 GIM 的相关性要比它和租金及价格水平的相关性强；价格水平的时间序列减去一个假定的理性泡沫后，能更好地被基本面因素所解释。通过把 GDP、货币供应量、名义利率、通货膨胀率、投资、服务部门就业等宏观经济变量分别对价格、租金和 GIM 作回归，他们发现这些宏观经济变量对房地产价格的解释力最强，GIM 次之，租金再次之，说明价格更多地受宏观经济变量而不是租金的推动，换言之，价格周期并非完全追随租金周期。研究结论肯定了投机性泡沫的存在。

Case 和 Shiller（2003）在对近年住宅市场投机泡沫的研究中，分析了 1985~2002 年美国州层次的住宅季度价格和基本面数据，发现在 50 个州里面有 42 个州的收入变化能够解释价格变化，另外 8 个州由其他经济变量提供了解释，但是其他基本面变量对 2000~2002 年房价预测要低于实际观测的价格。

2. 投机泡沫发生作用的基本条件

虽然投机泡沫分析否定单纯的基本面因素的解释力，但是研究表明投机泡沫发生作用仍然离不开一些基本条件。Ortalo-Magné 和 Rady（2001）注重需求方面因素如收入冲击、信贷约束分析，Malpezzi（1999）考虑了供给方面的决定性因素，着重于自然约束、环境管制的作用。Malpezzi 和 Wachter（2005）使用经修正的存量调整动态模型，对投机是否能引起住宅市场周期波动及其发生作用条件作了数理模拟。模型包含资产耐久性、建筑滞后及交易成本等变量，以需求对价格变动弹性的不同赋值来判断是否存在价格投机。模拟结果表明，一个具有投机因素及供给对价格反应滞后的简单模型就足以产生住宅市场周期波动；投机所导致的价格波动幅度依赖于供给条件，供给价格弹性越小，投机的影响力就越大，投机对房地产周期强烈的影响只有在供给缺乏弹性的情况下才会出现。据此他们认为，更灵活宽松的房地产开发管制、更少的自然地理条件约束将使住宅市场具有更少的投机行为及更小的周期波动，特别值得关注的是房地产开发管制对于供给弹性的关键作用。

（四）房地产周期波动的福利分析

Spiegel（2001）使用一般均衡模型分析了住宅建筑开发周期与投资回报。模型中住宅投资回报、建筑开发、抵押贷款条件、住宅维护行为都被作为内生变量，住宅所有者、银行、开发商的互动导致住宅价格、抵押贷款条件、住宅存量的退化与再开发的动态变化。研究发现抵押贷款与住宅价值的比率（LTV）可以用来预测未来的住宅投资回报，高的 LTV 比率预示着更高的未来住宅投资回报；开发商的土地储备与建筑开发决策也可以预测住宅投资回报，当开发商预期住宅投资回报率高于利率时购买土地，当预期住宅回报率低于利率时进行住宅建筑开发，在价格上涨时开发商将减慢建筑开发速度。研究还对更一般的效用函数、内生的财富水平、内生住宅质量情况作了扩展。

Leung 和 Chen（2006）使用世代交叠（OLG）模型对土地价格周期的内生性和它的福利效应做了初步的探讨，有助于解释房地产长周期现象。模型中每个个体生存于年轻与年老两个离散时期，土地既作为一种财富储存手段也作为一种投入的生产要素，代际土地和房地产的交易机制是模型存在的前提。年轻的个体通过劳动获得工资收入，并用以消费和购买土地。年老个体在退出经济体系前，依靠租金和出售土地收入来消费。每个个体都力求最大化生命周期效用。研究发现即使不考虑资本市场不完善、信息不完全、非凸、不确定性等因素，仍存在内生的土地价格周期，且每一代人的福利依赖于其出生时期的土地价格。消费的跨期替代弹性 σ 在模型中具有决定性意义。当 $0<\sigma<1$ 时，各期土地价格不发生周期性波动；当 $\sigma>1$ 时，各期土地价格可能出现收敛式波动、循环式波动或发散式波动。从福利效应看，当 $0<\sigma<1$ 时，该群体的生命周期效用与该群体出生期的土地价格正相关；当 $\sigma>1$ 时，该群体生命周期效用与该群体出生期的土地价格负相关，当本期土地价格比下一期低，则本期出生群体生命周期效用将比紧接着的下一代要高。

（五）房地产周期的区域差异分析

Brown（1984）在对 1968~1983 年独户住宅销售周期分析中，将美国分为东北、北部中心、南部和西部 4 个区域，发现在消除季节性影响与趋势因素后，仍存在显著的周期波动，并且周期波动长度和波幅因区域不同而不同。

Voith 和 Crone（1988）研究了不同区域市场自然空置率的变化及市场偏离自然空置率的持续性。他们将写字楼空置率变量分解为时间因素、市场因素与随机因素，根据 1979 年秋到 1987 年春 17 个大都市区中央商务区和郊区的面板数据，发现不同区域市场自然空置率存在重大差异，中央商务区不同于郊区的自然空置率，偏离均衡空置率的持续性在不同的中央商务区存在显著的差异，但是郊区则不存在，给定冲击的影响在大多数私人市场都消失得非常快。

Pollakowski、Wachter 和 Lynford（1992）考虑了不同区域市场规模因

素的影响。研究模型包括供给、需求与租金调整三个方程，并根据存量规模将 21 个大都市区的写字楼市场划分为 5 组，通过对 1981~1990 年数据作截面时间序列分析，发现不同城市规模写字楼市场的需求、租金调整和供给行为存在明显差别。

Downs（1993）的研究发现，不同的市场因为其供给需求条件的基本差异，均衡的空置率也将各不相同，对于一些企业及人口增长较快的市场来说，动态市场要比静态市场有更高的空置率。

Mueller 和 Laposa（1994）通过平均空置率方法研究了 1967~1993 年美国 52 个写字楼市场的周期波动，发现不同市场具有不同的周期波动。Laposa 和 Mueller（1994）进一步研究了大都市区内部各子市场相对于整体市场的房地产周期差异，发现子市场与总体市场房地产周期在短期内可能存在很大差异。

Gordon、Mosbaugh 和 Canter（1996）进一步将大都市区人口密度、生产经营成本、经济多样化程度等特定区域市场条件指标结合到写字楼周期的研究中。研究采用 31 个大都市区半年度数据，并以空置率变化来衡量周期波动，发现空置率的变化在不同的周期阶段受不同因素的影响，从 1978~1995 年长期分析来看，资本可获得性对空置率波动的影响最大；如果仅看过度开发之后复苏阶段的 1991~1995 年，各大都市区特定市场条件以及需求方面的因素起主要作用，如对建筑开发的限制、预料之外的就业增长、地区经济状况、生产经营成本等。

（六）中国房地产周期研究

改革开放以来，中国房地产业得到恢复和快速发展。1980 年深圳经济特区率先征收土地使用费；1987 年开始有偿出让土地使用权；1998 年国家取消福利分房政策；2002 年停止协议出让商业、旅游、娱乐和商品住宅等各类经营性用地土地使用权，改为以招、拍、挂方式出让；2006 年规定工业用地也必须采用招、拍、挂方式出让，我国房地产市场体系逐步形成与完善，房地产业的规模越来越大。在短短的 20 多年，房地产业已经发展成为我国国民经济的支柱产业之一，不仅房地产业本身在国民经济中占有重要的比重，而且房地产业的发展还直接或间接带动了 60 多个关联产业的发展。此外，房地产业与金融业相互渗透形成了共生共荣的互动关系，房地产业还能够通过金融活动对整个经济体产生全方位的影响。

在我国房地产业迅速发展的同时也出现了周期波动现象，并引起了相关研究者的关注，他们分别利用数据对我国的房地产周期进行了初步划分，并探讨了我国房地产周期波动形成的基本原因或影响因素。

1. 中国房地产周期的划分

梁桂（1996）采用商品住宅年销售量指标把 1986 年以来中国房地产经济波动划分为一个半周期，即 1986～1991 年持续 6 年的周期，以及 1992 年到 1995 年的半个周期。

何国钊、曹振良（1996）利用商品房价格、城镇新建住宅面积、城镇住宅竣工面积、实有房屋建筑面积、实有住宅建筑面积、城镇住宅投资额、房地产业从业人员数量、房产买卖成交面积 8 项指标的环比增长率构建扩散指数，认为 1984 年我国达到改革开放以来房地产业发展的第一个高潮，此后逐渐衰退，到 1987 年跌入低谷；1988 年达到第二个高潮，1989 年再次跌入低谷；此后逐渐复苏，并在 1992 年达到第三次高潮，从 1993 年下半年开始又走向低谷，每个周期是 4～5 年，介于基钦周期（2～3 年）和朱格拉周期（6～7 年）之间。

张元端（1996）采用销售额增长率把改革开放以来中国房地产业发展历程划分为四个阶段：1979～1985 年为复苏期，1986～1991 年为增长期，1992～1993 年为高速增长期，1994～1995 年为宏观调控期。此后，张元端（2005）又进一步认为，我国房地产周期波动几个波峰分别为 l993 年、1998 年和 2003 年，按照 4～6 年一个周期，下一个波峰应当是 2008 年左右。从 2003 年到 2008 年，会有一个从"繁荣"到"衰退"到"复苏"再到新的"繁荣"周期波动过程。他还认为中国房地产业的周期是 4～6 年，平均为 5 年，这和我国制订和实施国民经济"五年计划"有关。

谭刚（2001）进一步选用了 16 项指标计算扩散指数，这 16 项指标涵盖了房地产投资、生产、交易、金融以及产业增加值等方面，认为改革开放以来中国房地产经济经历了以下的周期波动。周期一为 1978～1986 年，为起步阶段；周期二为 1987～1991 年，房地产投资与交易规模有较大幅度的增加，但仍然未达到成熟程度；周期三为 1992～1994 年，房地产业迅速成为国民经济的热点产业，1992～1993 年出现全国性房地产热，从 1994 年开始普遍回落，产业发展进入巩固、停顿和消化阶段；周期四为 1995 年以后。

中国社会科学院财贸经济研究所"房地产周期波动研究"课题组（2002）根据供给、需求、价格、增加值四个反映房地产景气重要方面，选择了房地产投资增长率、房屋施工面积增长率、房屋竣工面积增长率、房屋销售额增长率、商品房价格年上涨率、房地产业增加值增长率指标用以加权计算合成指数，将1981年来我国房地产业变动划分为4个周期。1981~1983年为第一轮周期；1984~1990年为第二轮周期；1991~1996年为第三轮周期；从1997年开始，中国房地产发展进入改革开放以来的第四轮周期。

曲波、谢经荣（2003）根据商品房销售面积增长率认为在1989年以前，房地产市场有一个回落的走势；从1989年到1996年，房地产市场经历了一个完整的周期，从谷到谷的时间是7年，这个阶段的峰值出现在1993年，从1996年开始房地产市场又开始好转，于1998年达到峰值，按照从峰到峰的计算方法，1993~1998年的周期时间是5年，从1998年开始房地产市场又开始回落。

张晓晶、孙涛（2006）以房地产投资增长率为衡量指标简单划分中国房地产市场为三个周期：第一个周期1978~1991年；第二个周期1992~1997年，房地产市场经历过热和调整两个阶段；第三个周期（即新一轮房地产周期），1998年至今。

2. 房地产周期的成因及影响因素

在我国房地产周期与宏观经济周期关系研究方面，何国钊、曹振良（1996）发现我国房地产周期相对宏观经济周期复苏和萧条滞后、高涨和衰退先行；梁桂（1996）通过计算1986~1995年GNP年增长率与住宅年销售量增长率这两个数组的相关系数，并对不动产经济波动服从于总体经济波动做单方向假设检验，发现相关系数为0.7076，单方向假设检验的显著水平$P = 0.011$，说明不动产经济波动与总体经济波动有相当程度的同步性；张元端（2005）发现国民经济增长曲线和全国商品房销售额增长曲线非常吻合。

在房地产周期的主要原因及影响因素分析方面，梁桂（1996）根据通胀环境下的不动产现金流调整模型与内部投资收益率模型，发现与国外正相关的情况不同，我国通胀波动与以住宅年销售量增长率所反映的不动产经济波动无论在波幅、周期抑或是同步性上，均存在明显差异。笔者对 1986 年以来的不动产市场现实需求年递增率与通胀年递增率之间作相关性分析发现，总体上两者之间存在负相关，其相关系数为 -0.23。何国钊、曹振良（1996）认为对我国房地产周期最具代表性的影响因素是投资与政策，他们从发展目标、指导方针、政策内容、经济影响四个方面记录了中国房地产政策周期，发现中国房地产经济政策存在着明显的周期性特点，并且扩张和紧缩政策交替与房地产经济波动的周期基本一致，政策周期与房地产周期互成因果关系。谭刚（2001）也强调了投资因素与政府行为对房地产周期波动的影响，并认为可以把房地产周期波动看成是外部冲击在房地产经济系统内部的传导过程。中国社会科学院财贸经济研究所"房地产周期波动研究"课题组（2002）发现，中国房地产周期的表现形式在发生着显著的变化，周期的长度在增加，波动幅度在缩小，衰退与扩张的时间比在减少。据此，他们提出"解释转移假说"，认为中国房地产周期的影响因素正在发生深刻的转变，随着中国改革开放的深入，中国经济特别是房地产市场化水平提高，政府政策和政府行为对房地产周期的影响会进一步弱化。张晓晶、孙涛（2006）将中国新一轮房地产周期的驱动因素概括为增长面、宏观面和制度面三个方面，增长面因素包括城市化和居民收入的提高，宏观面因素主要体现为扩张性的宏观政策与大量外资流入，制度面因素包括整个金融市场还不发达、居民缺乏多样化选择的投资渠道以及地方政府的考核体制与预算软约束，并对这三个方面影响因素做了计量检验，发现实际有效汇率指数与实际房地产开发投资增长率呈反方向变动，上期实际贷款利率与当期房地产投资增长率、房地产贷款占整个信贷比例与房地产投资增长率均呈同向变动，汇率并轨对于房地产投资有较大的负面影响。

3. 房地产周期波动的区域差异

沈悦、刘洪玉（2004）利用 1995～2002 年我国 14 个城市数据，运用混合样本回归以及添加城市和年度哑变量等分析方法，实证分析了住宅价格与经济基本面的关系，结果表明 14 个城市经济基本面的当前信息或过去信息都可以部分解释住宅价格水平或者变化率，并且经济基本面对住宅价格的解释模型存在显著的城市影响特征。

洪涛、西宝和高波（2007）利用 35 个大中城市 2000～2005 年的面板数据实证分析了我国房地产价格的区域联动与房地产泡沫的空间扩散机制。他们通过构建泡沫自回归模型并对其残差进行 CSD 检验，发现不同城市间房地产价格存在联动性并且房地产泡沫的演化过程相互影响，消费者的适应性预期是其中重要的传导机制之一。

梁云芳、高铁梅（2007）利用基于误差修正模型形式的面板数据模型讨论了房价区域波动的差异，并分析了造成各地区房价波动差异的原因以及货币政策效应的区域差异。分析发现：无论是从房价的长期趋势还是短期波动看，信贷规模对东、西部地区影响比较大，对中部地区影响较小；人均 GDP 无论从长期看还是短期看，对中部地区房价的影响都比较大；实际利率对各区域影响差异不大，并且影响较小；房价的预期变量在东部地区对房价的短期波动有较大影响。

四　研究思路、内容与结构

除结论部分外，全书共分 6 章。

第一章为本书的绪论部分，除了为研究提供必要的理论和方法准备外，主要解决本文如何界定与描述房地产周期的问题。

第二章在对经济周期理论做出系统梳理的基础上，利用蛛网模型、存量—流量模型等基于冲击—传导的理论模型对房地产周期波动的成因做出简要解释。本章主要解决为什么会发生房地产周期，或对房地产周期应作何种理论解释的问题。

第三章结合中国区域房地产市场的特性，构建了中国区域市场特性修正的存量—流量模型，并通过参数模拟的方法探讨了市场结构及经济基本面因素对房地产周期波动特征模式的决定性影响。由于市场结构与经济基本面因素都属于具有较强地域性的变量，因而模型实际上对房地产周期波动区域差异的形成原因做出理论解释。

第四章改变了传统房地产周期理论模型中，把宏观（区域）经济变量视为房地产市场外生冲击因素的局部均衡处理方法。在考虑金融信贷市场中介作用的基础上，构建了包含金融加速器效应的动态一般均衡模型。分析了房地产周期与宏观（区域）经济波动的相互作用机理及其后果。本章主要解决房地产周期波动是否会反过来对宏观（区域）经济构成影响，以及其动态特征如何的问题。

第五章综合运用 HP 滤波、谱密度分析及 BP 滤波等方法，对北京、上海、广州、深圳 4 个一线城市房地产价格周期、供求周期及房地产开发投资周期进行经验测度与阶段划分，进而对 4 城市的房地产周期差异进行简单比较。本章主要解决我国存在什么样的区域房地产周期的问题。

第六章以东、中、西部 10 个重要城市为例，通过互谱分析等方法测度我国不同区域房地产周期的相关性、领先滞后关系及波动性差异。本章主要解决我国房地产周期波动区域差异的具体表现形式或特征是什么的问题。

第一章、第二章为全书的理论基础部分，第三章、第四章为理论推导及数理模拟部分，第五章、第六章为实证检验部分。

全书的逻辑框架具体如图 1-5 所示。

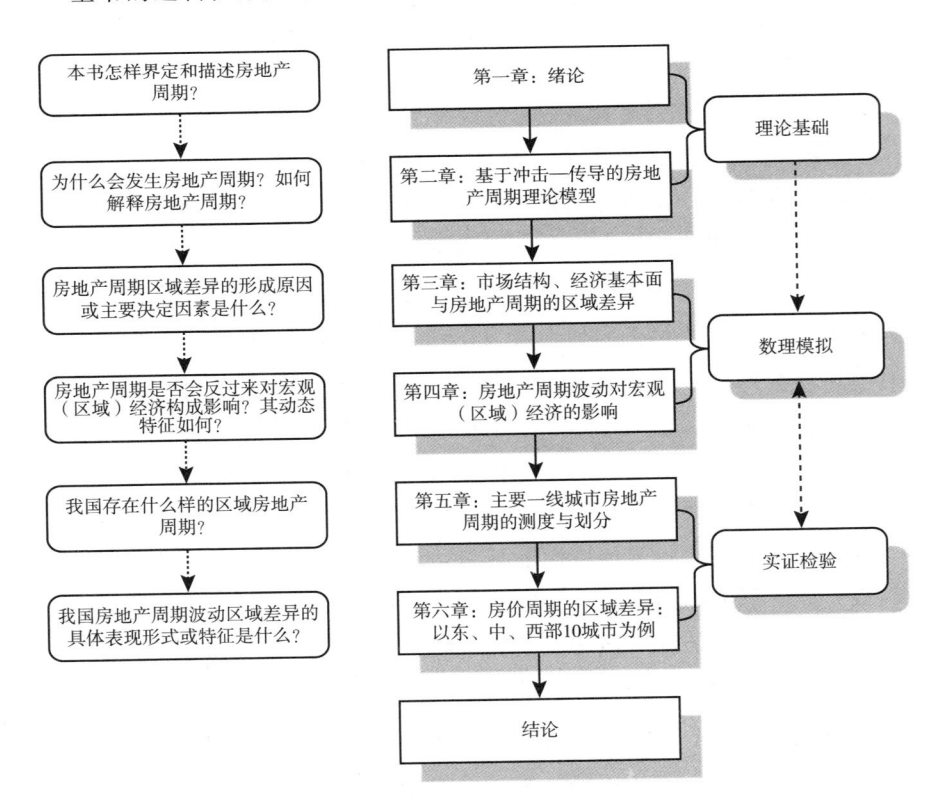

图 1-5 房地产周期波动分析的逻辑框架

五　主要研究方法

本书采用定量分析与定性分析相结合的分析方法。具体而言，本书使用的主要研究方法如下。

（一）动态分析与静态分析

房地产周期波动是房地产市场在动态发展过程中所体现出的一种规律性特征。房地产周期研究的特性决定了本书分析方法以动态分析方法为主，考察房地产周期波动的冲击—传导过程、阶段性及各种相关变量之间的相互影响等都需要采用动态分析的方法。但这并不排斥静态分析方法，事实上，对房地产周期波动中稳态形式的考察与分析，以及对周期中某一时点的状态与特征的分析等都需要应用静态分析的方法。

（二）局部均衡与一般均衡分析

通过局部均衡分析的方法，可以理清复杂经济现象中所包含的基本因果关系，使分析结果更为明确。一般均衡分析方法，可以使理论模型更为贴近现实，从而具有更强的现实解释力和更好的解决现实问题的能力。两种方法各有所长，相互补充。在分析房地产周期的发生机制及影响因素时，主要使用局部均衡的方法来构建模型。通过对内生变量和外生变量的合理设置，使模型不仅能够清楚明了地表明变量之间的时序及因果关系，还能保持对具体现实问题的解释与预测力。在分析房地产周期与宏观（区域）经济波动相互影响时，主要使用一般均衡的分析方法，虽然模型变得更为复杂而难以准确追踪其中存在的因果关系，却能更好地分析复杂现象的现实动态运动规律。

（三）数理分析与实证分析

通过数理模型的推演并从中总结和提炼出一般性、规律性的原理，可对中国房地产周期波动中的各种特征做出理论解释；通过实证分析方法，学者可以对相关房地产周期理论的现实解释力做出检验，并对房地产周期波动的现实运动特征做出描述。

1. 数理分析

数理分析具体包括最优化与均衡分析、差分方程组与种子迭代、参数模拟与动态系统仿真等。

数理分析不像实证分析那样受数据可获得性及准确可靠性的严格限制。从形式上看数理分析符合严密的数学逻辑,从内容上看数理分析具有很强的抽象力从而可以对更多的经济现象做出分析与解释。通过构建基于存量—流量模型或一般均衡模型的动态差分方程组,并选择恰当的参数对代入方程组作种子迭代以观察模型的动态特征,可以直观地对房地产周期的冲击—传导机制、市场结构及经济基本面对周期传导的影响、房地产市场与其他宏观部门之间的动态相互作用以及外部冲击和政策变动的后果等问题做出分析。

2. 实证分析

实证分析具有说明与描述现象和验证理论等功能。本书使用的主要实证工具如下。

(1) 频域(波谱)分析。频域(波谱)分析在周期研究方面具有普通时域分析方法难以比拟的优越性。通过单变量谱分析,可以寻找出时间序列中隐含的周期分量,度量其频率与波长,并为分解不同频率类型的周期曲线提供先验的波长参数;通过多变量交叉谱分析,可以度量不同周期的相关性及领先滞后程度等。

(2) 滤波分析。包括 HP 滤波(Hodrick-Prescott filter)、BP 滤波(band-pass filter)等,在剔除趋势成分、从时间序列中提取出不同频率(波长)的周期曲线以及对潜在的长期均衡路径做出估计等方面均有重要应用。

(四) 宏观分析与微观分析

在房地产周期波动的宏观分析中,除了需要分析和探讨房地产市场总量如供给、需求、空置、吸纳、开发、销售、投资等之间的数量关系外,还需要分析房地产市场总量与宏观经济总量如收入、投资之间的相关性;但仅有总量分析是远远不够的,坚实的微观基础是理论严密性与可演绎性的保证。房地产周期的微观分析包括价格调整速度、价格预期模式及金融市场缺陷对房地产周期传导机制的影响等。

（五）案例分析法

通过对具有代表性的样本选择，案例分析可以在简化分析过程的基础上，仍保持较为可靠的分析结果。本书在房地产周期波动区域差异的实证分析中，通过选取典型的有代表意义的城市以达到简化分析的目的。

六　可能的创新与不足

（一）可能的创新

总体而言，本书从理论解释到实证检验，对房地产周期的区域差异做了较为系统的分析，弥补了相关研究的不足。具体而言，本书可能的创新之处主要有以下方面。

第一，改变了传统房地产周期模型的市场出清假设，在存量—流量模型中引入黏性价格机制，并结合中国区域房地产市场特征对房地产周期波动做了动态参数模拟，从而较好地对房地产周期区域差异的成因及影响因素做出理论解释。

第二，拓展了传统房地产周期理论模型中将宏观（区域）经济处理为外生冲击因素的局部均衡分析方法，并将金融加速器效应引入房地产周期分析框架中，构建了动态一般均衡模型，考察了宏观（区域）经济与房地产周期的相互影响。此外，通过对紧缩性经济环境、劳动力供给的非波动性等的设定，使模型更为符合中国当前现实，更为简约，因果关系更加明晰。

第三，为解决传统周期划分方法与周期理论可能存在内在不一致性问题，本书综合使用波谱分析与滤波分析方法，对房地产周期波动做出较为科学的识别与阶段划分，特别是通过 HP 滤波等方法，解决了房地产实际供求周期估算的难题。

第四，引入互谱分析的方法，对不同区域房地产周期波动的协动性及领先滞后关系做出测度。

（二）不足之处及进一步研究方向

由于我国房地产市场发展时间较短，房地产统计也相对滞后，从而使针对我国房地产周期的实证分析与检验存在一定困难。本书通过对其他领域计量方法的引入及动态参数模拟方法的应用，在很大程度上弥补了数据可获得性对研究的制约。随着我国房地产市场的发展及相关统计数据逐渐完善，学界将会有条件对相关房地产周期理论做出更深入的实证检验。在此基础上，后来的研究者可以对现有的房地产周期理论做出进一步的扬弃与发展。

附　录

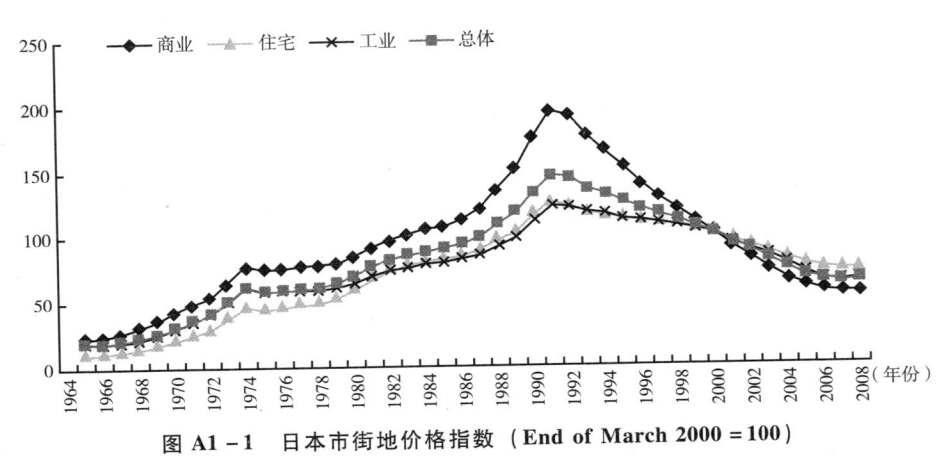

图 A1-1　日本市街地价格指数（End of March 2000 = 100）

资料来源：日本政府总务省统计局。

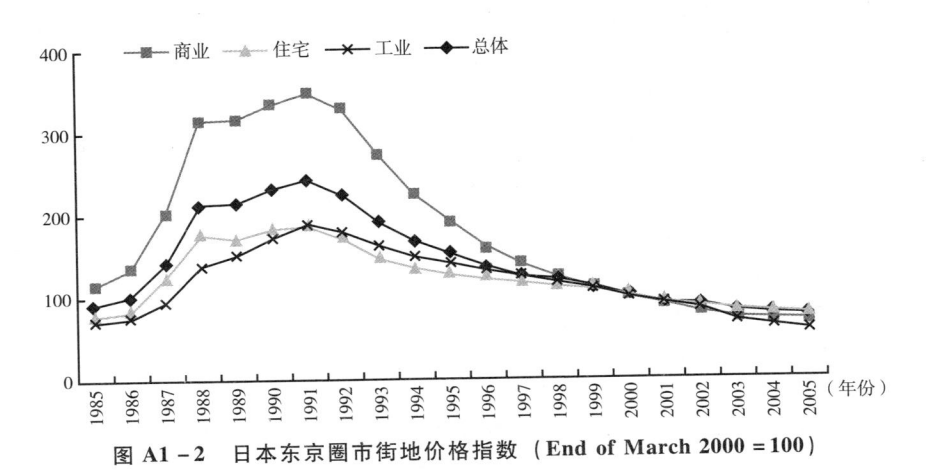

图 A1-2　日本东京圈市街地价格指数（End of March 2000 = 100）

资料来源：日本政府总务省统计局。

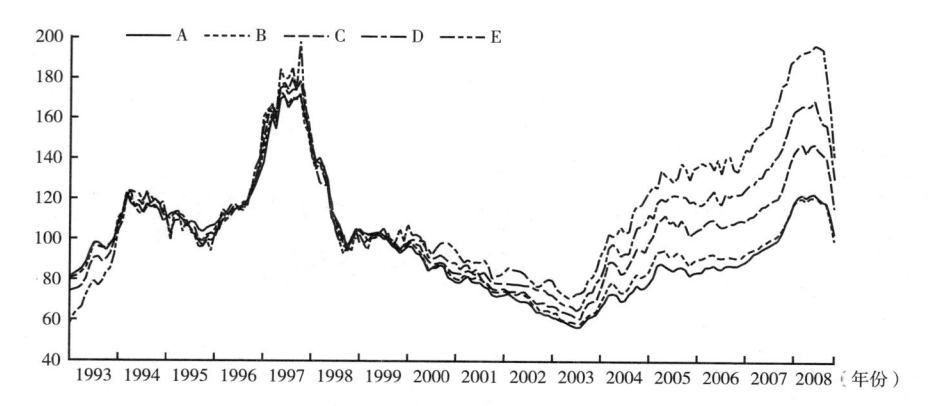

图 A1 - 3　香港各类私人住宅月度售价指数（1999 年 = 100）

注：A 类住宅使用面积少于 40 平方米，B 类住宅使用面积为 40~69.9 平方米，C 类住宅使用面积为 70~99.9 平方米，D 类住宅使用面积为 100~159.9 平方米，E 类住宅使用面积为 160 平方米及以上。

资料来源：香港政府差饷物业估价署。

第二章　基于冲击—传导的房地产周期理论模型

一　经济周期理论概述[①]

房地产周期理论与经济周期理论有着紧密的联系，这表现在经济周期理论是房地产周期理论的重要理论基础，大量的经济周期理论模型可以直接借鉴和应用到房地产周期的分析之中。

（一）经济周期的类型划分

关于经济周期类型划分，被广泛接受的是熊彼特关于资本主义历史发展过程中主要同时存在着三种周期体系的归纳。

1. 康德拉季耶夫周期

康德拉季耶夫周期是平均长度为54～60年的经济长周期。经济长周期形成的主要因素被认为有人口增长、战争、地理上的新发现、新资源的发现、资源的储备等，其中把技术进步和创新当作康德拉季耶夫周期产生的主要原因的解释被广泛接受。

2. 朱格拉周期

朱格拉周期是平均长度为9～10年的经济中周期。一般认为朱格拉周

[①] 本节内容参考了〔德〕G. 加比希、H. W. 洛伦兹：《经济周期理论——方法和概念通论》（薛玉炜、高建强译，上海三联书店，1993）、〔美〕杰费里·萨克斯、费利普·拉雷恩：《全球视角的宏观经济学》（费方域等译，上海人民出版社，2004）、〔美〕罗伯特·J. 巴罗：《现代经济周期理论》（方松英译，商务印书馆，1997）、胡永刚《当代西方经济周期理论》（上海财经大学出版社，2002）等书。

期的产生是由于失业、物价随设备投资的波动而发生变化,所以,研究者也称朱格拉周期为设备投资循环。

3. 基钦周期

基钦周期是平均长度为 40 个月的短周期或短波。一般认为基钦周期主要是由于企业库存投资的循环而产生的,因此基钦周期又可以称为库存循环。

根据促进经济长期增长的一般性技术,熊彼特还把资本主义经济发展分为 3 个长周期。

1783~1842 年,是产业革命发展时期,纺织工业的"创新"在其中起了重要作用。

1842~1897 年,是蒸汽和钢铁时代,可以解释为铁路时代。

1897 年开始的第 3 个长波是电气、化学和汽车工业时代。

一个长周期中有 6 个中周期,一个中周期包含 3 个短周期。经济增长就是通过经济周期性波动的形式来实现的。

尽管熊彼特也承认"不仅非周期性变动,也产生波浪般的运动,而且在刚才提到的三个周期之外,也还有其他的周期性波浪"。但他认为,"'三种周期'体系足以满足初步接近阶段的目的,现在我们正处于这一阶段,而且很有可能我们还要在此阶段停留一个相当长的时间"①。

(二) 经济周期的冲击—传导学说

经济周期的冲击—传导学说在经济周期理论中居重要地位。"如果对于参数值,周期的产生依赖于模型本身不能解释的刺激,这个经济周期就是依赖于冲击的。"② 在经济周期的冲击—传导学说中,"冲动对经济体系造成打击,引起经济周期性的反应(假如我们采纳传统的观点,认为商业周期围绕着一个固定趋势波动),任何一种周期性反应都将随着时间而消失。但是商业周期重复发生是因为新的冲动再次干扰经济均衡。因此,经济的周期性是一系列独立的冲动对经济产生冲击的结果,每一次冲动或冲

---

① 〔美〕约瑟夫·熊彼特:《经济发展理论》,何畏、易家详等译,商务印书馆,1990。
② 〔德〕G. 加比希、H. W. 洛伦兹:《经济周期理论——方法和概念通论》,薛玉炜、高建强译,上海三联书店,1993。

击都以一种由经济基本结构决定的方式传导"①。在绝大多数周期理论模型中，周期的产生都依赖于外部的冲击。

苏联经济学家斯勒茨基（Eugen Slutsky）在1927年《随机性因素是周期性过程的根源》一文中，首先将经济周期作为对随机冲击的反应来分析研究。此后，弗里奇（Frisch, 1933）及卡莱斯基（Kalecki, 1954）也使用了类似随机分析方法，通过对确定性体系增加一个外生随机变量的方法得到持续的周期波动。②

在经济周期的冲击—传导理论中，引起经济波动的冲击因素主要有供给冲击、政策冲击和私人需求冲击三种类型，这些冲击因素可能产生于国内，也可以通过国际贸易和国际金融渠道从国外输入。③

第一种类型的冲击是供给冲击，包括技术进步、气候变化、自然灾害、资源发现或投入生产要素的国际价格变化等，此外名义工资的变化在特定情况下也可以视为一种供给冲击。典型的如在实际商业周期理论（RBC）中，以技术冲击为代表的实际因素被视为经济波动的源泉。

第二种类型的冲击是政策冲击，包括政府宏观经济管理当局对货币供给、汇率和财政政策的变动等。典型的如在政治周期理论中，执政党和政府利用扩张性或紧缩性的政策为自己再次当选和当政服务；在货币主义经济周期理论中，强调货币供给数量变动对经济波动的影响。

第三种类型的冲击是私人需求冲击，包括私人部门投资或消费支出的变动等，这种冲击可能源自对未来经济状况预期的改变，典型的如在凯恩斯学派周期理论中，"动物精神"变化引起的投资波动。

在初次冲击发生后，对于周期性波动的传导机制也存在很多争议。各种争议中，最大的分歧在于周期的传导是否依赖于竞争性的市场及对市场价格的理性预期。凯恩斯学派认为，名义价格或工资的刚性是传导周期的重要条件；而新古典宏观经济学派包括实际商业周期理论认为，即使在竞争性的市场条件下，某些类型的随机冲击也可能会影响经济周期。除此之外，还有一些理论则从其他方面如金融市场的独立作用探索周期的传导途

---

① 〔美〕杰费里·萨克斯、费利普·拉雷恩：《全球视角的宏观经济学》，费方域等译，上海人民出版社，2004，第453页。
② 胡永刚：《当代西方经济周期理论》，上海财经大学出版社，2002，第237页。
③ 〔美〕杰费里·萨克斯、费利普·拉雷恩：《全球视角的宏观经济学》，费方域等译，上海人民出版社，2004，第453～454页。

径（萨克斯、拉雷恩，2004）。

相比较而言，非理性预期周期模型一般对外部冲击的依赖性较低，在经受一次性的外部冲击后就可能产生持续的周期波动；而理性预期周期模型则对外部冲击的依赖性很高，在一些模型中要发生持续的周期波动，几乎每一个周期都需要引入冲击因素。

在以理性预期为基础的经济周期模型中，周期的传导机制还可以分为以下三类：第一类理性预期模型假设了经济结构中存在阻止个体获得整体经济中关于潜在的周期性力量信息的机制，大多数的理性预期模型包括卢卡斯的周期理论属于此类；第二类理性预期模型引入学习过程，即理性预期并不能够自动立即形成，而需要通过一个学习的过程才能达到，在这个学习过程中，预期模式接近于适应性预期；第三类理性预期模型中不仅信息是完全的，预期也是完全理性的，但经济结构本身仍然存在发生周期性波动的机制（加比希、洛伦兹，2003）。

经济周期的冲击—传导学说自提出以来，被广泛地应用于解释各种周期性的经济现象，但该学说也存在着局限性。

在大多数的基于冲击—传导的周期模型中，只能产生衰减型、等幅型或发散型三种类型的周期波动。发散型的周期波动既没有理论意义也无现实意义，从理论上看，爆炸性的增长将随着时间的推移很快消失；从现实看，所能观察的经济现象基本上将收敛于一定的波动范围。而等幅型的周期波动也仅仅能发生在一个精确的参数域，这决定了它只能作为一种教学模型而存在。这种周期也无法得到实证的支持，因为各周期性经济变量（如产出、通胀、就业等）的实际时间路径都不具有等幅波动的特征。排除了上述两种类型的波动，则在经济周期的冲击—传导模型中，只有衰减型的波动才具有理论与现实意义。但如果把周期处理为衰减的波动系列，则要获得持续的周期波动，必须给系统一系列的外部冲击。这除了在理论上由于外生冲击随意出现的安排将使周期理论丧失完备性与一致性外，不同冲击产生的振荡相互重叠还将使得跟踪某一个单独冲击振荡的时间轨道变得非常困难。

由于经济周期冲击—传导学说的以上缺陷，近几十年来学界还研究出一些不依赖于外部冲击的周期理论模型，如非均衡分析、增长波动理论、分岔理论、突变理论和混沌经济周期理论等。

(三) 主要经济周期理论

1. 凯恩斯学派周期理论

凯恩斯学派把投资支出的冲击视为经济波动的主要来源,把名义工资刚性假设作为理解周期传导机制的关键因素。凯恩斯认为,由"动物精神"变化引起的投资波动,将引起总需求变化,进而对总产出产生影响。

(1) 存货周期

存货周期理论由 Metzler(1941)提出。存货是企业维持正常生产经营的必要途径,当销售量出现预期之外的增加时,额外的增加额需要由生产的增加和存货的减少来满足。反之,预期外的销售量下降则造成生产下降和存货增加。企业为保持一定水平的存货产量比,当经受一次预期之外的需求冲击时,对于存货的非自愿性增强或减弱,将增加或削减其产量,从而存货投资的变化可以带来总产出的周期性波动。

在一个简单模型中,产出 Y 包括为向消费者销售而进行的生产 Y_c、存货 Y_s 和非存货投资 I_0 三部分:

$$Y = Y_c + Y_s + I_0 \tag{2.1}$$

其中 Y_c 由企业根据对当期销售量的预期来确定。设 $C_t = cY_t$,且对销售量存在静态预期,则有:

$$Y_c = cY_{-1} \tag{2.2}$$

由于企业要保持一定水平的存货,因而当期存货投资 Y_s 等于未预期的上一期存货水平变动:

$$Y_s = cY_{-1} - cY_{-2} \tag{2.3}$$

将式(2.2)和式(2.3)代入式(2.1),可得:

$$Y = 2cY_{-1} - cY_{-2} + I_0 \tag{2.4}$$

在式(2.4)中,当期产量是其自身的滞后项及自发性投资的函数。当模型中作为外生变量的自发性投资 I_0 受到冲击时,模型可能会产生周期性的震荡。

(2) Samuelson 乘数加速数模型

除了存货投资引发经济周期外，Samuelson（1939）提出乘数加速数模型，使用投资的乘数加速数来解释由投资引发的周期波动。

在一个简单宏观模型中，总产出 Y 表示为消费 C 与投资 I 两部分：

$$Y = C + I \qquad (2.5)$$

投资是前期产出变化和一个由"动物精神"决定的自发性投资 I_0 的函数：

$$I = a(Y_{-1} - Y_{-2}) + I_0 \qquad (2.6)$$

其中 a 为资本产出比或加速数。消费为上期收入的函数：

$$C = cY_{-1} \qquad (2.7)$$

其中 $1/(1-c)$ 为乘数。将式（2.6）和式（2.7）代入式（2.5），有：

$$Y = (c + a)Y_{-1} - aY_{-2} + I_0 \qquad (2.8)$$

与存货模型类似，当期产量也是其自身的滞后项及自发性投资的函数，所不同的是其滞后项的系数除包括乘数 $1/(1-c)$ 外，还包括加速数 a。当模型中作为外生变量的自发性投资 I_0 受到冲击时，在乘数和加速数的共同作用下，模型也可能会产生周期性的震荡。

2. 政治周期理论

在一般的理论模型中，都假定政府的目标与经济规律所表明的最优方案相一致，政府会通过执行反周期的政策来消除经济的波动性。但在现实中，如果政府存在多个关注目标，并且这些目标之间又存在相互矛盾时，政府目标便存在不可避免的权衡问题。在这种条件下，政府可能不仅不是最优经济方案的执行者，其行为反而是经济周期波动的根源之一。

(1) 机会主义模型

机会主义政治周期模型由 Nordhaus（1975）提出。Nordhaus 模型包括执政党和投票人两个主体。执政党通过执政期间政策的权衡使自己再次当选的预期值最大化，菲利浦斯曲线关系是机会主义政治周期模型中政府进行政策权衡的基础。这里假定经济体中存在扩展的菲利浦斯曲线关系如 $\pi_t = f(u_t) + \gamma \pi_t^e$ 所示，其中 π 为通胀率，u 为失业率，预期通胀率 π_t^e 符合适应性预期的特征。投票人对失业率 u 和通货膨胀率 π 的降低都具有正的边际效用,即投票人效用函数 $U = U(-u, -\pi)$,且 $U(\cdot)$ 满足连续性和凸性条件。

假定政府了解并能够利用菲利浦斯曲线关系中的失业率与通胀率的权衡关系以使其再次当选的预期值最大化,而投票人不知道通货膨胀和失业之间的菲利浦斯权衡关系,并且对过去的经济状况的记忆具有衰减的特性,即投票人对当前失业率和通胀率的关注大于对执政党执政初期的经济状况的关注。

因而,在 Nordhaus 模型中,执政党的最优政策路径是在当选之后通过增加失业来降低通货膨胀,使在开始执政时失业率升高,预期通胀率降低。进而在执政期内逐步使失业率递减,并在选举期的终点失业率降至最小值,低失业率与低通胀率将使其获得更多的选票。低失业率、低通胀率的情况只是暂时的,随着最终通胀预期的升高,新的周期又将重新开始。

(2)党派周期模型

党派周期模型最早来自 Alesina (1987, 1988)。在机会主义模型中假定所有投票人的偏好相同,然而在现实中,投票人的偏好并不相同,如有些人更关注产出的增长而不太关注通货膨胀,另一些人则反之。与此相对应的是,政党也有代表哪一类投票人偏好的意识形态问题。比如左翼政党对产出和就业水平的关注大于物价,右翼政党对物价的关注大于产出和就业水平。选举的结果事先具有不确定性,从而使预期通胀率低于或高于实际通胀率。当左翼政党当选时,会比右翼政党实行扩张性更强的政策,实际通胀率将高于预期通胀率,经济出现暂时繁荣。反之,右翼政党当选时,将使实际通胀率低于预期通胀率,经济出现暂时衰退。选举产生政策不确定性,形成了政策性经济周期。

3. 货币主义学派周期理论

货币主义学派经济周期观点主要体现于弗里德曼和施瓦茨的论文、著作以及弗里德曼的演讲中。货币主义学派将宏观经济周期波动主要归结为货币数量的变动。弗里德曼和施瓦茨在《美国货币史:1867~1960》中,[①]通过对美国历史数据的研究,发现产出的周期变化经常发生在货币存量的

[①] Friedman, M. and A. J. Schwartz, *A Monetary History of the United States, 1867–1960*, (Princeton: Princeton University Press, 1963).

巨大变化之后，从而为货币存量变化是经济不稳定的重要原因的观点提供了有力支持。

1967年12月，弗里德曼在美国经济学会的主席演讲中，通过不完全信息解释了为什么通货膨胀率和失业率间存在短期的替代关系。当货币扩张使名义收入上升时，由于经济行为主体缺乏完全的信息，生产商认为价格上升只限于他们的产品，从而产出扩大，居民错误地将名义工资的上升当作实际工资的上升，从而劳动供给增加。但如果行为主体具有完全信息，居民将不会增加劳动供给，厂商也不会增加产出。

货币主义学派这些有价值的思想观点为新古典宏观经济学派所吸收和拓展，从而融入更新的分析框架之中。

4. 新古典宏观经济学派周期理论

与凯恩斯主义学派把产出和失业波动归结为市场缺陷不同，新古典宏观经济学派认为即使在理性预期条件下，也会发生经济波动。

(1) Lucas 和 Barro 价格信息不完全模型

Lucas (1973) 在理性预期假设基础上，用分散市场中供给者的价格信息不完全来解释经济周期的产生。Barro 等的实证研究则进一步为 Lucas 理论假说提供了经验证据。

在 Lucas 的模型中，假定供给者处于大量分散的竞争性市场中，在第 z 个分散市场中，供给者的供给可以分为两个部分:[①]

$$Y_t(z) = Y_{n,t} + Y_{c,t}(z) \tag{2.9}$$

其中 $Y_{n,t}$ 为各市场所共有的产出的长期趋势部分或产出的自然水平，它由劳动力的增长和资本的积累所决定，并且可以表示为一个确定性时间趋势:

$$Y_{n,t} = \alpha + \beta t \tag{2.10}$$

$Y_{c,t}(z)$ 为各分散市场互不相同的产出的周期性部分，它为 z 市场当期价格水平与预期价格水平之差及产出周期部分本身滞后项的函数:

$$Y_{c,t}(z) = \gamma [P_t(z) - E(P_t \mid I_t(z))] + \lambda Y_{c,t-1}(z) \tag{2.11}$$

[①] Lucas, R. E. Jr., "Some International Evidence on Output-Inflation Tradeoffs," *The American Economic Review* (1973), pp. 326–334.

其中 $I_t(z)$ 为 z 市场中供给者在 t 期所能获得的全部信息，这些信息来源于对过去产出趋势部分和周期部分的知识，它决定了对所有市场具有共同意义的过去价格信息的分布。假定过去价格信息分布的均值为 $\bar{P}_t$，方差为 σ^2，则有：

$$E[P_t | I_t(z)] = E[P_t | P_t(z), \bar{P}_t] = (1-\theta)P_t(z) + \theta \bar{P}_t \quad (2.12)$$

将式（2.10）~式（2.12）代入式（2.9）并加总，获得 Lucas 总供给函数：

$$Y_t = Y_{n,t} + \theta \gamma (P_t - \bar{P}_t) + \lambda(Y_{t-1} - Y_{n,t-1}) \quad (2.13)$$

式（2.13）中 $\bar{P}_t$ 实际上为基于过去信息对 t 期价格的预期值。因而，式（2.13）中总产出取决于产出的自然（趋势）水平及于当期一般价格水平与预期价格水平之差。

Lucas 模型中，当一次预期之外的总需求冲击发生使一般价格水平高于预期价格水平时，供给者认为自己产品的相对价格升高了从而增加供给量，但实际上这是一个错误的判断，因为相对价格并没有变化，只是一般价格水平发生了变动。从结果看，需求冲击还是使总供给增加了。当人们认识到这一错误之后，产出水平会重新下降，从而形成经济波动。因此，尽管供给者处于竞争性市场中并具有理性预期，价格信息不完全仍可能会导致宏观经济的周期波动。

Lucas 模型表明，货币供给的预期变化，对总产出没有影响，只对一般价格水平有影响，因而失业率与预期的通胀率之间不存在宏观权衡关系。只有当没有预期到的货币政策变化出现时才会对产量有影响。

但用 Lucas 模型来解释现实经济波动仍存在一些困难。其中最主要的问题是，模型的不完全信息假设过于严格而脱离现实，在现实中厂商了解一般价格水平信息并不困难，CPI 和 PPI 由政府定期公布，并且厂商在经常购买商品与劳务过程中也能预先感知到一般价格水平的变化，因而很难用一般价格水平信息问题来解释大的经济波动。除此之外，货币变动本身也有可能是实际因素变动的结果而非原因。

基于上述这些缺陷，自 20 世纪 80 年代以来，一些新古典宏观经济学者放弃了货币因素转向用实际因素来说明宏观经济的波动，从而形成了实际商业周期理论。

（2）实际商业周期理论（Real Business Cycle，RBC）

Kydland 和 Prescott（1982）与 Long 和 Plosser（1983）是实际商业周

期理论的开创者。与货币错觉模型不同，实际商业周期理论认为以技术冲击为代表的实际因素是导致经济波动最重要的扰动因素。实际商业周期理论思想来自熊彼特创新周期理论。根据熊彼特的观点，资本主义经济处于"创造性破坏"的浪潮中，新技术的出现使原资本过时和原有企业倒闭。

在实际商业周期理论中，理性的经济人根据持续的技术冲击所引起的相对价格变动调整其劳动供给和消费，产量和就业变动被看作是技术冲击条件下的帕累托最优调整过程。实际商业周期理论摒弃了短期周期与长期趋势的区分，产量的波动不再是对均衡（趋势）的偏离，而表现为趋势本身的变动。

劳动的跨期替代是理解实际商业周期理论的周期传导机制的关键。如果一个经济体遭受正向的技术冲击，工人的劳动生产率上升，从而企业将增加对劳动的需求。在这种情况下，工人必须愿意提供更多的劳动，即劳动供给曲线应向上倾斜。不仅如此，在商业周期中，实际工资的一个轻微变化往往和产量与就业的大幅波动同时发生，因而劳动供给曲线不但应向上倾斜，而且劳动供给对实际工资的增加应当非常敏感。而劳动对实际工资的轻微变化做出的巨大反应，正是劳动跨期替代的结果。家庭在特定的时期内，用一个期间的劳动替换另一个期间的劳动，当其认为实际工资暂时上升时他们会工作更多的时间，当其认为实际工资暂时下降时他们就会减少工作时间。此外由于正向的技术冲击将使资本的边际生产率提高，所以企业还会增加投资。更高的投资使资本存量增加，更高的资本存量通过对生产函数的影响，使产量增加持续地高于先前的趋势，从而对产量波动的持续性做出了解释。

尽管所有的实际商业周期模型把技术冲击视为经济波动的主要原因，但也有一些模型包含了某些其他冲击，如政府支出变化引起的经济波动。但这些冲击的传导机制取决于劳动供给的跨期替代而非凯恩斯模型中总需求的变化。比如，为应对暂时的财政扩张而提高利率，家庭选择现在提供更多的劳动而消费较少的闲暇，从而在将来提供更少的劳动而消费更多的闲暇。这样，即使财政支出增加是暂时的，当期产量也会增加，形成经济波动。

实际商业周期理论认为技术冲击可以是双向的。正向技术冲击会引起经济扩张，反之负向技术冲击则会导致经济衰退。如果离开了负向技术冲击则实际商业周期理论将只能解释经济的扩张，而无法说明经济衰退的成因。但在现实中，先进技术一般会被一直使用下去直到被更先进的技术所替代，而很少能观察到技术退步现象，因而以技术退步来说明经济衰退非常勉强。此外，作为理解实际商业周期理论的关键——劳动的跨期替代效应也没有得到经验研究的支持，众多实证表明跨期替代效应是非常弱的，难以用其来解释大的经济波动。

二 房地产周期波动的蛛网模型

蛛网周期理论是对房地产周期最为基本的理论解释之一。房地产商品与农产品、畜牧产品一样，都具有较长的生产周期，在开发商对未来价格具有非理性预期的条件下，不同时期的需求量、供给量和价格之间的相互作用，将使房地产市场产生蛛网式的周期波动。

房地产周期波动的简单蛛网模型可用以下三个联立的方程式来表示：

$$\begin{cases} \ln D_t = \eta - \alpha \ln P_t \\ \ln S_t = -\delta + \beta \ln P_t^e \\ \ln D_t = \ln S_t \end{cases} \quad (2.14)$$

其中 P 为价格，D 为房地产需求量，S 为房地产供给量，α、β、δ、η 均为常数且均大于零。模型采用简单预期假设，即 $P_t^e = P_{t-n}$，其中 n 为建筑开发滞后期。模型的均衡价格为：

$$\ln(Pt) = \frac{\eta + \delta - \ln(\hat{P}t-n)^\beta}{\alpha} \quad (2.15)$$

实际上式（2.15）为价格的 n 阶滞后自回归形式，自回归系数为 $-\beta/\alpha$。当自回归系数绝对值大于 1 时，模型发散，反之则收敛。根据供给弹性 α 与需求弹性 β 的相对大小不同，蛛网模型中房地产供求和价格的波动存在三种情况。

当 $\alpha > \beta$ 时，均衡价格的自回归系数绝对值小于 1，模型为收敛型蛛网，当市场受到冲击偏离初始的稳态路径以后，价格和供求会围绕稳态水平上下波动，但波动的幅度会越来越小，最后会收敛至原来的稳态路径。

当 $\alpha < \beta$ 时，均衡价格的自回归系数绝对值大于 1，模型为发散型蛛网，当市场由于受到冲击偏离初始的稳态路径以后，价格和供求上下波动的幅度会越来越大，偏离稳态路径会越来越远。

当 $\alpha = \beta$ 时，均衡价格的自回归系数绝对值等于 1，模型为封闭型蛛网,当市场由于受到冲击偏离初始的稳态路径以后,价格和供求始终按同一振幅围绕稳态路径上下波动,既不进一步偏离稳态路径,也不逐步收敛于稳态路径。

但蛛网周期模型由于过于简化使参数域较严格,对现实房地产周期具体特征的解释力较弱。正如 Wheaton(1987)所言,现实中的房地产市场问题远比蛛网周期来得复杂和深刻。蛛网周期的产生依赖于开发商的静态预期,而现代房地产市场特别是写字楼市场中,市场参与者一般为机构投资者,并且还存在众多的房地产研究咨询机构为机构投资者和开发商提供各种咨询服务,一些大的机构投资者和开发商还有自己专门的研究队伍;此外,机构投资者和大开发商还可以通过学习与经验总结,使其预期向理性预期逼近。因而,简单预期在某些特定类型的房地产市场中可能难以占据主导地位。

写字楼市场的蛛网周期机制也没有得到实证研究的支持。Hekman(1985)分析了1979~1983年14个城市写字楼市场的租金调整机制与投资开发反应,认为租金对当期空置率有强烈的反应,而以许可数衡量的写字楼开发在回归模型中与租金和写字楼使用行业就业的长期增长率高度相关,其间并不存在投资开发对市场条件的过度反应与滞后反应,从而否定了美国写字楼开发市场存在蛛网周期发生机制。

相比较而言,住宅市场参与者多为居民个人而非专业性投资机构,由于信息问题,更有可能存在蛛网式的周期发生机制。

三 房地产周期波动的存量—流量模型

房地产市场的蛛网周期理论只包含了房地产生产滞后期较长的特性,而没有充分考虑房地产作为耐用消费品的特性,因而它可以说明房地产周期与生猪周期、农产品周期等的共性,却难以解释其差别。

与蛛网模型不同,存量—流量模型进一步考虑了房地产作为耐用消费品的特性。即房地产供给一旦形成,短期内将难以被消灭,并以二手房的形式在市场继续流通。由于存量—流量模型包含房地产市场存量对房地产周期的影响以及存量与流量之间的相互联系,从而为更符合房地产市场的现实特征。

存量—流量模型的主要思想是,由于房地产的建筑滞后期长及属于耐用消费品等特征，在短期内，房地产市场只能通过价格的调整使得房地产需求等于现有存量，而在长期内，存量会对由市场的短期均衡决定的价格做出反应与调整，但存量的调整是一个缓慢推进的过程，并且经常是滞后的（迪帕斯奎尔和惠顿，2002）。

Wheaton（1999）、迪帕斯奎尔和惠顿（2002）都曾使用存量—流量模型来解释与分析房地产市场的周期波动。根据迪帕斯奎尔和惠顿（2002）的设定，房地产市场的存量-流量模型可用一个方程组表示。

设需求方程为：

$$D_t = \Omega_t(\alpha_0 - \alpha_1 E_t) \tag{2.16}$$

其中 Ω_t 为外生的影响需求变量，如与写字楼市场需求相关的写字楼使用行业就业率，与住宅市场需求相关的城镇人口数等。E 为房地产持有成本函数，并具有如下形式：

$$E_t = P_t(R_t - \rho_t) \tag{2.17}$$

其中 P 为房地产价格，R 为按揭贷款利率，ρ 为预期的房价上涨率。

设 S 为房地产存量，并令房地产存量供给等于需求，可求得均衡房地产价格：

$$P_t = \frac{\alpha_0 \Omega_t - S_t}{(R_t - \rho_t)\alpha_1 \Omega_t} \tag{2.18}$$

在式（2.18）中，房价受到当期存量供给的影响。设存量供给动态演变方程为：

$$S_t = S_{t-1} + C_{t-1} - \delta S_{t-1} \tag{2.19}$$

其中 C 为新开发面积（流量供给），δ 为折旧率。当期存量取决于上期新开发面积与拆毁房面积。式（2.19）反映了房地产市场存量与流量之间的关系。设 ES 为反映长期均衡的存量，它为当期房价的函数：

$$ES_t = -\eta + \beta_1 P_t \tag{2.20}$$

除了弥补折旧拆毁之外，由房价决定的长期均衡存量与实际存量之差额，构成了房地产新开发建设的需要：

$$C_t = \gamma(ES_t - S_t) \tag{2.21}$$

其中 γ 为开发建设速度。将长期均衡存量函数代入式（2.21），有：

$$C_t = \gamma(-\eta + \beta_1 P_t - S_t) \qquad (2.22)$$

将式（2.22）代入存量—流量方程，有：

$$S_t = S_{t-1} + \gamma(-\eta + \beta_1 P_{t-1} - S_{t-1}) - \delta S_{t-1} \qquad (2.23)$$

如果外生影响需求的变量保持不变，即 $\Omega_t = \Omega$，则有在稳态条件下，拆毁量等于新开发数量，房地产存量保持不变，从而房价也保持不变。即：

$$\frac{C_{t-1}}{S_t} = \delta, P_t = \bar{P} \qquad (2.24)$$

令 $S_t = S_{t-1}$，求得稳态条件下的存量水平为：

$$S^* = -\frac{\gamma(\eta - P_{t-1}\beta_1)}{\gamma + \delta} \qquad (2.25)$$

从式（2.18）、（2.23）及（2.25）可知，上期房价决定上期新开发数量从而影响当期存量，当期存量影响当期房价，而当期房价又对下期存量产生作用，从而形成一种交互的动态关系。

将式（2.18）及（2.23）联立，加上式（2.16）与（2.17），即构成房地产市场的一个动态系统。与蛛网模型类似，在近似的预期条件和一些特定的参数组合下，系统在经受外部需求冲击后，模型将产生持续的周期波动。此外，在理性预期条件和一些极端的参数组合下，模型也能产生反复的波动（Wheaton，1999）。

四 考虑不确定性的楔子模型

无论是蛛网模型还是存量—流量模型，其周期长度都与建筑滞后期高度正相关。但现实中，房地产的平均建筑开发时间约为 2 年，而周期波动长度要远大于建筑开发时间。比如 Grebler 和 Burns（1982）以 GNP 周期为基准循环，以经趋势调整后的实际建筑支出数据为周期的衡量指标，研究了 1950 ~ 1978 年美国的建筑周期，发现住宅建筑周期约为 4.5 年，总体建筑周期约为 5.5 年，非住宅建筑周期、公共建筑周期以及 GNP 周期约为 7 年；Wheaton（1987）根据"二战"后全国写字楼空置率数据，使用 10 个城市作为样本，发现了长度约为 10 年的全国写字楼市场周期，1960~1986 年，全国共经历了 3 个空置率波峰与波谷；房地产周期研究的先驱 Hoyt（1933）在对芝加哥长达 100 年的土地价格、租金等的分析中，率先发现了长度为 18 年的地价周期，其后美国最早的房地产期刊之一《房地产分析师》创办人 Wenzlick 在其刊物中曾多次分析 18.3 年的房地产周期，长度为 18.3 年的周期因而被称为 Wenzlick 周期，但从 1934 年房地产波谷以后，长度为 18 年的房地产周期没有再被发现（Kaiser，1997）；Kaiser 分析了 1919~1995 年房地产总体回报率，发现 1920~1934 年的房地产大波动与 1980~1993 年的大波动非常相似，进而，Kaiser 通过对更早时期的房地产周期的分析，认为存在 50~60 年的长周期，一个 50~60 年的长周期可分解为三个 Wenzlick 周期。

对于这个问题，Witkiewicz（2002）提出的一种解决办法是，在价格调整与开发商做出房地产开发投资决策之间插入一个观望期。Witkiewicz 指出，不确定性的存在给价格变化与房地产投资开发调整之间打入一个楔子，使得从房地产价格变化到房地产开发调整变成一个需要延续多期的过程。

当价格受外部需求冲击而上涨时，开发商并不一定会做出投资开发决策，只有当房地产价格继续上涨到超过开发商所设的盈利门槛价格时，开发商有才有做出投资决策的可能。但由于房地产开发需要较长的时间和大量资金，为了规避投资风险，如果开发商不能确定价格的上涨是暂时性的还是永久性的，那么即使价格上涨到超过开发商的门槛价格，他仍将选择继续观望，直到有足够的信息确认价格的上涨为永久性的为止。包含不确定性楔子的单个开发商住宅开发函数如图 2-1 所示。

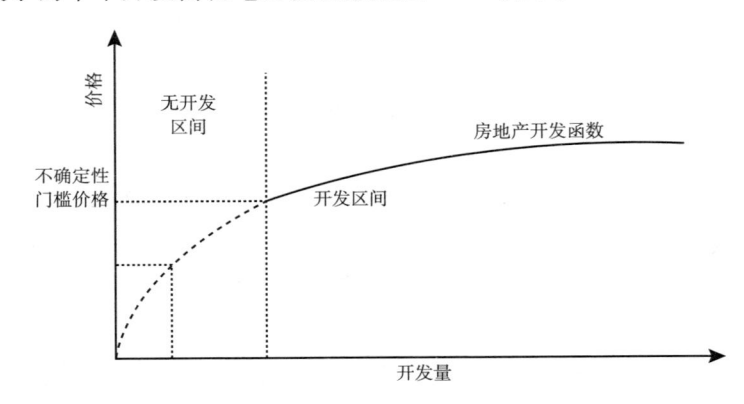

图 2-1　包含不确定性楔子的房地产开发函数

资料来源：Witkiewicz（2002）。

因为各开发商的观望时间不一样，使得投资开发调整过程成为一个持续过程。在这个过程中，价格将继续上涨。随着价格上，涨越来越多的开发商结束观望做出投资开发决策，最终只需要很少的价格上涨就会有大量新增供给集中进入市场。

考虑不确定性的楔子模型可以解释两个房地产周期相关的重要问题。

第一，可观察到的远长于建筑开发期的房地产周期，可以部分地由观望所延缓的建筑开发调整速度来解释。

第二，可以解释房地产开发虽然在短期内缺乏弹性，但长期富有弹性，即所谓房地产供给过度反应的问题。因为在大多数的房地产周期理论模型中，较大的房地产供给弹性与较小的房地产需求弹性是产生持续周期的必要条件。

五　本章小结

房地产周期研究最早是宏观经济周期研究的一个从属部分（刘学成，2001），许多经济周期理论都可以直接借用到房地产周期的分析中。绝大多数的经济周期理论是基于冲击—传导学说的，即周期的发生依赖于外生变量的冲击，这些冲击因素包括供给冲击、政府政策冲击及私人需求冲击等。我们所熟知的凯恩斯主义周期理论、货币主义周期理论及 RBC 理论等都是依赖于外部冲击的周期理论。在周期的传导机制中，一部分理论周期的传导是依赖于非理性预期或非完全竞争的市场条件的，如凯恩斯主义周期理论依赖于价格的刚性。而在另一部分理论中周期也可能在理性预期的条件下发生，如 Lucas 的信息不完全理论、RBC 理论等。

房地产周期理论之所以能从早期宏观经济的从属部分发展为相对独立的周期研究领域，在于房地产市场具有其他市场所不具备的一些特性，包括建筑开发期长、单位价值高、投资风险大及供给一旦形成将在很长的时期内持续在市场交易等。基于建筑开发周期长的特性，蛛网模型可以为房地产周期提供一定的理论解释，特别是在私人交易者占主导的房地产市场类型如住宅市场等。基于房地产建筑开发期长及作为耐用消费品的特性，研究者设计了存量—流量模型来模拟房地产市场的动态波动特征。此外，由于大多数房地产理论模型中周期的持续性依赖于较高的房地产供给弹性，并且房地产周期一般远长于建筑开发滞后期，考虑不确定性的楔子模型对此做出简单的理论解释。

第三章　市场结构、经济基本面与房地产周期的区域差异

房地产市场是一个地域性很强的市场。由于房地产产品的不可移动性及人口迁移成本的存在，从特定区域的地理环境、气候条件，到历史、风俗、消费心理、生活习惯、人文文化、社会构成以及经济发展水平，都会对房地产的设计、规划、建设与销售带来显著的影响。房地产市场的地域性必然会反映到房地产市场的周期性运动上，使得不同区域房地产周期的模式轨迹表现出复杂性与多样性特征。

为从理论上分析房地产周期区域差异的形成原因或主要决定因素，本章结合中国区域房地产市场特征，构建了基于黏性价格的中国区域房地产市场存量—流量模型。通过动态参数模拟的方法，考察了在不同区域房地产市场中，市场结构及经济基本面因素包括区域经济发展速度、收入弹性、供给弹性、需求弹性、价格调整速度及建设开发周期长度等对房地产周期特征模式的影响。

除了区域市场结构与经济基本面因素外，本章还对造成房地产周期区域差异的其他因素作了简要的分析。

一　模型的构建

(一) 基本模型

1. 建模思想

Wheaton (1999) 运用存量—流量模型模拟了写字楼、住宅、工业地产等不同类型房地产市场周期波动的本质差异。本章的存量—流量模型以 Wheaton (1999) 模型为基础，同时结合中国区域房地产市场特征做出一

些改进与修正，具体包括以下方面。

（1）传统存量—流量模型均采用市场出清和弹性价格假定，这显然与我国区域房地产市场现实相去甚远。考虑到我国房地产市场还不成熟，区域房地产市场结构以寡头垄断为主，以及房地产市场普遍存在"观望"行为，本文的存量—流量模型剔除了市场出清和价格弹性等与房地产市场现实状况不符的假设，而采取价格黏性假设，从而使模型更具理论解释力和现实模拟分析能力。

（2）由于传统存量—流量模型采用市场出清假设，从而无法对房地产市场的重要监测变量——空置率的周期性变动做出解释与分析。本文模型由于采取了市场非出清假设，相对于一般存量—流量模型还具备对市场空置率的周期波动做出分析与模拟的功能。

（3）Wheaton 等所构建的存量—流量模型以就业率等作为主要的外生需求因素。考虑到收入对我国现阶段房地产需求的重要性，以及我国收入水平和房地产需求收入弹性的区域差异性，本文模型着重考察了收入和经济增长等区域经济基本面因素对房地产周期的影响，并且在模型中还加入房地产的需求收入弹性等重要变量。

（4）Wheaton 所构建的存量—流量模型的需求函数以租金为自变量，考虑我国房地产市场特别是住宅市场并非以出租为主，并且租金与房价变动存在背离的可能性，为保持一致性，本文的需求方程与供给方程均采用价格而非租金为自变量。

当然，最重要的拓展是 Wheaton 等所构建的存量—流量模型仅用以分析写字楼、住宅等不同类型房地产市场的周期波动差异，而本文将模型进一步延伸应用到分析不同区域房地产市场的市场结构及经济基本面因素对房地产周期波动特征模式的影响。

2. 模型推导

需求函数采用更接近现实的非线性形式而非简单的线性形式，设房地产市场的需求方程为：

$$D_t = \delta(Y_t)^\gamma (P_t)^{-\beta} \tag{3.1}$$

其中 D 为房地产需求，P 为房地产价格，Y 为除房地产价格之外的其他影响房地产需求的因素，接近于通常所说的"刚需"内涵。从我国情况看，在房价之外影响房地产需求的主要因素为总产出或收入的增长，这里为简化分析，假定 Y 仅包括总产出或收入因素，① γ 则相应简化为需求的收入弹性。β 为需求价格弹性，$\beta \geqslant 0$，α 为系数，t 为代表时期的下标。

需求方程中居民收入或总产出 Y 为外生变量。外生变量 Y 的动态演变方程设为：

$$Y_{t+1} = (1+\varphi)Y_t \tag{3.2}$$

其中 φ 为总产出或收入的增长率。

房地产作为耐用消费品，其供给来源包括新增商品房与二手房（存量房）两大块。为简化分析，假定不存在折旧，或可把折旧率归入经济增长率 φ 中作为一个外生的影响存量需求的因素（Wheaton，1999），则房地产存量 S 的动态演变方程为：

$$S_{t+1} = S_t + C_{t+1-n} \tag{3.3}$$

其中 C 为新开工面积，n 为从开工到竣工的建设周期长度。

流量供给方程为：

$$\frac{C_{t+1-n}}{S_t} = \eta(P_{t+1-n})^{\lambda} \tag{3.4}$$

式（3.4）左边部分为新开工率，式（3.4）右边 λ 为供给弹性，$\lambda \geqslant 0$，η 为系数，价格 P 的时间下标表示开发商的近视价格预期特征。

对式（3.4）变形可得：

$$C_{t+1-n} = \eta(P_{t-n+1})^{\lambda} S_t \tag{3.5}$$

将式（3.5）代入式（3.3），则房地产存量 S 的动态演变方程又可表示为：

$$S_{t+1} = [\eta(P_{t-n+1})^{\lambda} + 1] S_t \tag{3.6}$$

将存量供给方程与需求方程联立，并令供给量等于需求量，② 求得保

---

① 在必要时，可以将其简单外推至其他外生需求因素。
② 由于搜寻成本的存在，在现实中房地产的摩擦性空置难以避免。Mueller 和 Laposa（1994）及 Mueller（1995）提出了均衡空置率的概念，认为均衡空置率即为在周期中供需均衡时的空置率，但这个供需均衡包括供给方必要的空置，均衡空置率可以通过对一系列历史周期的长期平均空置率的计算得到。但 Wheaton（1999）认为存量—流量模（转下页注）

证市场出清的均衡价格决定方程：

$$(P^*)_{t+1} = \frac{1}{\left[\frac{S_t + \eta(P_{t-n+1})^\lambda S_t}{\alpha(Y_{t+1})^\gamma}\right]^{\frac{1}{\beta}}} \quad (3.7)$$

式（3.1）、（3.2）、（3.6）、（3.7）即构成存量—流量模型的基本方程组。

（二）模型稳态条件

如果需求弹性 β 与供给弹性 λ 都取常数形式，不难求得，模型具有唯一的稳态解。在稳态条件下：

第一，$C^*/S^* \approx \gamma\varphi$，即开发率或存量增长率近似等于收入弹性乘以收入增长率，如果考虑折旧，则开发率等于收入弹性乘以收入增长率再加上折旧率。

第二，$P_t^* = P$，$\Delta P = 0$，即房价保持不变，而非如通常所认为的房价具有长期上涨的趋势。因为如果房价保持上涨，则存量增长率就要高于收入弹性乘以收入增长率，同时还要求需求增长率高于收入弹性乘以收入增长率，但根据式（3.1），需求增长率要高于收入弹性与收入增长率之积，则房价必须下降，从而形成矛盾（Wheaton，1999）。

第三，供给量等于需求量 $S = D$，空置率 $V^* = 0$。

（三）市场非出清与黏性价格假设

在区域房地产市场上，市场垄断势力与价格调整成本普遍存在，一种被普遍接受的观点是，由于房地产市场特有的空间垄断性，区域房地产市场属于典型的寡头垄断市场。区域房地产市场价格调整成本高昂的一个典型例子是，当某开发商决定降价时，以前的购房者往往会要求开发商退回差价，同一区域其他开发商为维持潜在的价格同盟也会对其施加压力甚至采取一些报复性行为，这些都会对开发商的降价行为起到一定的阻遏作用。房地产市场经常出现的观望气氛与羊群行为也可能阻碍市场价格的调整。因而，放弃古典的市场出清和价格弹性假设，转而采用新凯恩斯主义

（接上页注②）型中引入摩擦性空置具有一定的现实依据，但是理论意义很小。为简化分析，此处假定在供求均衡条件下，不存在房地产摩擦性空置。

价格黏性的价格假设或许更为贴近区域房地产市场现实。①

设区域总的房地产存量供给 S_t 为有差别的单个供给者 j 的供给之迪克希特-斯蒂格利茨集合（Dixit-Stiglitz aggregator），$S_t(j)$ 为单个供给者 j 的供给数量，则有：

$$S_t = \left[\int_0^1 [S_t(j)]^{\frac{\varepsilon-1}{\varepsilon}} dj\right]^{\frac{\varepsilon}{\varepsilon-1}} \tag{3.8}$$

其中替代弹性系数 $\varepsilon > 1$。与此对应的总体存量供给的 Dixit-Stiglitz 价格指数为：

$$P_t = \left[\int_0^1 [P_t(j)]^{1-\varepsilon} dj\right]^{\frac{1}{1-\varepsilon}} \tag{3.9}$$

设 $(1-\theta)$ 为每期所能自由调整价格的房地产供给者占总供给者的比例。如果时间间隔为季度，则 $\theta=0.75$ 表示价格完成向均衡价格的调整需要 4 个季度的时间，$\theta=0.875$ 表示价格调整需要 8 个季度的时间，以此类推。在黏性价格条件下，总体价格指数为：

$$P_{t+1} = \left\{(1-\theta)[(P^*)_{t+1}]^{1-\varepsilon} + \theta(P_t)^{1-\varepsilon}\right\}^{\frac{1}{1-\varepsilon}} \tag{3.10}$$

则基本模型中的式（3.7）变为：

$$P_{t+1} = \left[(1-\theta)\left[\frac{1}{\left[\frac{S_t + \eta(P_{t-n+1})^\lambda S_t}{\alpha(Y_{t+1})^\gamma}\right]^{\frac{1}{\beta}}}\right]^{1-\varepsilon} + \theta(P_t)^{1-\varepsilon}\right]^{\frac{1}{1-\varepsilon}} \tag{3.11}$$

在黏性价格和非市场出清假定下，存量房的空置就会发生。可以获得房地产市场空置率（或供求缺口率）的计算公式：

$$V_t = \frac{S_t - D_t}{S_t} \tag{3.12}$$

其中 V_t 为正值，代表存量空置率；$S_t - D_t$ 为负值，代表供求缺口率。

（四）模型初始值与参数的设定

将式（3.1）、（3.2）、（3.3）、（3.4）、（3.6）、（3.11）和（3.12）

---

① Bernanke, B., M. Gertler and S. Gilchrist, "The Financial Accelerator in a Quantitative Business Cycle Framework", NBER Working Paper, No. 6455, (1998).

组成动态联立方程组。模型的时间单位取季度,房价初始值设为1,总收入初始值设为100,为求简化,需求函数系数 α 设为1。在此后的冲击—传导模拟中,作为外生因素的收入变量的一次性冲击为初始值的30%。其余各参数根据不同的分析目的采取不同的组合。

除了在专门分析经济基本面因素对周期影响的场合外,在经济基本面因素中,季度经济(收入)增长率初始值暂设为1.943%(即 $\varphi = 0.01943$),折合年度经济(收入)增长率约为8%,需求收入弹性暂设为1。

除在专门分析价格调整速度因素对周期影响的场合外,均设价格调整速度 $\theta = 0.75$,即价格完成调整需要4个季度的时间,该价格调整速度为大多数黏性价格模型所采用,如 Bernanke、Gertler 和 Gilchrist(1998),Aoki、Proudman 和 Vlieghe(2004),Iacoviello(2005),崔光灿(2006)等。

一般认为,房地产的需求弹性较小,而供给弹性较大,这是造成房地产市场波动的重要原因之一,如 Mueller(1995,2002),Pyhrr、Roulac 和 Born(1999),Wheaton(1987,1999),Rottke、Wernecke 和 Schwartz(2003)等人,因而除在专门分析价格调整速度影响的场合外,均设需求弹性 $\beta = 0.4$,供给弹性 $\lambda = 2$,此供求弹性组合为 Wheaton、Torto 和 Evans(1997),Wheaton 和 Rossoff(1998),Wheaton(1999)等所使用。

除了专门分析房地产建设开发时间长度因素对周期影响的场合外,房地产建设开发周期均暂设为5个季度,即 $n = 5$。

根据稳态条件,将初始价格与各参数代入式(3.4),可求出供给函数系数 η 的值;代入式(3.7),可求出存量供给 S 与存量需求 D 的初始稳态值。

二 市场结构区域差异对房地产周期特征模式的影响

区域房地产市场的市场结构差异可以从供给价格弹性、需求价格弹性、价格调整速度等指标得到反映。从已有的研究对这些指标的测度或直观经验观察,我国区域房地产市场的市场结构应存在较大的差异。

高波和王斌(2008)通过对我国35个大中城市房地产需求弹性的实证研究发现,我国房地产需求价格弹性具有显著的地区差异性,东部、中部和西部地区需求价格弹性分别为 0.743、1.412 和 4.913，即中东部地区缺乏弹性，而中、西部地区是富有弹性的，需求弹性由东到西呈依次增大的趋势。

我国目前尚未有直接对区域房地产市场供给弹性相关论述的文献。一般而言，影响供给弹性的主要因素有地理条件、开发管制程度、市场成熟程度等，特别是开发管制程度与地理条件，对房地产供给弹性起决定性作用（Malpezzi 和 Wachter，2005）。由于各区域自然地理条件和开发管制程度各异，因而不同区域市场房地产供给弹性也应具有较大差异。邹琳华（2009）通过对 30 个城市面板数据的实证分析表明，管制和垄断因素对东部地区房地产开发成本的影响要大于西部不发达地区，对珠三角地区开发成本的影响要大于其他所有地区。

目前尚没有关于我国区域房地产市场价格调整速度的文献或数据，但价格调整速度一般取决于价格调整成本、垄断程度和政府的价格管制政策等。从价格管制政策看，不同城市有不同的价格管制政策，从而其房价调整速度也存在差异。比如，南京市为限制房价的上涨，曾制定过被称为"一房一价"的房地产价格调整限制政策[①]，显然这种对价格调整过于严格细化的限制将放慢价格调整速度，增强价格黏性。

（一）区域市场供求弹性差异对房地产周期模式的影响

为分析模拟供求弹性区域差异对房地产周期模式的影响，本文设 3 种基本的供求弹性组合，即 $\lambda > \beta$、$\lambda = \beta$ 及 $\lambda < \beta$。

1. 供给弹性大于需求弹性情形（参数组合 1）

在需求弹性 $\beta = 0.4$，供给弹性 $\lambda = 2$ 的参数组合下，存量—流量模型的动态模拟结果如图 3-1 所示，图中模拟的动态变量包括价格（左上）、存量供给与需求（右上）、新开发面积（左下）及空置率（右下）共 4 组。

---

① 根据 2007 年 5 月 11 日南京市物价局《关于贯彻省物价局进一步加强和完善商品住房价格管理意见的实施意见》（宁价房〔2007〕151 号）规定，"对于普通商品住房，房地产开发企业要按照物价部门核定的基准价在规定的浮动幅度内，并遵循楼层、朝向、环境等差价代数和为零的原则，在销售场所醒目位置按'一套一价'规定实施明码标价"，并注明基准价、浮动幅度、综合差价销售单价、总价等具体情况，其中向上浮动幅度最大不得超过 5%，且公示后房价不得擅自上调，新房的销售价格未经物价部门核准不得销售。

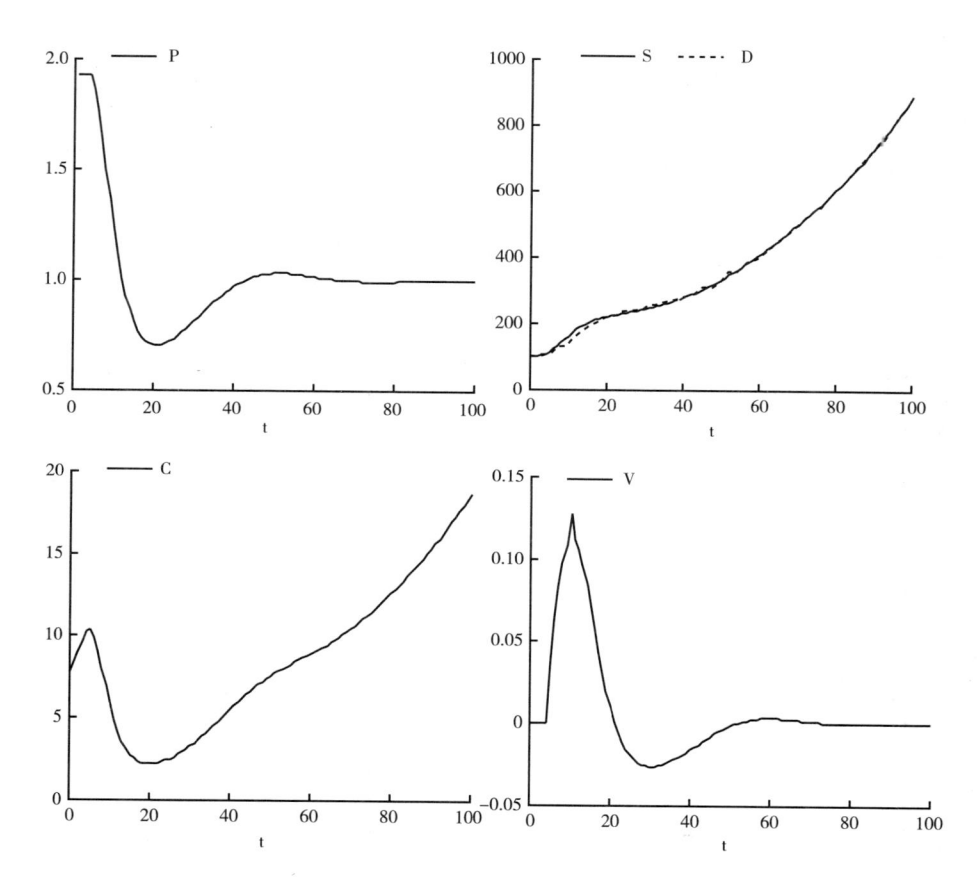

图 3-1 动态模拟供给弹性大于需求弹性情形

注：参数组合为 $\beta=0.4$，$\lambda=2$，$\alpha=1$，$\varphi=0.01943$，$\gamma=1$，$\theta=0.75$，$n=5$。

模型在经受30%的外生收入变量一次性冲击后，价格、供求、新开发面积及空置率均出现了反复的波动。

从房价看，由于短期内供给不能增加，房价首先出现了93%的上涨，并刺激了新开发面积的增长。此后随着新开发商品房的大量入市，房价快速回落，到第21季到达最低点，此时较均衡价格还下降了29%，较最高点下降了64个百分点。接着由于新开发量水平较低从而新增商品房供应量不足，房价缓慢回升，直至略高于均衡价格，再回落。

从供求看，供给与需求都出现了较大的波动，并且供给的波动要大于需求的波动。

从新开发面积看,新开发面积在开始几期出现了大幅增长,第 6 期到达波峰后回落,第 21 期到达波谷,此后又以略高于均衡增长率的速度上升。

从空置率看,空置率第 11 期到达波峰,出现了 13% 的空置,第 26 期到达波谷,出现了 2.6% 的短缺,随后震荡逐步衰减以至于收敛。

从领先滞后关系看,房价变动与新开发面积变动同步且方向相同,但要领先于空置率变动 5 期(即建筑滞后期)且方向也一致。

2. 供给弹性等于需求弹性情形(参数组合 2)

模拟供给弹性与需求弹性都取单位弹性的情形,即 $\beta = \lambda = 1$。模拟结果如图 3-2 所示。

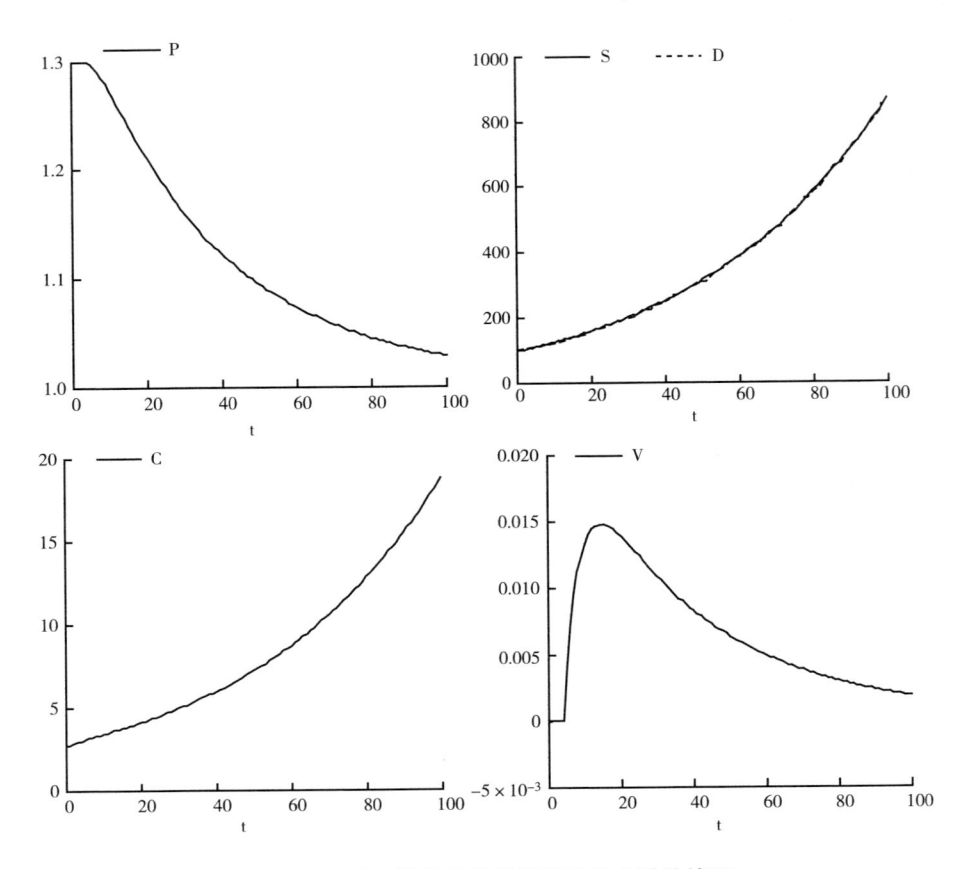

图 3-2 动态模拟供给弹性等于需求弹性情形

注:参数组合为 $\beta=1$,$\lambda=1$,$\alpha=1$,$\varphi=0.01943$,$\gamma=1$,$\theta=0.75$,$n=5$。

在该参数组合下，房价最初只出现了30%的上涨，此后逐步向均衡价格逼近，没有出有反复的波动，但调整速度十分缓慢，到第100期，房价仍没有收敛到均衡价格。

房地产供求基本接近，供给除开始5期外，始终略大于需求，两者没有出现大的背离；新开发面积也没有出现波动；空置率出现了最高为1.5%的一次性波动，没有出现供给短缺现象。

3. 供给弹性小于需求弹性情形（参数组合3）

进一步增加需求弹性和降低供给弹性，使 $\lambda < \beta$，取 $\beta = 2$，$\lambda = 0.4$，模拟结果如图3-3所示。

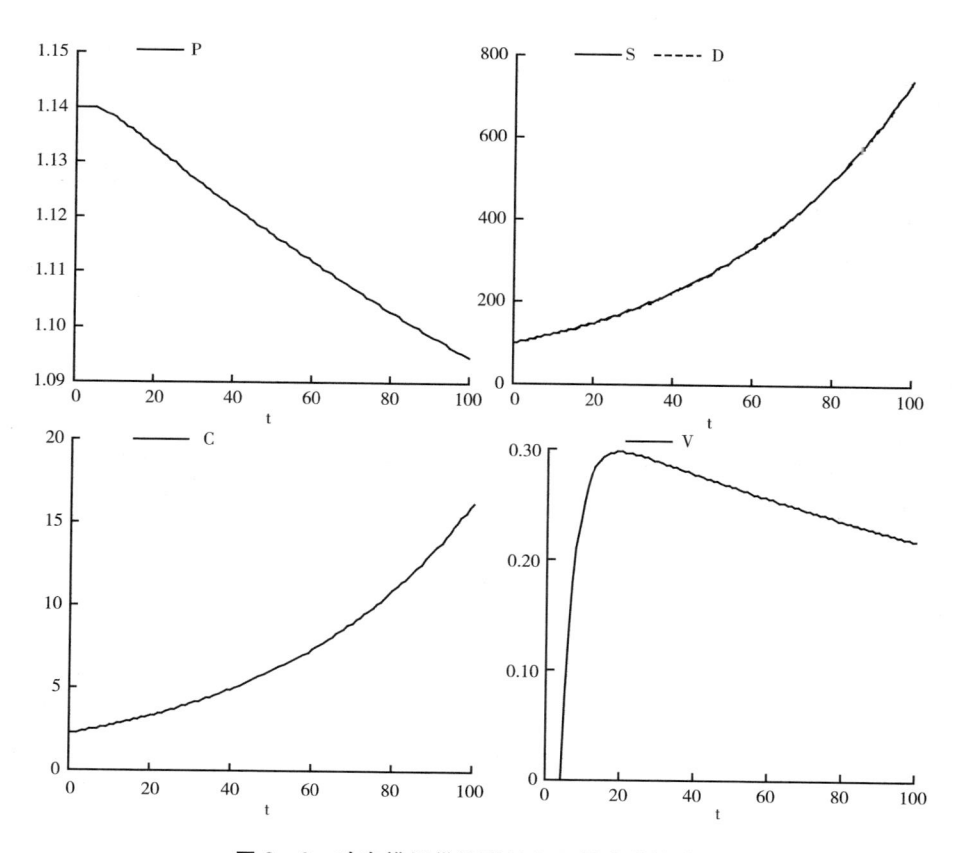

图3-3 动态模拟供给弹性小于需求弹性情形

注：参数组合为 $\beta = 2$，$\lambda = 0.4$，$\alpha = 1$，$\varphi = 0.01943$，$\gamma = 1$，$\theta = 0.75$，$n = 5$。

在该参数组合下，房价最初只出现了 14% 的上涨，此后逐步向均衡价格逼近，没有出有反复的波动，但调整速度更为缓慢，到第 100 期，房价仍高于均衡价格 9.5%。

房地产供求仍基本接近，供给除前 5 期外始终略大于需求，但两者背离程度更小；新开发面积也没有出现反复波动；空置率出现了最高为 0.29% 的一次性波动，没有出现供给短缺现象，空置率向均衡空置率的调整也更为缓慢。

通过对供求弹性组合的模拟可得命题 1。

命题 1 其他条件不变，供给弹性越大、需求弹性就越小，从而供给弹性与需求弹性之差越大的地区，则房地产市场的周期波动越显著，波幅越大，波动的持续性越强，反之亦然。

根据高波和王斌（2008）对房地产需求弹性区域差异的实证结果，如果供给弹性等其他条件不变的话，这将意味着我国区域房地产市场的周期波动性由东到西依次减弱，东部地区最高，西部地区最低。当然供给弹性的区域差异也会造成不同区域市场房地产周期波动的差异性，从而使区域房地产周期特征模式呈现交错复杂的特征。

（二）价格调整速度区域差异对房地产周期模式的影响

进一步模拟价格调整速度区域差异对房地产周期模式的影响。

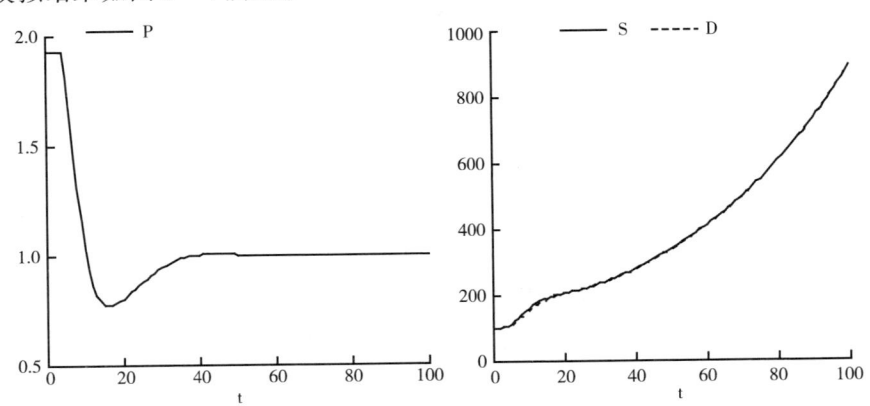

1. 价格调整时间为 0.5 年的情形（参数组合 4）

在参数组合 1 的基础上提高房地产价格的调整速度，此处设 $\theta = 0.5$，即完成价格由非均衡到均衡的调整仅需半年的时间，其他参数不变，动态模拟结果如图 3-4 所示。

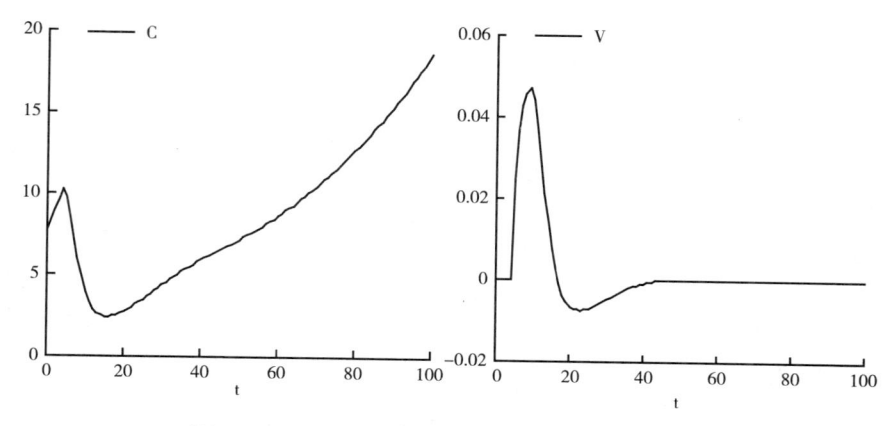

图 3-4 动态模拟价格调整时间为 0.5 年的情形

注：参数组合为 $\beta=0.4$，$\lambda=2$，$\alpha=1$，$\varphi=0.01943$，$\gamma=1$，$\theta=0.5$，$n=5$。

对比参数组合 1，笔者发现价格与新开发面积的波峰没有发生变化，但波谷均有所抬高，最低价格指数为 0.774，较均衡价格下降 22.6%，同时波动的频率加快周期缩短；空置率除了频率加快外，波幅也有所缩小，所出现的最大空置率仅为 4.7%，最低为 -0.74%；供求之间的背离程度更低。

2. 价格调整时间为 2 年的情形（参数组合 5）

在参数组合 1 和参数组合 3 的基础上，降低价格的调整速度，此处设 $\theta=0.875$，即完成价格调整需要 2 年时间，其他参数不变，动态模拟结果如图 3-5 所示。

对比参数组合 1 及参数组合 3，发现价格与新开发面积的波峰没有发生变化，但波谷更低，最低价格为 0.642，较均衡价格下降 35.8%，同时波动

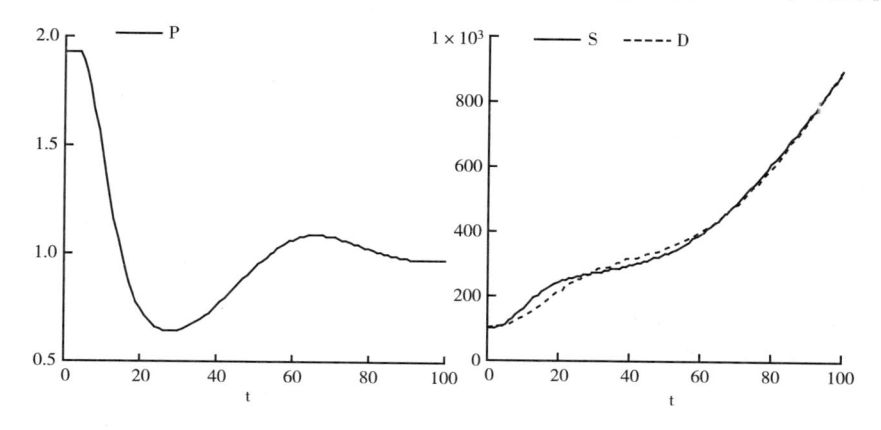

图 3-5 动态模拟价格调整时间为 2 年的情形

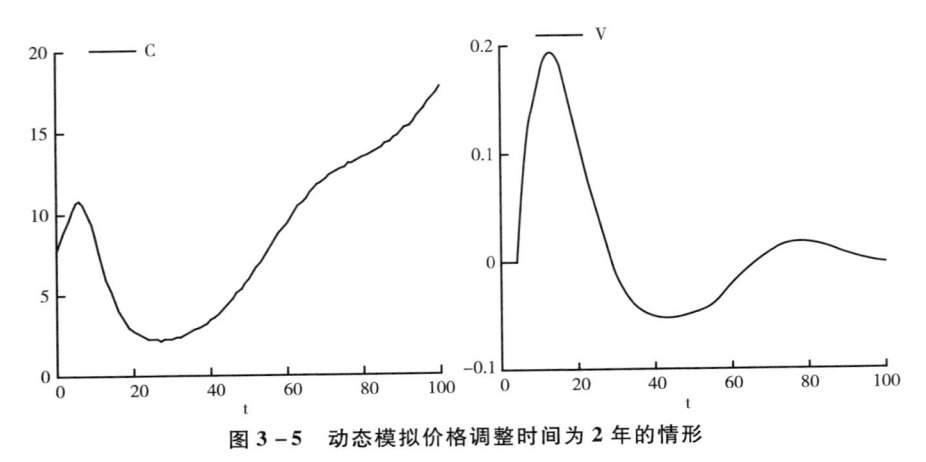

注：参数组合为 $\beta=0.4$，$\lambda=2$，$\alpha=1$，$\varphi=0.01943$，$\gamma=1$，$\theta=0.875$，$n=5$。

的频率更慢且周期拉长；空置率除了频率变慢外，波幅也大为增加，所出现的最大空置率达 19.4%，最低为 -5.7%；供求之间的背离程度更高。

比较参数组合 1、参数组合 4 与参数组合 5 的模拟结果，可得命题 2。

命题 2 其他条件不变，价格调整速度越慢的区域市场，房地产周期的波幅越大，波动持续性越强，周期越长。同时在房地产市场各周期性指标中，房地产空置率的波幅与波长的增加又较其他指标更为显著。

根据命题 2 也可推知，类似于南京市"一房一价"的价格限制政策，由于延长了价格调整时间，反而会增大房地产市场的波幅与波长，不利于房地产业的平稳发展。

三 经济基本面因素区域差异对房地产周期特征模式的影响

与房地产市场关联性较大的区域经济基本面因素主要有收入增长速度、房地产需求收入弹性和房地产建筑开发周期等，这些因素都存在较大的区域差异。

我国地区间收入增长速度存在很大的差异，2003～2007 年区域生产总值年均增长速度最高的内蒙古自治区为 20.8%，而最低的云南省仅为 10.7%，两者相差近 100%（见表 A3-1，见第 65～66 页）。

根据高波和王斌（2008）对我国区域房地产市场收入弹性的估算，我国房地产收入弹性的区域差异也非常明显，其中中部地区收入弹性最大为

3.1，而东部、西部相对较小，分别为1.727和2.746。

建筑开发周期取决于地理气候条件、技术水平、房地产开发相关制度、产业效率等。一般而言，气温越寒冷的地区城市建筑开发周期越长，房地产开发效率低的城市建筑开发周期要长于房地产开发效率高的城市，此外政府的开发管制也会对建筑开发周期造成影响。

（一）收入增长速度区域差异对房地产周期模式的影响

1. 年收入增长率为4%的情形（参数组合6）

仍以参数组合1为基础，将收入（经济）增长率降低50%，即年度收入（经济）增长率变为4%，折合季度增长率 $\varphi = 0.00985$，动态模拟结果如图3-6所示。

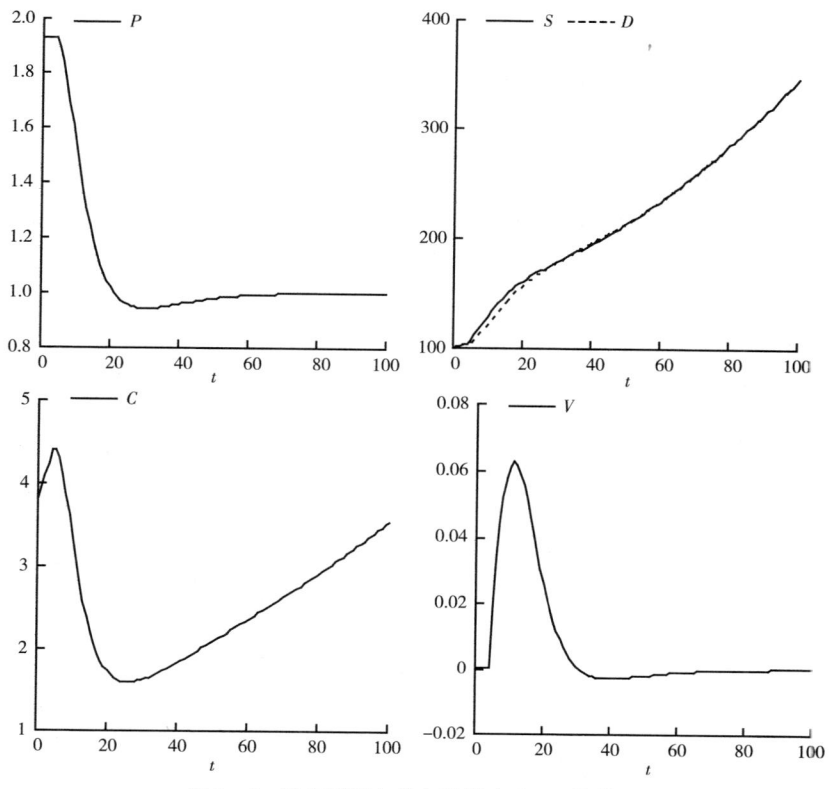

图3-6 动态模拟年收入增长率为4%的情形

注：参数组合为 $\beta = 0.4$，$\lambda = 2$，$\alpha = 1$，$\varphi = 0.00985$，$\gamma = 1$，$\theta = 0.75$，$n = 5$。

对比参数组合 1，可以发现波动频率基本不变，但是各周期性变量的振荡大为减弱，周期变得更为平缓。

2. 年收入增长率为 16% 的情形（参数组合 7）

以参数组合 1 为基础，将收入（经济）增长率指数增长 100%，即年度收入（经济）增长率变为 16%，折合季度增长率 $\varphi = 0.0378$，动态模拟结果如图 3-7 所示。

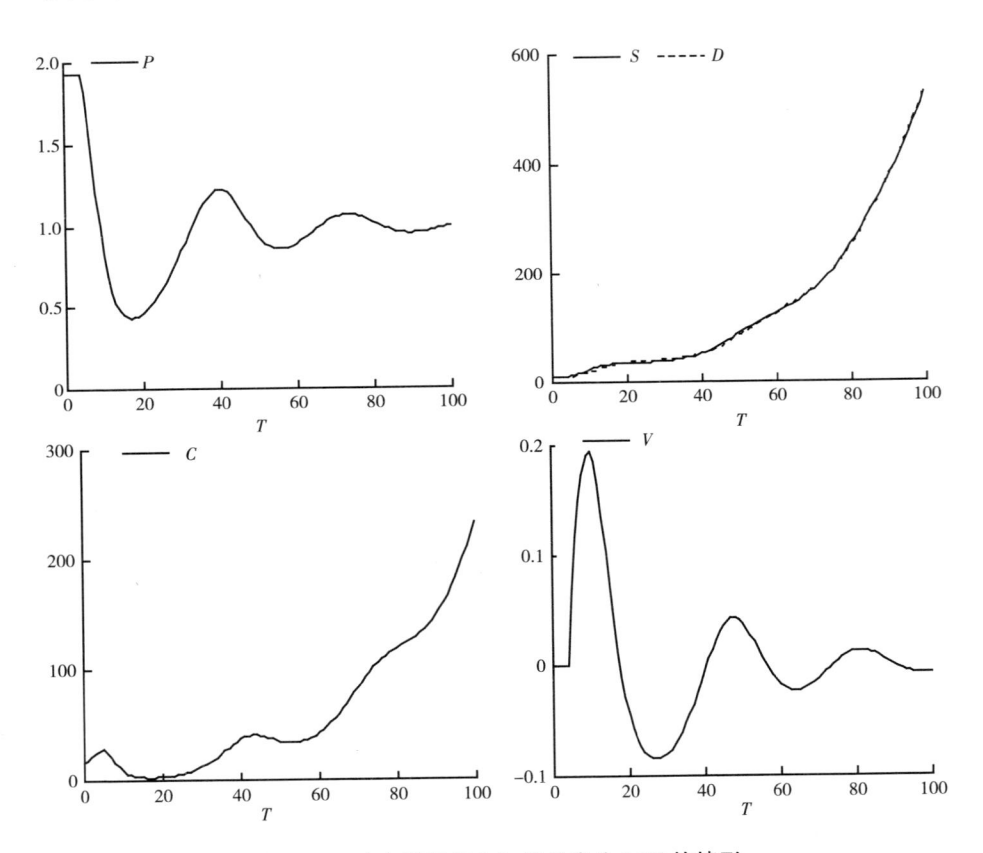

图 3-7　动态模拟年收入增长率为 16% 的情形

注：参数组合为 $\beta = 0.4$，$\lambda = 2$，$\alpha = 1$，$\varphi = 0.0378$，$\gamma = 1$，$\theta = 0.75$，$n = 5$。

对比参数组合 1 和参数组合 6，从峰谷时点关系看，峰谷到达的时点基本相同，表明收入增长速度对房地产周期的波长或波动频率基本没有影响。

从峰谷高度看，波峰大为提高，波谷也有相应地降低，同时还出现了明显的第三个波峰。各周期性变量的振荡大为增强，波动变得更为剧烈，波动持续性增大，表明收入增长速度与房地产周期的波幅及波动持续性正相关。

综合对比参数组合1、参数组合6和参数组合7的结果，可得命题3。

命题3 其他条件不变，收入（经济）增长速度越快的区域，房地产周期的波幅越大，波动持续性越强。

此外，由于模型中的经济增长速度也可定义为房地产拆迁速度或折旧速度，可得出推论1。

推论1 房地产拆迁速度或折旧速度越快的区域，房地产周期的波幅越大，波动持续性越强。

从我国地区收入增长速度数据看，2003~2007年平均增长速度最高的内蒙古远高于参数组合7的经济增长率，最低的云南只略高于参数组合6的水平（见表A3-1，见第65~66页），这将使不同地区房地产周期的波幅及波动持续程度产生较大的差别。

从拆迁速度看，我国东部长三角、珠三角及环渤海发达城市作为我国城市化过程中农村人口的主要流入地，必然出现更高的拆迁和建设速度，从而使房地产周期的波动性大于中西部地区城市。

（二）收入弹性区域差异对房地产周期模式的影响

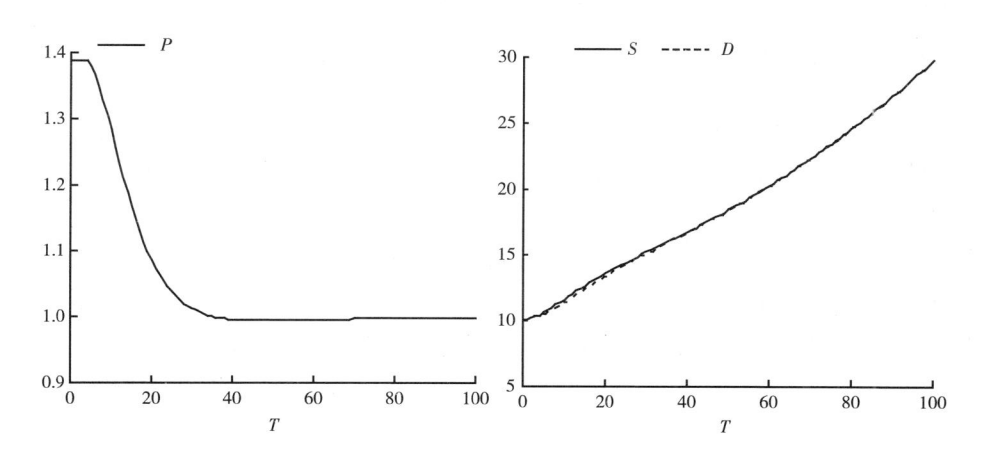

1. 收入弹性为0.5的情形（参数组合8）

以参数组合1为基础，将收入弹性降低50%，即 $\gamma = 0.5$，动态模拟结果如图3-8所示。

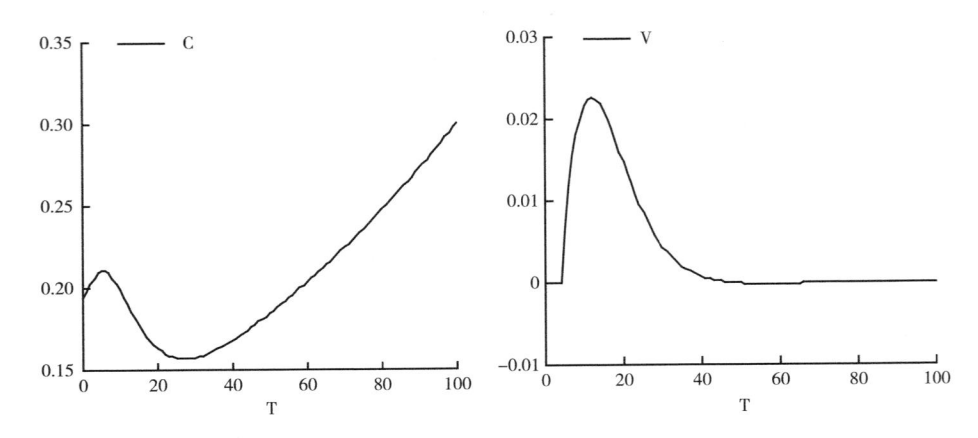

图 3 - 8 动态模拟收入弹性为 0.5 的情形

注：参数组合为 $\beta=0.4$，$\lambda=2$，$\alpha=1$，$\varphi=0.01943$，$\gamma=0.5$，$\theta=0.75$，$n=5$。

对比参数组合 1 的模拟结果，可以发现各变量的波幅大为缩小，同时周期变得更长更平缓。

2. 收入弹性为 2 的情形（参数组合 9）

以参数组合 1 为基础，将收入弹性增加一倍，即 $\gamma=2$，动态模拟结果如图 3 - 9 所示。

对比参数组合 1 和参数组合 8 的模拟结果，可以发现各变量的波动变得非常剧烈，房价最高较均衡价格上涨的近 3 倍，最低点接近于零，空置率最高接近 60%，但最低点不超过 -20%；同时周期变得很不规则，波幅既非单调衰减，也非单调发散，在大波峰之间还夹着小波峰。

综合对比参数组合 1、参数组合 8 和参数组合 9 的模拟结果，可得命题 4。

命题 4 其他条件不变，房地产需求收入弹性越大的区域，房地产周期的波幅越大，波动持续性越强，周期的长度越短，周期的波形越不规则。

由于我国正处于消费升级换代阶段，房地产收入弹性普遍较大，这使得我国当前房地产市场周期的波动性较大且更不规则。从收入弹性区域差异看，根据高波和王斌（2008）的估算，中、西部地区收入弹性都远大于参数组合 9 的取值，而东部地区则略低于参数组合 9 的取值，这都将造成区域房地产周期特征模式的多样化。

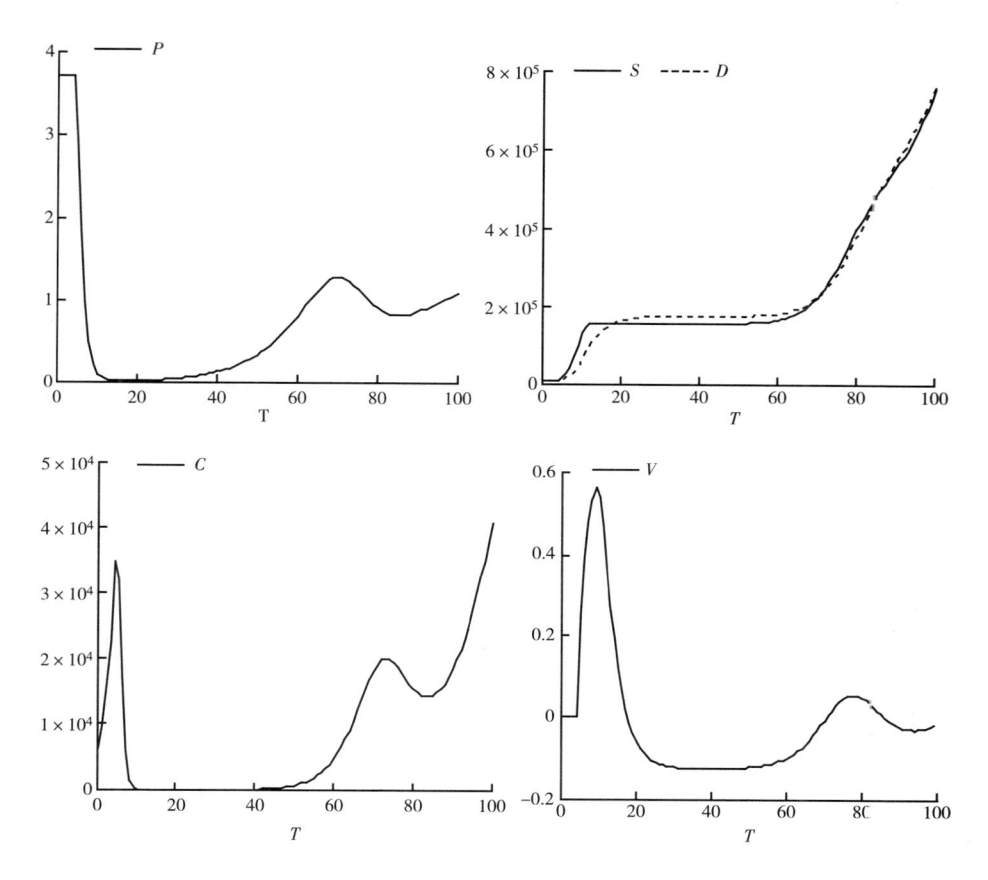

图 3-9 动态模拟收入弹性为 2 的情形

注：参数组合为 $\beta=0.4$，$\lambda=2$，$\alpha=1$，$\varphi=0.01943$，$\gamma=2$，$\theta=0.75$，$n=5$。

（三）建筑滞后期区域差异对房地产周期模式的影响

1. 建筑滞后期为 2 年的情形（参数组合 10）

以参数组合 1 为基础，将建筑滞后期增加为 2 年，即 $n=8$，动态模拟结果如图 3-10 所示。

对比参数组合 1 的模拟结果的峰谷时点，可以发现各周期性变量的峰谷都出现了向后位移，如在参数组合 1 中，房价在第 20 期前后出现第一个波谷，第 50 期前后出现第二个波峰，而在参数组合 10 中，房价的第一个波谷出现于第 25 期前后，第二个波峰出现于第 60 期前后，其他变量如建

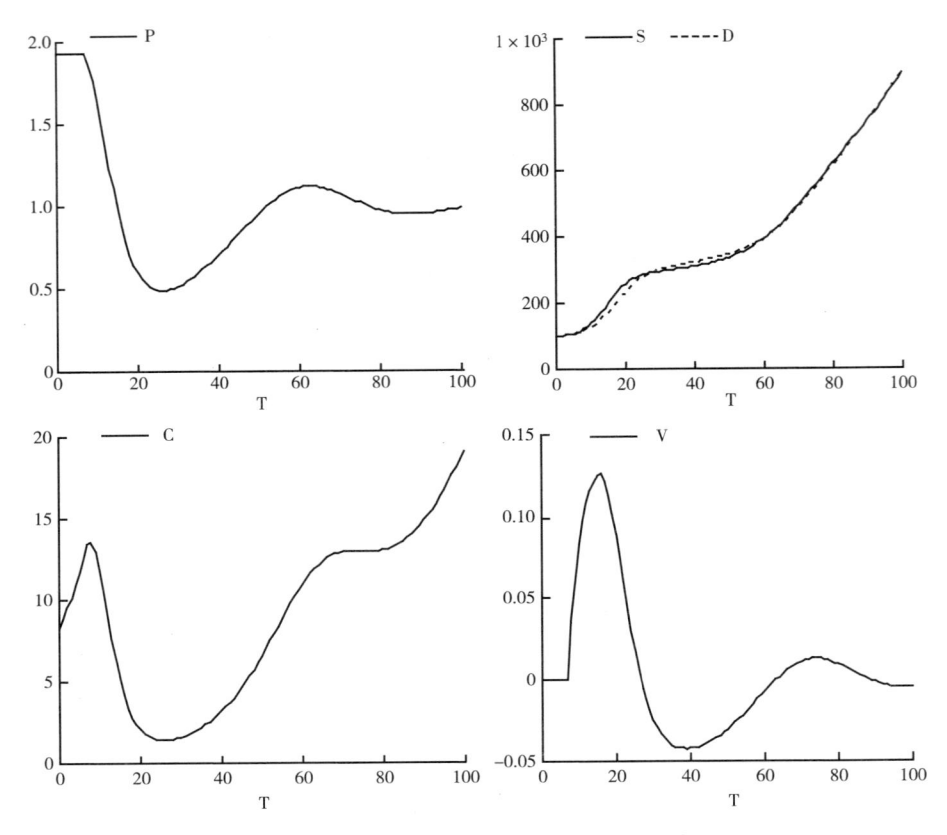

图 3-10　动态模拟建筑滞后期为 2 年的情形

注：参数组合为 $\beta=0.4$，$\lambda=2$，$\alpha=1$，$\varphi=0.01943$，$\gamma=1$，$\theta=0.75$，$n=8$。

筑开发面积和空置率也是如此，表明建筑开发期延长将使周期变得更长。

对比参数组合 1 的模拟结果的峰谷高度，可以发现除空置率外，各变量的波峰大为提高，波谷大为降低，第二个波峰更为明显，而空置率的波峰或波谷只略为抬高或降低。

2. 建筑滞后期为 3 年的情形（参数组合 11）

以参数组合 1 为基础，进一步将建筑滞后期增加为 3 年，即 $n=12$，动态模拟结果如图 3-11 所示。

对比参数组合 1 与参数组合 10，可以发现周期变得更长，同时除空置率外各变量的波幅更大，第二轮的波动更为明显。

综合对比参数组合 1、参数组合 10 和参数组合 11 的模拟结果，可得

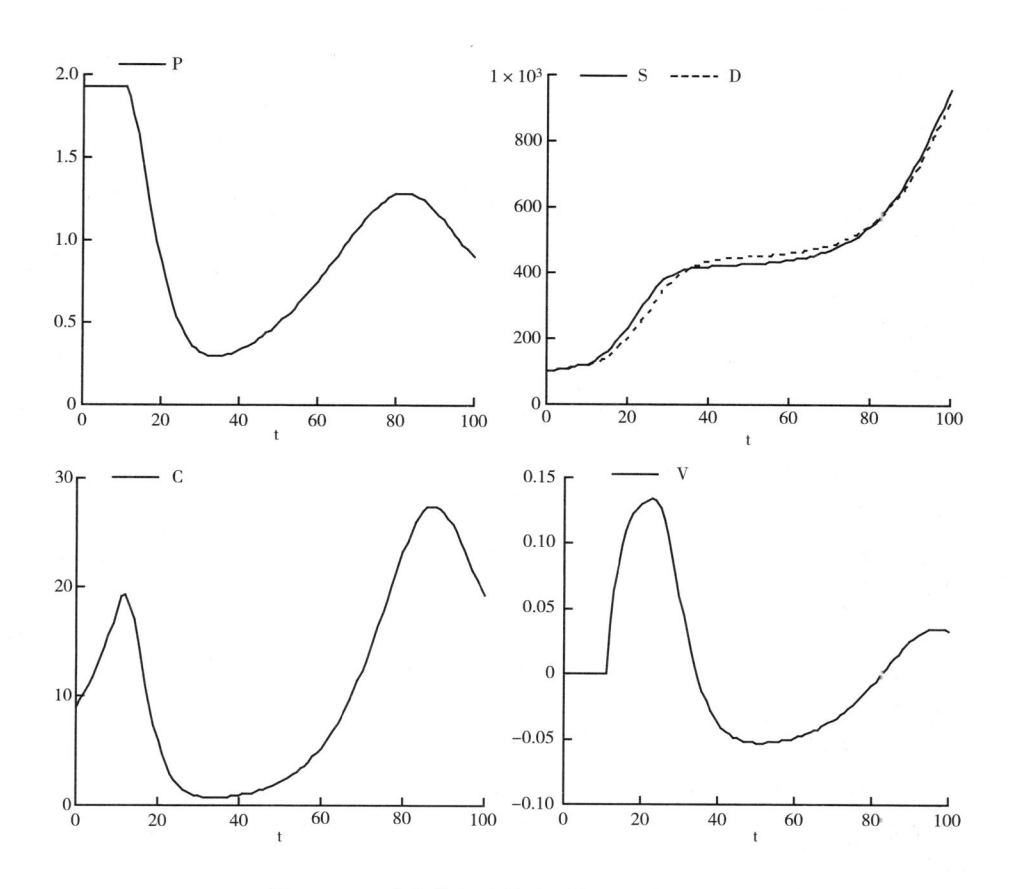

图 3－11　动态模拟建筑滞后期为 3 年的情形

注：参数组合为 $\beta=0.4$，$\lambda=2$，$\alpha=1$，$\varphi=0.01943$，$\gamma=1$，$\theta=0.75$，$n=12$。

命题 5。

命题 5　其他条件不变，建筑滞后期越长的区域，房地产周期的波幅越大，周期越长，波动频率越低。同时房地产市场各周期性变量波幅对建筑滞后期增加的敏感度也不相同，房地产开发波幅敏感度最大，房价波幅次之，空置率波幅最小。

四　造成房地产周期区域差异的其他因素

除市场结构及经济基本面的区域差异之外，造成房地产周期波动区域差异的因素还有以下 3 个方面。

(一) 外部冲击因素的差异

我国各区域经济发展模式存在较大的差异，如珠三角地区城市以外向型经济为主，受汇率、国家对外贸易政策导向、国际经济波动等因素的影响较大，而一些内地城市则更多地受到国内经济景气程度的影响。外部冲击因素的差别将反映在房地产周期上，使不同区域房地产周期波动特征模式呈现差异性。

(二) 外部冲击因素的空间传导与扩散机制

当某个区域市场率先受到冲击发生周期性波动时，会通过跨区替代效应、房价攀比效应等渠道的冲击，将向其他区域特别是经济联系较紧密的区域扩散，这使得不同区域的房地产周期表现出空间领先或滞后关系及空间衰减或增益关系。

(三) 区域间的房地产价格领导机制

在不同的区域房地产市场之间，还可能存在一种特殊的价格联动性——价格领导关系。在价格领导关系中，某个特定区域成为其他区域房价变动的参照系，处于价格领导地位的区域房价发生变动之后，其他区域会随之效仿，从而使价格波动从领导城市向外围扩散。

五　结论与政策建议

本章首先构建了基于黏性价格的存量—流量模型，在此基础上，通过运用中国区域市场相关参数进行动态参数模拟的办法，分析了市场结构与经济基本面因素区域差异对房地产周期波动模式与特征的影响，分析结果表明区域房地产市场的市场结构及经济基本面的差异对房地产周期特征模式有决定性的影响。

当其他条件不变时，供给弹性越大、需求弹性越小，从而供给弹性与需求弹性之差越大的地区，则房地产市场的周期波动越显著，波幅越大，波动的持续性越强；价格调整速度越慢的区域市场，房地产周期的波幅越大，波动持续性越强，周期长度越长；收入（经济）增长速度越快的区域及房地产拆迁速度或折旧速度越快的区域,房地产周期的波幅越大,波动持续性越强;房地产需求收入弹性越大的区域,房地产周期的波幅越大,波动持续性越强,周期的长度越短,周期的波形越不规则;建筑滞后期越长的区域,房地产周期的波幅越大,周期越长,波动频率越低。

除了市场结构及经济基本面因素的区域差异之外,其他外部冲击因素的差异、外部冲击因素的空间传导与扩散机制、区域间的房地产价格领导机制等,都会造成房地产周期波动的区域差异。

由于我国不同区域市场的经济基本面及市场结构因素均存在较大的差别,因而房地产周期的特征模式也必将存在较大差异。这表明无论是在我国房地产周期的经验研究中还是在房地产反周期政策的制定过程中,都应当认真考虑房地产周期的区域差异,以保证研究或政策的科学性。

附 录

表 A3-1 2003~2007年中国各省份地区生产总值增长率及排名(上年=100)

地 区	2003年	2004年	2005年	2006年	2007年	平均增长率
内蒙古	117.6	120.9	123.8	119.0	119.1	120.08
天 津	114.8	115.8	114.7	114.5	115.2	115.00
山 东	113.4	115.4	115.2	114.8	114.3	114.62
广 东	114.8	114.8	113.8	114.6	114.7	114.54
江 苏	113.6	114.8	114.5	114.9	114.9	114.54
浙 江	114.7	114.5	112.8	113.9	114.7	114.12
山 西	114.9	115.2	112.6	111.8	114.4	113.78
河 南	110.7	113.7	114.2	114.4	114.6	113.52
吉 林	110.2	112.2	112.1	115.0	116.1	113.12
辽 宁	111.5	112.8	112.3	113.8	114.5	112.98
福 建	111.5	111.8	111.6	114.8	115.2	112.98
陕 西	111.8	112.9	112.6	112.8	114.6	112.94
江 西	113.0	113.2	112.8	112.3	113.0	112.86
四 川	111.3	112.7	112.6	113.3	114.2	112.82
河 北	111.6	112.9	113.4	113.4	112.8	112.82
上 海	112.3	114.4	111.1	112.0	114.3	112.78
广 西	110.2	111.8	113.2	113.6	115.1	112.78

续表

地　区	2003	2004	2005	2006	2007	平均增长率
西　藏	112.0	112.1	112.1	113.3	114.0	112.70
北　京	111.0	114.1	111.8	112.8	113.3	112.60
重　庆	111.5	112.2	111.5	112.2	115.6	112.60
青　海	111.9	112.3	112.2	112.2	112.5	112.22
安　徽	109.4	113.3	111.6	112.8	113.9	112.2
湖　北	109.7	111.2	112.1	113.2	114.5	112.14
宁　夏	112.7	111.2	110.9	112.7	112.7	112.04
湖　南	109.6	112.1	111.6	112.2	114.5	112.00
海　南	110.6	110.7	110.2	112.5	114.8	111.76
贵　州	110.1	111.4	111.6	111.6	113.7	111.68
甘　肃	110.7	111.5	111.8	111.5	112.3	111.56
黑龙江	110.2	111.7	111.6	112.1	112.0	111.52
新　疆	111.2	111.4	110.9	111.0	112.2	111.34
云　南	108.8	111.3	109.0	111.9	112.5	110.70

资料来源：《中国统计年鉴（2008）》。

第四章　房地产周期波动对宏观（区域）经济的影响

——基于金融加速器效应与动态一般均衡模型的分析

一　问题的提出

在传统的房地产周期理论模型中，宏观（区域）经济变动被视为房地产周期的外生冲击因素，即假定宏观（区域）经济变动会作用于房地产市场，但房地产周期波动不会反作用于宏观（区域）经济。通过这种局部均衡的处理方式，可以厘清复杂的房地产周期现象，有效地辨明在房地产周期波动中房地产市场各变量之间的因果规律。

然而在现实中，宏观（区域）经济变动会对房地产市场产生冲击，房地产市场变动也可能会对宏观（区域）经济产生重大影响，这一点已经为众多的经验观察或实证研究所证明。历史上出现的多次经济危机或衰退，如20世纪90年代的日本经济衰退、1997年前后的亚洲金融危机及最近的美国次贷风暴等，都被认为与房地产市场的大起大落有直接关联。

此外，已有的文献研究还发现，金融信贷市场在房地产市场与宏观（区域）经济的相互作用中扮演了极其重要的角色。它不仅是联系房地产市场与宏观（区域）经济的主要桥梁之一，而且对两者的相互作用会产生加速作用。正如金融加速器理论的倡导者 Bernanke、Gertler 和 Gilchrist（1996）等人所认为的，当金融信贷市场存在信息问题时，较小的资产价格波动可以通过金融加速器效应，循环放大为剧烈的宏观经济波动。

从我国现实看，在经历2002年以来持续多年的景气后，从2008年开始我国宏观经济与房地产市场同时出现了增速放缓的迹象。与此同时，我国还面临着极其严峻的国际经济形势。在内外形势均不容乐观的条件下，如何理性看待房地产市场景气的下行对宏观经济的冲击，以及两者的相互交叠作用是否会带来持续萧条的后果，是一个极具重要理论与现实意义的研究议题。

为深入分析房地产市场与宏观（区域）经济相互作用的规律，特别为科学判断当前复杂的房地产市场与宏观经济形势提供参考，本章首先放宽了金融信贷市场的完全信息假定及宏观（区域）经济波动外生于房地产市场的假定，并通过构建动态一般均衡模型，考察了在存在信贷约束与外部融资升水等条件下，房地产周期波动与宏观（区域）经济相互作用下的动态特征。

由于金融加速器效应的存在，房地产市场与宏观（区域）经济的相互作用可能存在非对称性，即在周期上升阶段与下降阶段，其作用力度大小是不相同的。从房地产市场与宏观（区域）经济现实出发，本章主要以房地产周期的下降阶段及宏观（区域）经济收缩阶段为经济背景。通过这种处理，除了可以使结论不受对称性假设的影响，从而更有利于分析我国现阶段的现实外，还可以巧妙地绕开复杂的通货膨胀问题分析。

除此之外，模型中包含了货币政策规则的作用，因而本章分析也可以为货币当局的相关调控政策抉择提供参考。

二 相关理论概述

房地产市场周期波动之所以会对宏观（区域）经济造成重要影响，是因为房地产在国民经济中扮演着重要角色：它不仅是重要的生产与生活资料，同时也是居民财富的主要存在形式、企业固定资产的重要组成部分、资本市场投资组合的主要成分之一以及信贷市场的基本融资抵押品。相应地，房地产周期波动影响宏观（区域）经济的主要渠道有财富效应、托宾 Q 效应和金融加速器效应等。鉴于我国目前宏观经济与房地产市场同时步入调整期，因而其具有非对称性特征的金融加速器效应尤为值得关注。

（一）房地产周期波动影响宏观（区域）经济的主要渠道

1. 财富效应

财富效应（the wealth effect）这一术语本身可以表达多种截然不同的概念，如哈伯勒（Haberler, 1939）、庇古（Pigou, 1943）所提出的财富效应指的是"货币余额的变化,假如其他条件相同,将会在总消费开支方面引起变动。这样的财富效应常被称作庇古效应或实际余额效应"①。现代意义上的财富效应一般是指由于资产(如股票、债券、房地产)价格上涨(或下跌),导致资产持有人财富的增长(或减少),影响边际消费倾向(MPC),进而促进(或抑制)消费增长的效应。

资产价格变化的财富效应主要是通过两个方面实现的。一是资产价格的上涨使得公众持有资产的名义总额增加,财富的增长会促使公众增加对商品和劳务的消费,从而增加消费。二是在莫迪利安尼的生命周期假说理论中,消费支出决定于消费者一生的资源,这些资源包括人力资本、真实资本和金融财富等,因而按照财产—终生收入假说,资产价格的上涨使得公众未来预期收入增加,从而促使公众增加对当期产品和劳务的消费。

我国居民资产主要以房地产和股票的形式存在。与股票市场相比较,房地产价格的波动较小,但房地产价格的变化对居民的持久收入影响较大,且房地产在居民资产中的比重相对较大,因此房地产价格变化所形成的财富效应可能要高于股票市场的财富效应。

2. 托宾 Q 效应

财富效应侧重于考察资产价格变动对居民消费的影响,而托宾 Q 效应分析的是资产价格变化对企业投资行为的影响。詹姆斯·托宾(James Tobin,1969)提出的 Q 理论认为,如果资本是完全耐用的,即资本折旧率为零,企业的投资水平取决于存量资本的市场价值(market value)与其重置成本(replacement value)的比率,这一比率用托宾 Q 值来表示。根据托宾 Q 值与 1 的关系,可分以下几种情况。

当 $Q < 1$ 时,资产市价小于资产重置成本,新增投资将在资本市场上被较低地评价,按市价购买资产相对扩大投资更为有利,投资支出降低。

当 $Q > 1$ 时,资产市价高于资产重置成本,资本市场对新增投资的评价都将超出其成本付出,将刺激企业的投资行为,投资支出便会增加。

当 $Q = 1$ 时,企业投资和资本成本达到动态(边际)均衡。

---

① 〔美〕约翰·伊特韦尔等:《新帕尔格雷夫经济学大辞典》,经济科学出版社,1996。

对于房地产市场而言，作为一种权益资产，房地产价格的上升，将导致房地产的 Q 值上升，从而刺激房地产开发投资的增加，反之则相反。

3. 金融加速器效应

在传统的房地产周期或商业周期理论模型中（如蛛网模型、存量—流量模型、RBC 理论），假设金融市场是无摩擦的，从而金融和信贷市场对于真实经济是没有影响的。正如著名的 Modigliani – Miller 定理（Modigliani 和 Miller，1958）所表示的，公司的价值与公司的融资结构完全无关。而在现实中，房地产周期或商业周期却经常表现出非线性、非对称、非平滑和突变性等形式，它可以在很长的一段时间内保持持续的景气与繁荣，然后在很短的时间内出现大幅下挫。由于使用传统理论模型忽视了金融信贷市场的作用而只能解释现实周期中很有限的一部分，从而很容易低估现实中房地产周期与商业周期的破坏力。

自 Fisher（1933）在其债务通货紧缩理论（debt-deflation theory）中，创造性地使用经济繁荣阶段的"过度负债"与经济萧条阶段的"债务清算"及"困境抛售"来解释"大萧条"发生以来，部分经济学家逐步注意到了金融市场缺陷对经济周期的放大作用。Bernanke 等人对 Gertler（1989）、Greenwald 和 Stiglitz（1993）等一系列相关研究成果做了提炼与升华，于 1996 年正式提出金融加速器（financial accelerator）理论。金融加速器理论认为，当金融和信贷市场存在信息问题时，Modigliani – Miller 定理不再成立，微小的初始冲击可以通过金融和信贷市场的作用，被放大为大幅度的实体经济波动。

（二）金融加速器基本原理

据 Bernanke、Gertler 和 Gilchrist（1996）的总结，金融加速器理论包含三个基本公式。设企业存在于 0、1 两个时期，使用 x 和 K 两种投入，其中 x 为可变投入，K 为固定投入如土地、房产等，则企业的可变投入取决于：

$$x_1 = a_0 f(x_0) + b_1 - r_0 b_0 \tag{4.1}$$

其中 $af(x)$ 为产出，b 为债权融资，r 为债权融资的实际利率。假定信贷市场存在信息问题，贷款人要获知企业最终真实偿债能力存在较高的成本。因而，贷款人要求企业以固定投入的所有权为债权融资提供担保。

在这种条件下，企业的信贷约束为固定投入的折现值：

$$b_1 \leq (p_1/r_1)K \quad (4.2)$$

其中 p 为固定投入的价格。将式（4.2）代入式（4.1），可得：

$$x_1 \leq a_0 f(x_0) + (p_1/r_1)K - r_0 b_0 \quad (4.3)$$

式（4.3）表明，在存在委托代理问题的条件下，企业可变投入依赖于企业净资产即流动性资产 $a_0 f(x_0)$ 以及非流动性资产 $(p_1/r_1)K$ 之和减去债务成本。

通过式（4.3），金融加速器理论将企业投资行为、外部融资升水和企业的净资产联系了起来。① 由于借贷的代理成本和企业的净资产呈负相关关系，当可贷资金总量不变时，企业外部融资升水将和企业净资产呈负相关关系。如果经济中出现负向冲击如资产价格下降、利率上升时，会带来企业净值的减少，从而使借贷的代理成本增加。贷出方将向潜在借款方收取更高的利息以补偿其代理成本，使企业外部融资成本提高。这会进一步使企业减少本期投入和下一期的产出，造成资产价格更进一步下降。通过金融加速器的循环放大作用，较小的负向冲击就可能使整个实体经济陷入紧缩与衰退。

金融加速器效应的一个重要特征是作用的非线性或非对称性：一般来说，金融加速器效应在周期上升和下降阶段是不相同的，在上升阶段，企业内部资金充足，外部融资成本变化较小；在下降阶段，当企业资产负债状况变差时，外部融资成本会大幅上升。因此，金融加速器效应在下降阶段比上升阶段显著。

在 Bernanke、Gertler 和 Gilchrist 于 1996 年研究的基础上，Bernanke，Gertler 于 1998 年将信贷市场摩擦引入标准的宏观经济模型中，形成了一个包含金融加速器的动态宏观经济学模型。该模型从定性和定量角度分析了信贷市场摩擦在商业周期中的作用，并运用美国的季度数据进行模拟，发现金融加速器对美国的经济周期有重要的影响。

三 房地产市场的金融加速器效应

由于房地产既是企业的基本生产资料又是最广泛使用的债务抵押品，

---

① 外部融资升水即外部融资成本与企业内部融资机会成本的差值。

因而金融加速器效应与房地产市场有着非常紧密的联系。众多的金融加速器理论及实证研究都以房地产或土地市场作为其研究的起点（如 Kiyotaki 和 Moore，1997；Aoki 等，2004；Iacoviello，2005）。

（一）房地产市场金融加速器效应的作用渠道

在房地产市场中，金融加速器效应首先通过房地产企业的资产价值与现金流渠道发生作用。由于我国房地产企业的资产主要以土地储备或正在开发商品房的形式存在，当房地产市场受到负向冲击，房价或地价下跌，一方面会使企业资产价值下降，另一方面企业营业收入降低从而使现金流下降。前者将提高企业贷款的代理成本，后者将使企业内部融资能力下降，对贷款的依赖程度加大。两者综合作用使得房地产企业的资金筹措能力出现更大幅度下降，从而带来房地产开发投资的下降。房地产开发投资下降又会使地价下跌和企业产出下降，在下一期，企业资产价值和现金流将进一步下降。整个作用过程如图 4-1 所示。

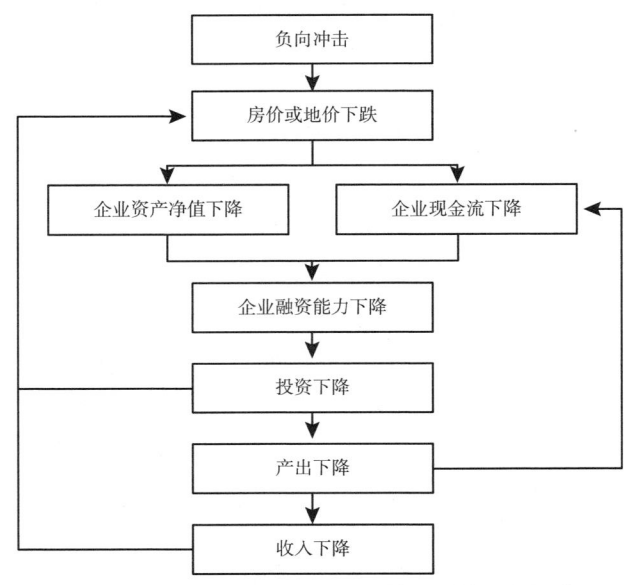

图 4-1　房地产市场金融加速器机制的作用渠道

（二）房地产市场金融加速器效应的存在条件

从金融加速器机制的作用渠道可知，房价波动对房地产市场产生的金融加速器效应的大小一方面取决于房地产业负债程度，另一方面取决于房地产业在国民经济中的地位。房地产业负债程度越高，在国民经济中的地位越重要，则金融加速器效应越显著。

我国目前的房地产开发模式决定了房地产业的高负债率。在西方发达国家，占主导地位的开发模式一般为房地产投资信托基金（REITs）模式，或泛称为美国模式。美国模式的主要特点是在房地产开发过程中专业分工细化，资本运作、设计策划、拆迁征地、建设施工、销售租赁、物业管理等各环节基本上由不同的公司独立运作，因而房地产企业的负债率较低。美国模式中的房地产开发资金更多地来源于各种基金，只有15%左右是银行资金。

目前我国内地房地产开发模式与香港模式较为接近。在香港模式中房地产开发过程的各个分工环节不是由独立的公司协作完成，而是由单独一家公司统筹完成。房地产开发企业的生产周期长，资金需求量自然很大。为了保持经营的持续性，开发企业还需要自己储备土地，这也要占用大量资金。因而，香港模式中的房地产开发企业资产负债率普遍偏高，对银行信贷资金的依赖程度较大。我国房地产开发企业自1997年以来，平均资产负债率一直维持在75%左右的高水平（见表4-1）。

表4-1 房地产开发企业（单位）资产负债

单位：万元，%

年份	资产总计	负债总计	所有者权益	资产负债率
1997	164169597	125154596	39015001	76.2
1998	195261772	148572535	46689237	76.1
1999	187448042	142638782	44809260	76.1
2000	251859857	190321015	61538842	75.6
2001	285668126	214357160	71310966	75.0
2002	330431260	247645673	82785587	74.9
2003	404864877	306985556	97879321	75.8
2004	617891877	457836253	160055624	74.1
2005	721936389	525207058	196729331	72.7
2006	883979908	654766717	229213191	74.1
2007	1110781955	826802293	283979662	74.4

数据来源：《中国统计年鉴（2008）》。

除了房地产业的负债程度外,如果房地产业在国民经济中占有较大比重,房地产开发投资下降还会直接导致全社会投资下滑,从而引起经济紧缩和房价下降。自2001年以来,房地产开发投资占城镇固定资产投资的比重一直在20%以上(见表4-2),加上房地产开发投资对其他上下游关联产业如钢铁、水泥、能源、家装、家电等投资的带动作用,房地产业在我国国民经济中的地位可谓举足轻重。

表4-2　固定资产投资结构

单位:亿元,%

年份	全社会投资	城镇投资	房地产投资	房地产投资占城镇投资比重
1997	24941.1	19194.2	3178.4	16.6
1998	28406.2	22491.4	3614.2	16.1
1999	29854.7	23732.0	4103.2	17.3
2000	32917.7	26221.8	4984.1	19.0
2001	37213.5	30001.2	6344.1	21.1
2002	43499.9	35488.8	7790.9	22.0
2003	55566.6	45811.7	10153.8	22.2
2004	70477.4	59028.2	13158.3	22.3
2005	88773.6	75095.1	15909.2	21.2
2006	109998.2	93368.7	19422.9	20.8
2007	137323.9	117464.5	25288.8	21.5
2008	172291	148167	30580	20.6

数据来源:《中国统计年鉴(2008)》,国家统计局《2008年国民经济和社会发展统计公报》。

综上所述,由于我国房地产业的负债水平很高,并且房地产业在国民经济中占有极大比重,因而金融加速器作用得到很好的发挥。换言之,我国房地产市场应存在显著的金融加速器效应。

此外,金融加速器效应非对称性的作用则主要取决于在不同周期阶段企业内外部融资比例的变化。从我国房地产开发企业的内外部融资比例看,2001～2007年在我国房地产开发资金来源中,直接贷款的比例并不高,定金及预售款是开发资金的主要来源(见表4-3)。这与我国商品房期房预售制度和滚动开发模式有关,目前我国的开发企业一般通过商品房期房预售来筹集资金实现滚动开发,自有资金和银行资金投入都不多。但滚动开发模式正常运转的前提是消费者或投资者预期房价会进一步上涨。如果房地产周期进入下降通道,潜在的购房者预期房价下跌,期房将难以售出。这时开发企业无法通过期房销售来筹集开发资金,只能更多地依赖银行贷款。一方面企业对银行贷款的依赖性不断增大,另一方面企业净资产又在缩水,企业外部融资升水将急剧提高,金融加速器效应的非对称性将充分显示出来。

表 4-3 房地产开发资金来源结构

单位:%

资金来源渠道	占本年度资金来源比例						
	2001 年	2002 年	2003 年	2004 年	2005 年	2006 年	2007 年
国内贷款	22.0	22.8	23.8	18.4	18.3	19.7	18.7
利用外资	1.8	1.6	1.3	1.3	1.2	1.5	1.7
其中外商直接投资	1.4	1.3	0.9	0.8	0.8	1.1	1.3
自筹资金	28.4	28.1	28.6	30.3	32.7	31.7	31.6
其中自有资金	14.9	15.4	15.2	16.7	18.8	18.7	18.8
其他资金	47.7	47.4	46.3	49.9	47.8	47.1	48.0
其中定金及预收款	39.3	38.6	38.7	43.1	32.5	30.2	28.5

数据来源:根据《中国统计摘要(2008)》整理计算。

从我国近年房地产市场走势看,经过 2002 年以来的持续繁荣,市场调整难以避免。2008 年上半年,在房价上涨停滞并出现局部下跌的条件下,全国仅完成商品房销售面积 2.6 亿平方米,商品房销售额 1 万亿元,分别比上年同期下降 7.2% 和 3.0%。北京、四川和广东商品房销售面积分别下降 47.1%、22.7% 和 20.3%。① 考虑到金融加速器的非对称效应在我国当前房地产市场尤为突出,因而在房地产周期下降阶段,金融加速器的加速紧缩效应是否会带来房地产业的过度下滑,以及引发宏观(区域)经济的紧缩与衰退,具有较强的理论价值与现实意义。

四 信贷约束情形下的动态一般均衡模型分析

金融加速器效应可以分为两种情形(Bernanke、Gertler 和 Gilchrist,

---

① 商品房销售包括现房与期房销售,数据来源于中国人民银行《2008 年第二季度中国货币政策执行报告》,2008 年 8 月。

1996），较简单的一种是信贷约束（borrowing constraint）的情形，即企业被要求对其全部贷款提供担保。当企业无法偿还到期债务时，企业的资产在扣除一定比例的费用后，余额归银行所有。从而，企业自身的资产负债状况与企业的融资能力直接相关。但 Iacoviello（2005）在货币商业周期模型中，认为在信贷约束条件下，金融加速器理论有内在的不一致性：担保效应（collateral effect）加速了总需求对房价冲击的反应，但是债务通常以名义形式表示又降低了总产出对"价格惊奇"（inflation surprise）的反应。笔者构建动态一般均衡模型，模拟了在存在信贷约束条件下，房价下降对宏观（区域）经济的冲击以及两者之间的相互影响。模型部分借鉴了 Iacoviello（2005）的设定，但模型并没有考虑名义值变化的影响，所有变量以实际值度量，取消了一般价格调整的黏性假定。

（一）经济环境设定

假定在一个经济体中，存在企业、家庭与银行 3 个部门。企业以房地产和劳动力作为投入，产出最终被用作投资或消费；家庭向企业出售劳动力获得收入，并将收入的一部分用于消费，一部分存入银行作为储蓄；银行将家庭储蓄贷给企业用作进一步投资。各部门的关系如图 4-2 所示。

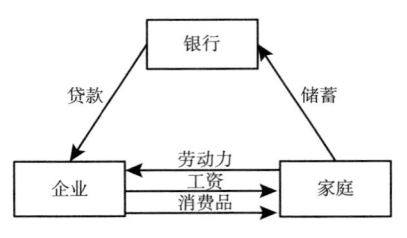

图 4-2　经济环境设定

（二）模型

假设房地产市场及宏观（区域）经济均处于周期下降阶段，通胀率为零。

1. 企业行为

设企业的生产函数为 Cobb-Douglas 形式，则：

$$Y_t = A(H_t)^v(L_t)^{1-v} \qquad (4.4)$$

以上生产函数满足规模报酬不变、替代弹性为 1 等特征。L 为劳动力投入，H 为房地产投入（或以房地产为主要形式的固定资本投入），v 为房地产投入的产出弹性，A 为外生的技术参数或 TFP。假定 A 服从以下一阶自回归过程，则：

$$A_t = \rho_{a,t} A_{t-1} + e_{a,t} \qquad (4.5)$$

其中 $P_{a,t}$ 为生产技术变动率，$e_{a,t}$ 为随机扰动项。

房地产存量的动态变化路径为：

$$H_{t+1} = \phi\left(\frac{I_t}{H_t}\right)H_t + (1-\delta)H_t \qquad (4.6)$$

其中 I 为投资，$\phi\left(\frac{I_t}{H_t}\right)H_t$ 为企业的房地产生产函数，其中 $\phi'(\cdot) > 0$，$\varphi(0) = 0$，δ 为房地产折旧率。

企业投资的预算约束为：

$$I_t = Y_t + b_t - R_{t-1}b_{t-1} - w_t L_t \qquad (4.7)$$

或表示为：

$$I_t = vY_t + b_t - R_{t-1}b_{t-1} \qquad (4.8)$$

b_t 为企业在 t 期的负债，R 为实际利率；$w_t \equiv w'_t/Q_t$ 为实际工资率，其中 Q_t 为一般商品价格，w'_t 为名义工资率。

2. 房地产市场

设房地产实际总价值与总收入（产出）之间存在一个比例关系为 λ，则：

$$\frac{P_t H_t}{Y_t} = \lambda \qquad (4.9)$$

其中 P'_t 为名义房价，$P_t \equiv P'_t/Q_t$ 为实际房价。但此处 λ 并不是一个常数，其大小取决于房地产市场所处的周期阶段。当房地产市场处于周期上升阶段时，λ 不断增大。因而 λ 也可视为房地产市场的泡沫指数。设 λ 服从以下一阶过程：

$$\lambda_t = \beta \lambda_{t-1} + e_{\lambda,t} \qquad (4.10)$$

其中 $e_{\lambda,t}$ 为随机扰动项。由于假定房地产市场处于周期下降阶段，因而 $\beta<1$，λ 呈不断减小的趋势。

3. 银行

银行为风险中性机构，要求生产企业用其房地产为全部贷款提供担保。当企业无法偿还贷款时，银行在支付比例为 $1-m$ 的转换费用后，将担保品的残余价值归为已有。因而，房地产价格变动对企业融资能力的约束表现为：

$$b_t \leqslant mP_tH_t \tag{4.11}$$

该约束体现了金融加速器效应。房价出现下跌，将会使得企业抵押担保品价值缩水从而融资能力下降，进而使得企业的投资与总产出下降，这又会反过来进一步使房价下降，形成一个循环累积的关系。

但该约束是否成立在某些情形下取决于企业财务状况。如果经济持续受到正向冲击，企业内部资金充足，企业的意愿贷款额可能低于其信贷限额 mP_tH_t，因而式（4.11）不会对企业融资构成约束。但在稳态条件下及其附近，以及经济周期的收缩阶段，该约束条件将得到满足，即：

$$b_t = mP_tH_t \tag{4.12}$$

由于约束的非对称性，金融加速器效应在此处存在非对称性，即在经济周期紧缩阶段的影响力大于在经济周期扩张阶段的影响力。

4. 家庭

家庭消费来源于工资收入及由企业支付的利息收入，设家庭的消费函数为：

$$C_t = \alpha(w_tL_t + R_{t-1}b_{t-1}) \tag{4.13}$$

或：

$$C_t = \alpha[(1-v)Y_t + R_{t-1}b_{t-1}] \tag{4.14}$$

其中 α 为家庭的平均消费倾向。设家庭储蓄为 D，则家庭消费预算约束为：

$$C_t = w_tL_t + R_{t-1}b_{t-1} - D_t \tag{4.15}$$

5. 稳态条件

在均衡条件下,企业贷款等于家庭储蓄,即:

$$D_t = b_t \tag{4.16}$$

且总产出等于消费与投资之和:

$$Y_t = C_t + I_t \tag{4.17}$$

如果投入和技术不变从而总产出保持不变,还有:

$$\phi\left(\frac{I_t}{H_t}\right) = \delta \tag{4.18}$$

即房地产的增长率或新开工率等于折旧率。如果技术与劳动力投入都存在增长,其中劳动力投入增长率为 ρ_l,则在稳态条件下,有:

$$\phi\left(\frac{I_t}{H_t}\right) = (1 - \rho_{\alpha,t}) + (1-v)(1 - \rho_{l,t}) + \delta \tag{4.19}$$

即房地产的增长率或新开工率等于折旧率加上总产出的增长率。

(三) 动态模拟结果

1. 参数设定

由于房地产的生产建设周期较长,将 t 的间隔频率设为年度而非通常的季度。为简化分析,设 $\phi(\cdot)$ 具有如下简单形式:

$$\phi\left(\frac{I_t}{H_t}\right) = \xi \frac{I_t}{H_t} \tag{4.20}$$

其中系数 $\xi > 0$。生产技术变动率 $\rho_{\alpha,t}$ 暂设为 1。在我国,居住用地土地使用权期限是 70 年,工业用地土地使用权期限是 50 年,综合用地或者其他用地使用权期限为 50 年,教育、科技、文化、卫生、体育用地土地使用权期限是 50 年,商业、旅游、娱乐用地土地使用权期限是 40 年。此处假定所有土地使用权为 70 年,到期后土地及其附着的不动产归国家所有,则年度平均折旧率 $\delta = 1/70$。总产出中资本份额 v 可设为 0.42,劳动份额为 0.58(杜清源、龚六堂,2005)。家庭平均消费倾向 α 设为 0.75(张志强,2007;毛盛勇,2007),贷款额占抵押品价值比例 m 设为 70%,存贷款年利率 R 设为 5%。

2. 模拟结果

设在初始稳态条件下,房地产周期进入下降阶段,房价泡沫指数 λ 受外部冲击处于消减状态,其 1 阶自回归系数 $\beta = 0.9$,即房价泡沫以每年 10% 的速度消减。并用 $D_t - b_t/D_t$ 表示贷存比,用以度量银行惜贷造成的宏观失衡程度,主要变量的动态模拟结果如图 4-3 所示。

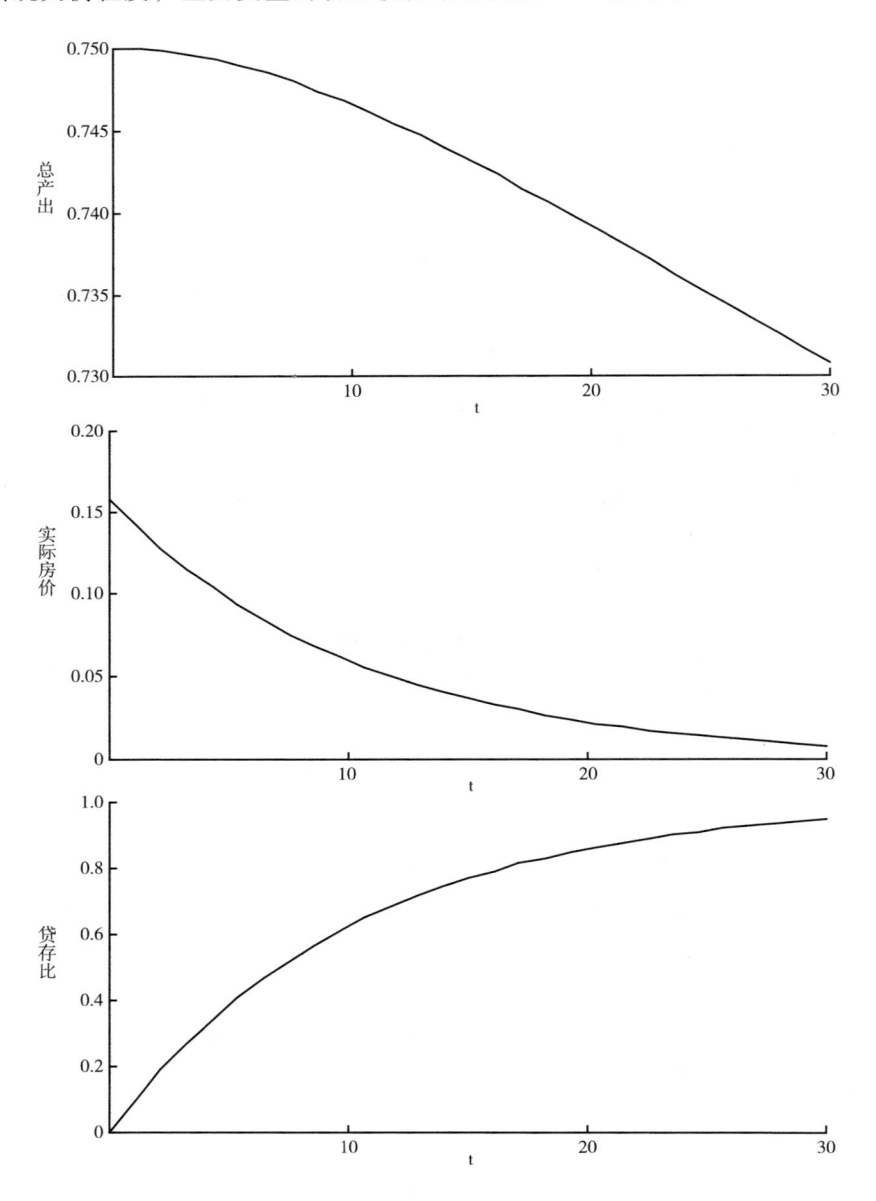

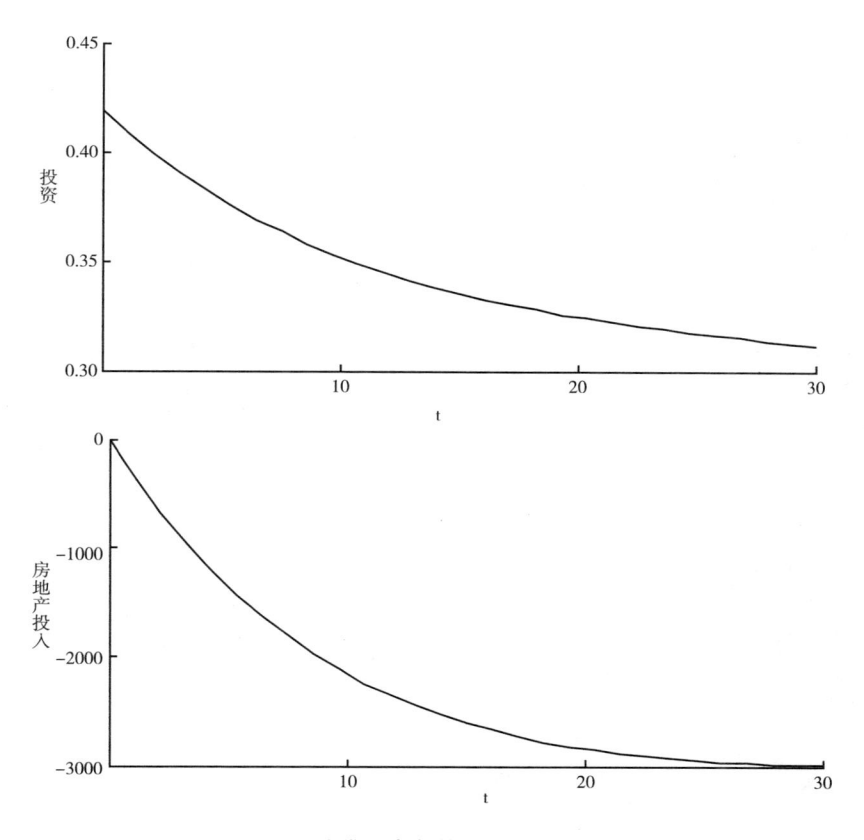

图 4-3 信贷约束条件下的动态模拟结果

从图 4-3 可见，房价下降通过信贷约束机制的作用，对总产出形成了负面的冲击，使总产出出现了下降趋势。从模型和图中还可知，房价的下降通过信贷约束效应引起投资的下降，进而引起总产出的下降。图 4-4 为总产出的下降速度，从中还可知在房价冲击下，总产出下降确有"加速"的趋势。从存贷比看，由于房价下降带来的银行"惜贷"，使得不能贷出的"过剩"存款比例不断增加。

进一步将信贷约束条件下房地产价格下跌的情况，同房地产市场与宏观（区域）经济相互作用形成的房地产市场处于周期下降阶段泡沫自然消减所形成的房价变动相比较，得出的结果却出乎意料，两种情况下的房价走势基本重合，信贷约束条件下的房价下降甚至略微慢于非约束条件下的房价下降，并没有出现想象中的房价加速下降现象（见图 4-5）。

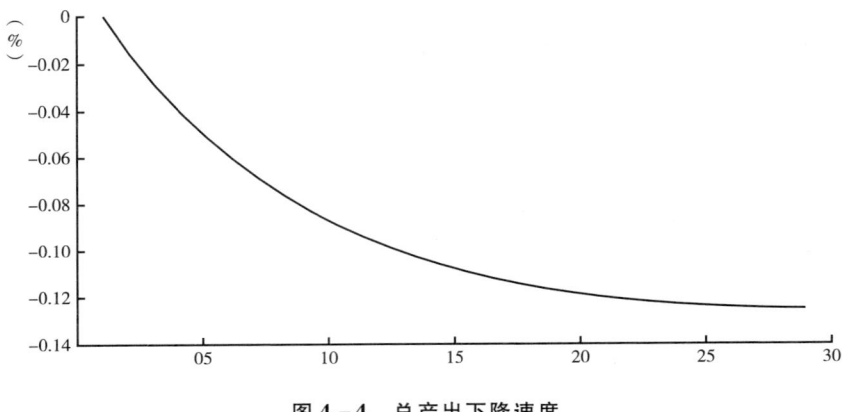

图 4-4　总产出下降速度

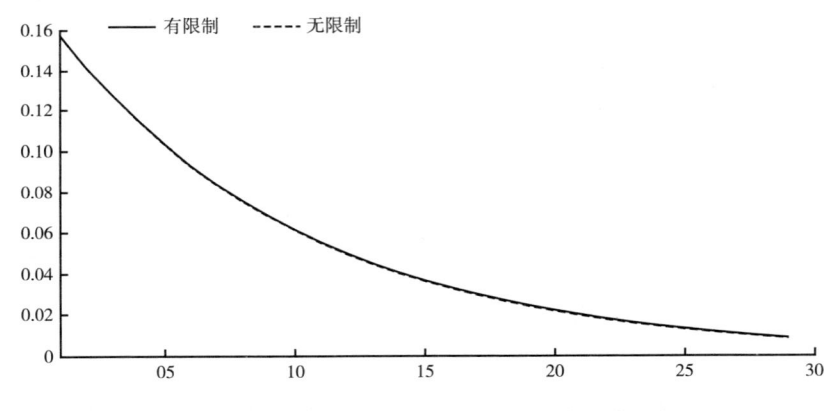

图 4-5　信贷约束成立与不成立条件下的房价动态变化

房价下降速度的比较结果反映了房地产市场金融加速器效应的特殊性，同时也暴露了金融加速器理论存在的内在不一致性。虽然房价下降会通过信贷约束效应使投资下降从而导致总产出下降，而总产出下降又会由于收入效应反过来加速房价的下滑。但模型中也存在一种相反作用的机制，即总产出下降使房地产开发投资下降从而导致房地产存量下降，将对房价下降起阻碍作用。

总之，模拟结果发现，在房地产周期的下降阶段，房价下跌会通过金融加速器效应，使总产出加速下滑。但是总产出下降并不一定会反过来加速房价的下跌，房价运动有其相对独立的规律。

五　外部融资升水情形下的动态
一般均衡模型分析

（一）基本假设及经济环境设定

与信贷约束模型中银行要求企业用其净资产为全部债务提供担保不同，假定进一步放宽完全担保。根据 Townsend（1979）状态审查成本（Costly State Verification，CSV）框架，允许企业获得未完全担保的融资。但是信贷机构将事先对借款人的还款能力做出审查以决定是否提供贷款，而这个审查成本是高昂的。因而，信贷机构将要求借款人额外支付一定金额以弥补其审查成本。由于企业实际融资成本将高于无风险利率，在企业实际成本中，高于无风险利率的这种额外借款成本部分被称为外部融资升水。外部融资升水是理解本模型中金融加速器效应的关键。

本文的外部融资升水模型建立在 BGG（1998）黏性价格一般均衡模型的基础上。但 BGG 模型本身存在一些内在的不一致性，除 Iacoviello（2005）所指出的担保效应与名义债务效应相矛盾之外，杜清源、龚六堂（2005）也认为，BGG 模型将 RBC 理论与新凯恩斯主义分析框架结合在一起，从理论上看，这也将造成分析结果含混不清，因为无法准确区分金融信贷市场的影响与价格黏性假设的作用。

BGG 模型侧重于分析萧条经济，在模型中非常关注通胀变量以及一般商品价格的黏性调整过程。在中央银行货币政策规则的设定中也是如此，中央银行的货币规则采取简单规则，主要对滞后的名义利率与滞后的通胀率做出反应。对此，相比 BGG 模型，本章模型一是假定房地产市场及宏观（区域）经济均处于周期紧缩阶段，通胀率为零，从而不仅避免了 BGG 模型的内在矛盾，而且避开了复杂的通货膨胀及一般商品价格的黏性调整分析，这将使模型更为简化、结论更为明晰，特别体现在中央银行货币政策规则及其效果的分析中。二是在设定中突出了房地产市场的作用，从而更为适合于分析以房地产业为支柱产业的经济体。

各部门的假定与信贷约束模型基本一致，但相对信贷约束模型，外部融资升水模型除了有企业、家庭与银行3个部门之外，还增加了1个宏观调控部门——政府及其中央银行。政府可以通过对其总支出的调节而影总产出（财政政策），也可以通过中央银行对货币供应量或利率进行调控（货币政策），各部门之间的关系见图4-6。

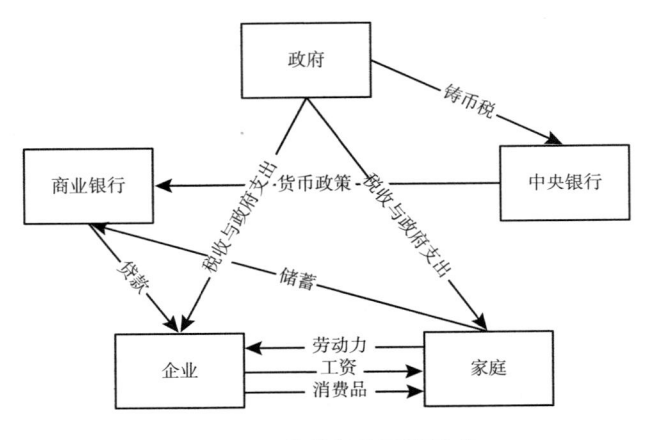

图4-6　总体经济环境设定

综合以上设定，本节与货币政策相关的分析基本逻辑结构如图4-7所示。

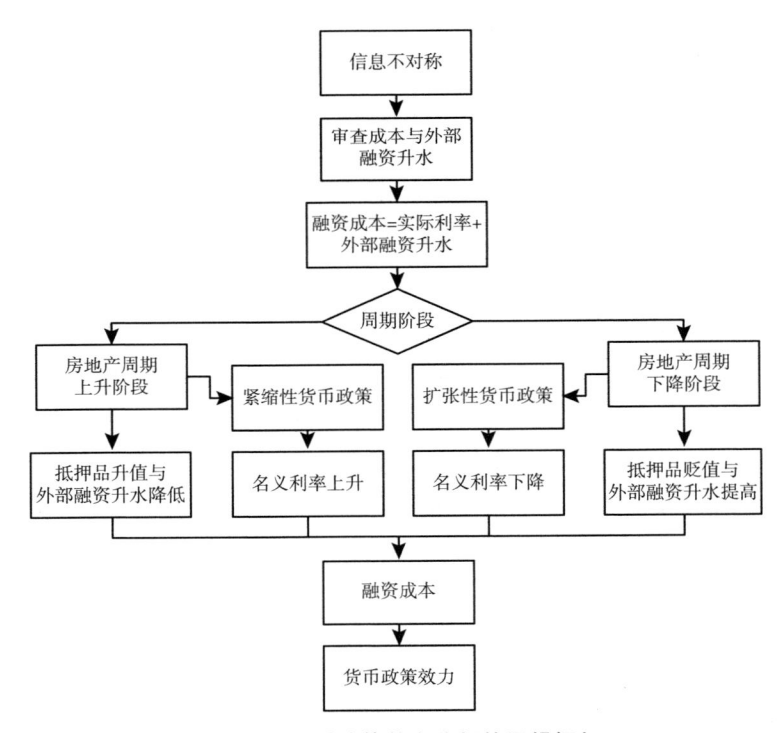

图4-7　货币政策效力分析的逻辑框架

(二) 模型具体设定

1. 企业行为

设 Cobb-Douglas 形式的企业生产函数为:

$$Y_t = A_t H_t^v L_t^{1-v} \quad (4.21)$$

其中 H 为房地产投入（或 H 为资本投入，但 H 由以房地产为代表的固定资产所构成），L 为劳动力投入。房地产存量的动态变化过程为:

$$H_{t+1} = \varphi(\frac{I_t}{H_t})H_t + (1-\delta)H_t \quad (4.22)$$

$\varphi(\frac{I_t}{H_t})H_t$ 为房地产生产函数，其中 $\varphi(\cdot)$ 为凹函数，$\varphi(0) = 0$。δ 为房地产折旧率。房地产价格的决定服从 Tobin's Q 理论，在均衡状态下，房地产价格为:

$$P_t = \left[f'(\frac{I_t}{H_t})\right]^{-1} \quad (4.23)$$

企业持有单位资产从 t 到 $t+1$ 期的预期回报率为:

$$E\{R_{t+1}^k\} = E\left\{\frac{\frac{vY_{t+1}}{H_{t+1}} + P_{t+1}(1-\delta)}{P_t}\right\} \quad (4.24)$$

资产回报率由资产租金和资产价格变动收益两部分组成。其中 E 代表预期因子，$\frac{vY_{t+1}}{H_{t+1}}$ 为资产持有者持有单位资产在总产出中所获得的分配份额。相应地，企业的融资成本率可表示为:

$$E\{R_{t+1}^k\} = s\left(\frac{N_{t+1}}{P_t H_{t+1}}\right)R_{t+1} \quad (4.25)$$

企业融资包括内部融资（自有资金）和外部融资两部分。其中 R 为无风险利率或内部融资的机会成本，$s(\cdot)$ 为外部融资成本相对于无风险利率的升水比率。按照 Kiyotaki 和 Moore（1997）等的假定，在金融市场存在信息不对称且企业不能为其全部负债提供抵押的条件下，一旦债务人不能履行偿债义务，其净资产在支付一定比例的转换成本后归债权人所有。因而，企业外部融资升水比率取决于净资产与总资产的比率 $\frac{N_{t+1}}{P_t H_{t+1}}$。企业净资产占总资产比例越高，外部融资升水越低，当企业 100% 为内部融资时，借款的额外成本为零。因而 $s'(\cdot)<0$，$s(1)=1$。

设 V_t 为 t 期企业股权价值，$1-\gamma$ 为企业破产的概率，则 $t+1$ 期企业净资产为：

$$N_{t+1}=\gamma V_t \qquad (4.26)$$

其中 V_t 又可以表示为：

$$V_t = R_t^r P_{t-1} H_t - s\left(\frac{N_t}{P_{t-1} H_t}\right) R_t B_{t-1} \qquad (4.27)$$

其中 B 为企业负债额，即企业的股权价值为企业的总收益减去外部融资成本。

2. 家庭行为

假定持久家庭按照持久收入假说来做出消费与劳动供给决策，其效用函数为：

$$U_t = \ln C_t + \psi \ln(1 - L_t) \qquad (4.28)$$

其中 C 为家庭实际消费，L 为家庭劳动力供给，家庭通过劳动收入来支持其消费。消费行为与劳动供给决策的目标使其长期总效用最大化：

$$\max E_t \sum_{k=0}^{\infty} (\beta)^k [\ln C_{t+k} + \psi \ln(1 - L_{t+k})] \qquad (4.29)$$

其中 β 为家庭对未来消费的主观贴现率。此外，家庭消费的预算约束条件为：

$$C_t = W_t L_t + R_t D_t - D_{t+1} \qquad (4.30)$$

其中 W 为实际工资率，R 为实际利率，D 为家庭实际储蓄。

以上约束条件的家庭效用最大化问题的一阶条件为：

$$\frac{1}{C_t} = E_t\left\{\beta \frac{1}{C_{t+1}}\right\} R_{t+1} \qquad (4.31)$$

$$W_t \frac{1}{C_t} = \psi \frac{1}{1-L_t} \qquad (4.32)$$

式（4.31）与式（4.32）分别代表了家庭的消费与劳动供给决策。当期消费取决于预期的下期消费、实际利率与主观贴现率，当实际利率高于家庭主观贴现率时，家庭将推迟消费，增加储蓄，以使其总效用最大化。

在均衡条件下，家庭储蓄 D 应等于企业负债 B：

$$D_t = B_t \qquad (4.33)$$

3. 政府行为

政府收入来源于发行货币所获得的铸币税和税收，可以表示为：

$$G_t = M_t - M_{t-1} + T_t \qquad (4.34)$$

（三）线性一般均衡模型

依照 Johansen 估算方法，对各方程进行线性化，大写字母表示均衡状态值，小写字母表示对均衡状态偏离的百分比，求得线性一般均衡模型有以下几种。

1. 总需求方程组

$$y_t = \frac{C}{Y} c t + \frac{I}{Y} i_t + \frac{G}{Y} g_t \qquad (4.35)$$

$$E_t c_{t+1} = r_{t+1} + c_t \qquad (4.36)$$

$$E_t r_{k,t+1} = r_{t+1} - \alpha [n_{t+1} - (p_t + h_{t+1})] \qquad (4.37)$$

$$r_{k,t+1} = (1-\varepsilon)(y_{t+1} - h_{t+1}) + \varepsilon p_{t+1} - p_t \qquad (4.38)$$

$$p_t = \varphi(i_t - h_t) \qquad (4.39)$$

总需求方程中式（4.35）为资源约束方程，总需求变动由消费、投资与政府支出的变动所共同决定，其中 C/Y 为均衡条件下消费占总需求的比例，I/Y 为均衡条件下投资占总需求的比例，G/Y 为均衡条件下政府支出占总需求的比例。

式（4.36）为家庭消费 Euler 方程，它是式（4.31）的线性化，家庭消费者根据实际利率与主观贴现率的比较，在当期消费与下期预期消费之间抉择。

式（4.37）表示了融资升水所带来的金融加速器效应，它是式（4.25）的线性化，左边为企业预期资产收益率，右边为企业的实际融资成本，$r_{k,t}$为企业资产收益率。如果不存在金融加速器效应，则有$E_t r_{k,t+1} = r_{t+1}$。

式（4.38）为资产收益率方程，资产收益率取决于由资产边际产出所决定的资产租金和资产价格变动收益，它是式（4.24）的线性化，其中：

$$\varepsilon = \frac{(1-\delta)}{(1-\delta) + v\dfrac{Y}{H}} \qquad (4.40)$$

式（4.39）是式（4.23）的线性化，它将房地产价格与投资及资产存量变动相联系。

2. 总供给方程组

$$y_{t+1} = \alpha_{t+1} + vh_{t+1} + (1-v)l_{t+1} \qquad (4.41)$$

$$l_{t+1} = \frac{c_{t+1} - y_{t+1}}{\dfrac{1}{\eta} + 1} \qquad (4.42)$$

在总供给方程中，式（4.41）是生产函数的线性化，式（4.42）是劳动市场均衡的劳动力供给方程。

3. 状态变量的变化方程

$$h_{t+1} = \delta i_t + (1-\delta)h_t \qquad (4.43)$$

$$n_{t+1} = \frac{\gamma RH}{N}(r_{k,t-rt}) + r_t + n_t \qquad (4.44)$$

式（4.43）是式（4.22）的线性化，代表资产存量的动态变化，它由投资、折旧和上期存量所决定。式（4.44）是式（4.26）与式（4.27）的线性化，代表净资产的动态变化。其中R、H及N分别为稳态条件下的无风险利率、资产存量及净资产。在稳态条件下，无风险利率与主观贴现率应具有如下关系：

$$R = \frac{1}{\beta} \qquad (4.45)$$

4. 外生因素设定

（1）生产技术进步

$$a_{t+1} = \rho_a a_t + e_{a,t} \qquad (4.46)$$

式（4.46）表示技术进步服从一个带随机扰动的一阶自回归过程，其中 $e_{a,t}$ 为随机扰动项。

（2）货币当局的货币政策规则

假定中央银行货币规则建立在泰勒规则的基础上。① 货币当局对实际产出相对于潜在产出的偏离做出反应，即实施通常所谓的"保增长"型货币政策。此外，Iacoviello（2005）认为，货币当局也可以对实际资产价格的变动做出反应。包含"保增长"及资产价格调控政策的货币政策规则可以简单表示为：

$$r_{t+1} = \rho_r r_t + \rho_y y_t + \rho_p p_t + e_{t+1} \qquad (4.47)$$

即货币政策规则包含有三项内容：平滑利率（等式右边第一项 $\rho_r r_t$）、保障经济增长（等式右边第二项 $\rho_y y_t$）与稳定房价（等式右边第三项 $\rho_p P_t$）。其中 ρ_r、ρ_y、ρ_p 分别为货币当局对上期实际利率、总产出和资产价格变动的反应系数，不同的反应系数组合代表中央银行针对以上三个目标的不同权衡方案。e_{t+1} 为随机扰动项。

（3）政府支出与财政政策

设政府支出符合以下一阶规则：

$$g_{t+1} = \rho_g g_t + \rho y_t + e_{g,t+1} \qquad (4.48)$$

其中 ρ_g 为政府支出的一阶自回归系数，表示政府支出的平滑程度，ρ 为政府针对总产出变动的财政政策规则系数，$e_{g,t+1}$ 为随机扰动项。

（四）模型简化与参数设定

1. 模型简化

从我国情况看，经济波动主要来自投资的波动，而消费相对平稳，波动较小。假定消费不发生波动，则可剔除式（4.36），并将式（4.35）简

---

① 泰勒规则由 Taylor（1993）提出，他认为在各种影响经济增长率和物价水平的因素中，真实利率是唯一能够与经济增长和物价保持长期稳定关系的变量。货币当局应当调整真实利率而非货币供应量作为主要操作方式。如果产出的增长率超过潜在水平，或失业率低于自然失业率，以及预期通货膨胀率超过目标通货膨胀率，货币当局就应运用政策工具调节名义利率，使实际利率恢复到实际均衡利率水平。

化为：

$$y_t = \frac{1}{Y}i_t + \frac{G}{Y}g_t \qquad (4.49)$$

基于我国劳动力供给非常充裕的现实，劳动力供给也不大可能是经济波动的原因，假定劳动力供给不变，则还可以进一步将式（4.42）剔除，使模型进一步简化，波动传导过程更加明确。

2. 参数设定

根据房地产生产建设周期较长的特征，将 t 的间隔频率设为年度而非 BGG 模型的季度，年度平均折旧率仍设为 $\delta = 1/70$，无风险年利率设为 5%，即 $R = 105$，主观贴现率 $\beta = 1/105$，生产技术变动率 $\rho_{a,t}$ 暂设为 1，总产出中资本份额 v 仍设为 0.42。在 BGG 模型等文献中企业季度破产概率一般设定为 0.0272，则年度存活概率 $\gamma = (1-0.0272)^4$；资产价格对投资资产比的弹性 $\varphi = 0.5$，该参数目前并无一致的看法，但是在 0~0.5 都被认为是合理的，如 Aoki、Proudman 和 Vlieghe（2004）将其设为 0.5，King 和 Wolman（1996）将其设为 0.2，BGG 模型将其设为 0.25 等（Bernanke、Gertler 和 Gilchrist，1998）；外部融资升水弹性系数 Aoki、Proudman 和 Vlieghe（2004）及崔光灿（2006）将其设 $\alpha = 0.1$，该系数在 BGG 模型中被设为 0.05；总资产与净资产之比 H/N 设为 2，即自有资金为 50%（BGG，1998）；消费、投资与政府支出占总支出的比重分别为 48%、38% 和 14%，为中国 1980~2004 的年度平均值（崔光灿，2006）；初始房价冲击设为 -10%；另定义外部融资升水 premium 为：

$$\text{premium}_t \equiv -\alpha[n_t - (p_{t-1} + h_t)] \qquad (4.50)$$

（五）动态模拟结果

在最初的模拟中，假定政府不采取任何主动调控政策，政府支出与利率平滑因子分别为 $\rho_r = 0.8$，$\rho_g = 0.95$，前者来自崔光灿（2006）的研究成果，后者来自 BGG（1998）的研究成果。在以上参数条件下，模拟结果如图 4-8 所示。

模拟结果与信贷约束条件下的模拟结果类似。从图 4-8 可知，房价下降带来外部融资升水的提高，使投资下降进而总产出下降。但房价本身并

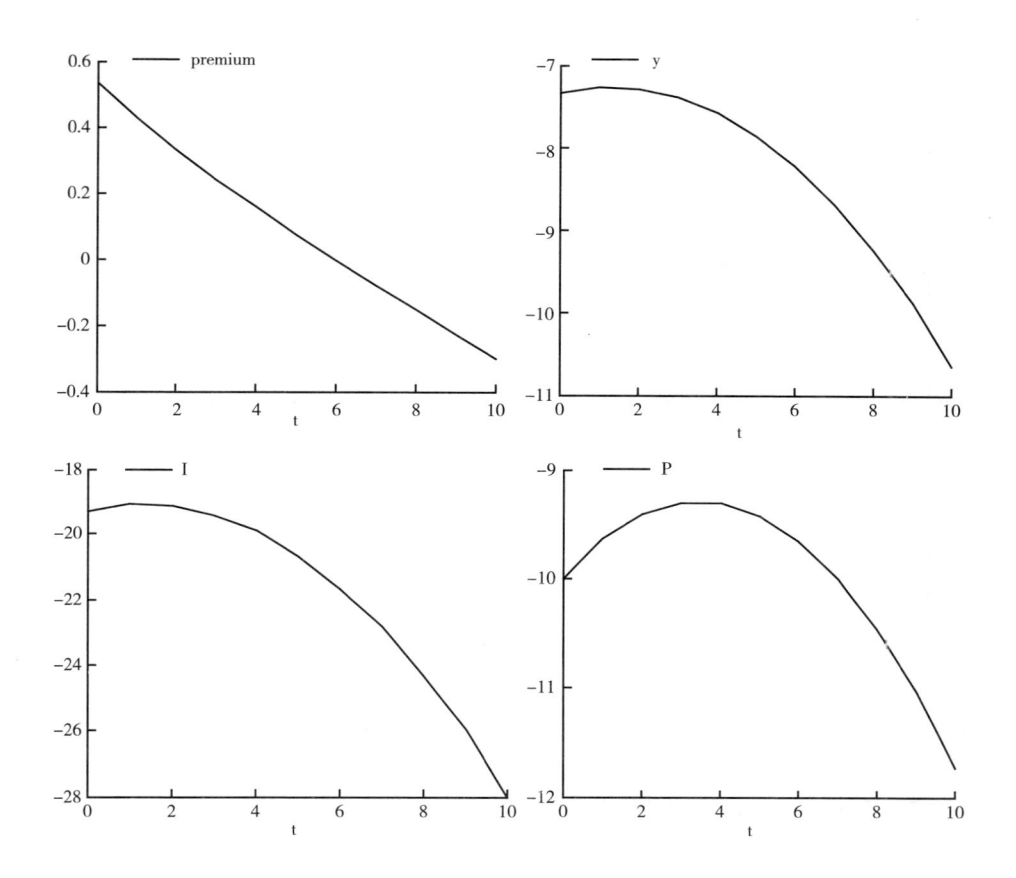

图 4-8 外部融资升水条件下的动态模拟结果（1）

注：$\alpha=0.1$，$\rho=0$，$\rho_p=0$，$\rho_y=0$。

没有因总产出下降的负反馈效应而出现加速下滑的迹象。

假设政府对房价下降引起的投资下滑采用积极的财政政策，如通过增加政府支出进行调控，设政府支出对总产出波动的反应系数 $\rho=-0.2$，模拟结果如图 4-9 所示。

从图 4-9 可知，政府采取"逆风向行事"的财政调控政策，总产出的下降幅度有所缩小，但私人投资下降更快，对房价的下滑也没有任何阻止作用。

我们分别对中央银行适度关注房价及总产出的货币政策规则进行模拟。前者即央行在房价上涨时适度加息，反之则适度降息，此处暂设央行对房价波动的反应系数 $\rho_p=0.02$，模拟结果如图 4-10 所示；后者即央行

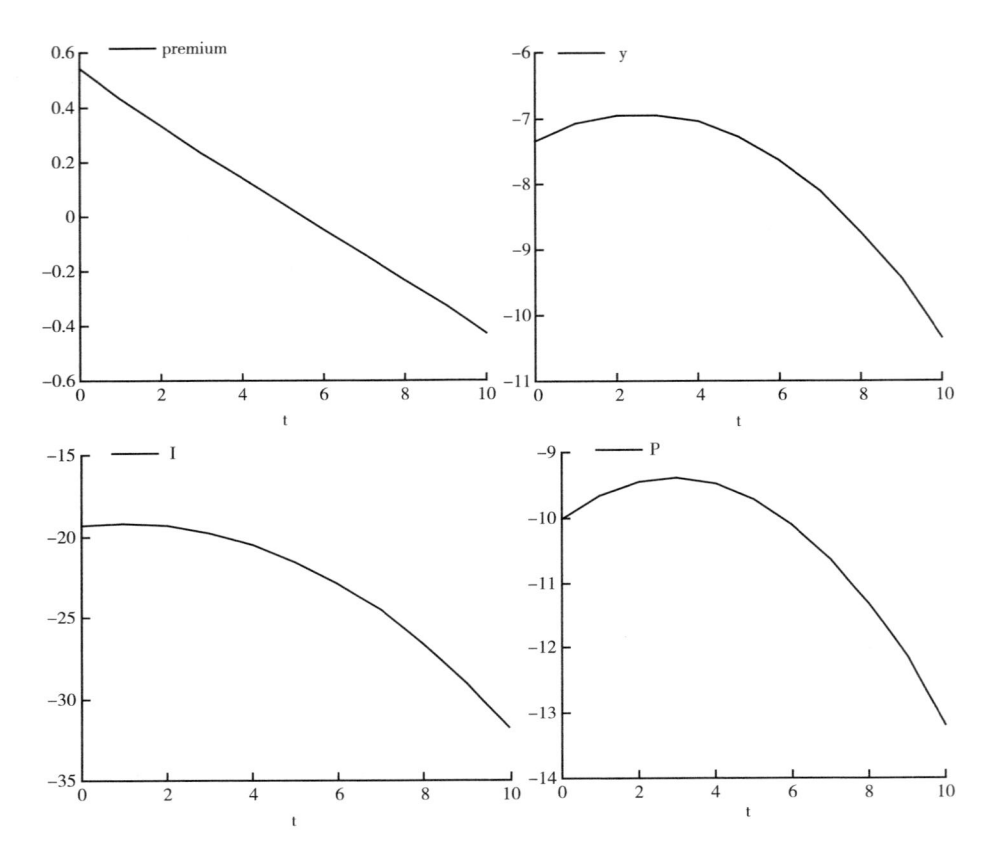

图 4-9　外部融资升水条件下的动态模拟结果（2）

注：$\alpha=0.1$，$\rho=-0.2$，$\rho_p=0$，$\rho_y=0$。

在总产出过热时适度加息，反之则适度降息，此处暂设央行对总产出波动的反应系数 $\rho_y=0.02$，模拟结果如图 4-11 所示。

但从模拟结果看，央行的货币政策效果并不理想，基本没有实现任何预期的结果，无论是投资、房价还是产出的下降速度都没有得到抑制，甚至在某些情形下还有加速的趋势。

综合以上模型模拟结果可知，在外部融资升水条件下，房价下降时通过融资升水效应带来的投资促进了总产出的下滑，但总产出的下降并没有循环反馈到房价上使房价加速下跌；政府通过扩大支出可以抑制总产出的下降，但是会促使私人投资的下降，对房价下跌也基本没有任何抑制作用；在外部融资升水条件下，货币政策基本无效，甚至可能适得其反。

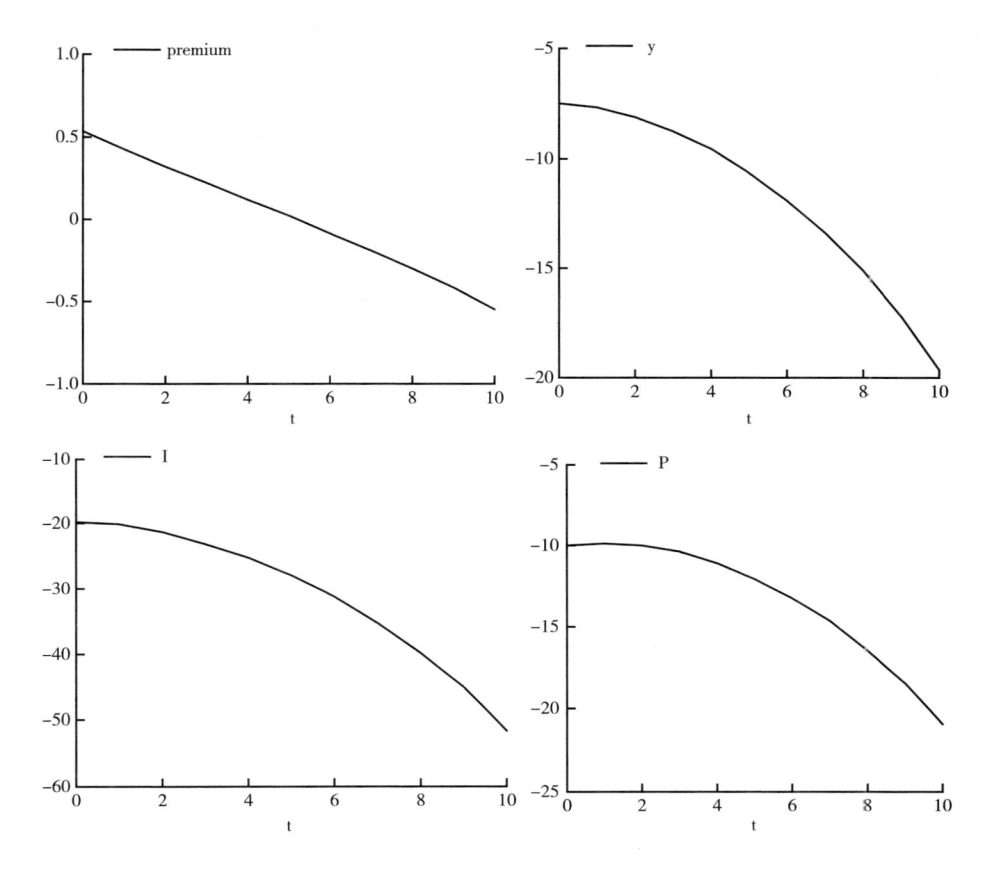

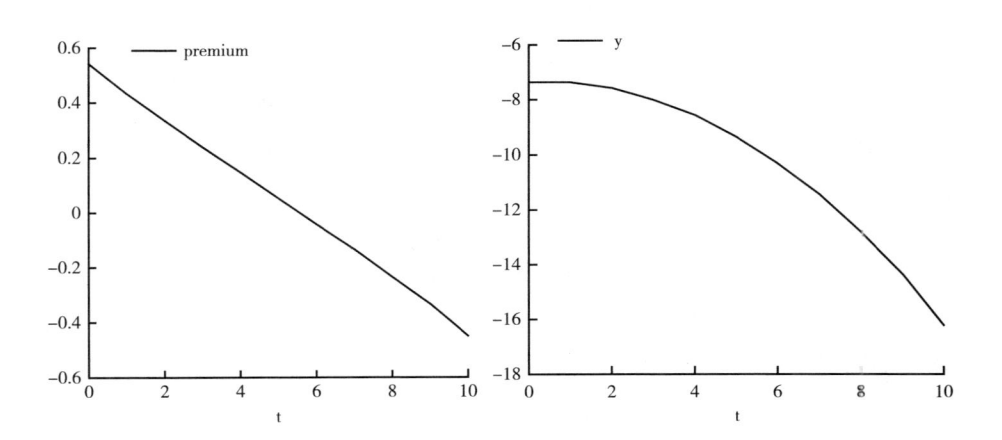

图 4-10　外部融资升水条件下的动态模拟结果（3）

注：$\alpha=0.1$，$\rho=0$，$\rho_p=0.02$，$\rho_y=0$。

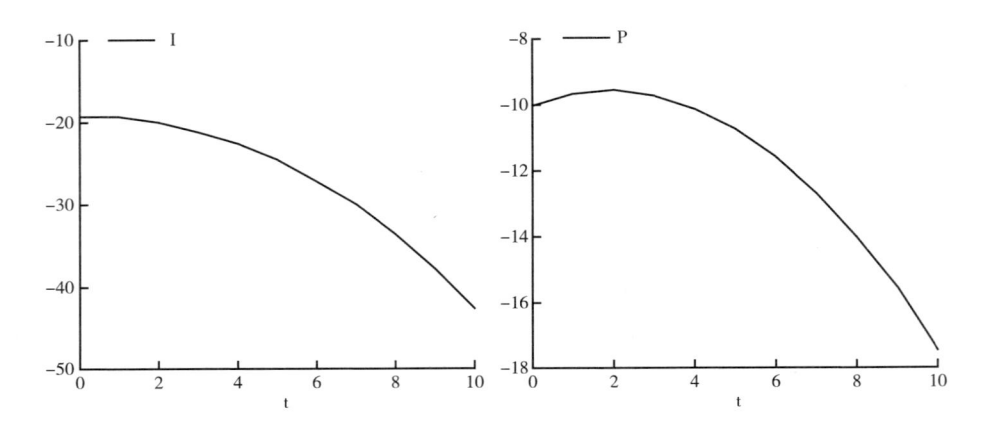

图 4-11 外部融资升水条件下的动态模拟结果（4）

注：$\alpha = 0.1$，$\rho = 0$，$\rho_p = 0$，$\rho_y = 0.02$。

六 结论与政策建议

本章在考虑金融信贷市场缺陷所形成的金融加速器效应的基础上，以房地产周期的下降和宏观（区域）经济周期的紧缩阶段为背景，通过动态一般均衡模型分析了房价波动对宏观（区域）经济的影响及宏观（区域）经济波动对房价的反馈。

信贷约束模型动态模拟显示，在房地产周期的下降阶段，房价下跌会通过金融加速器效应使总产出加速下滑，但是总产出下降并不会循环反馈到房价上加速房价的下跌，房价有其相对独立的运动规律。

外部融资升水模型除得到与信贷约束模型类似的动态模拟结果外，还发现在金融加速器效应的条件下，货币政策调控基本没有效果，财政政策对抑制总产出的下降有一定成效，但是会促使私人投资的下降，对房价下跌也基本没有抑制作用。

分析结果表明，房地产市场的大起大落会对宏观（区域）经济带来很大的负面冲击，并且针对这种负面冲击的调控政策要么效力甚微，要么具有较大的副作用。因而，未雨绸缪保持房地产市场的平稳发展，是实现房地产业与宏观（区域）经济良性互动的关键。

第五章　主要一线城市房地产周期的测度与划分

房地产周期波动的测度与阶段划分是房地产周期经验研究的重要内容。根据仲量联行的划分标准，北京、上海、广州与深圳4个城市为我国房地产一线城市。① 由于这4个房地产一线城市房地产业起步较早，市场发育较为成熟，除广州、深圳外又分属不同的经济区，因而是研究我国房地产周期及其区域差异较好的样本城市。这4个城市占我国房地产总体市场的份额也较大，2007年上海、北京、广州和深圳商品房销售额分别占全国总额的10.3%、8.4%、3.9%和2.6%，研究其周期波动对我国房地产业发展与房地产投资具有较大的参考价值。

基于以上考虑，本章拟以北京、上海、广州与深圳4个房地产一线城市为样本，对我国房地产周期波动做出测度与分析，并对它们的周期差异做初步的简单分析比较。在房地产周期的测度与分析方法方面，本章通过综合运用谱分析、HP滤波及BP滤波分析等方法，避免了众多文献中房地产周期测度与划分的过度主观性与随意性，保持房地产周期经验研究与周期理论的一致性。

一　房地产周期波动的测度与分析方法

房地产周期是一个复杂多面的现象，涉及众多的周期性变量，Pyhrr和Born（1999）曾概括43种房地产及房地产相关周期。由于各周期性变量的动态特征往往存在较大的差异，因而很难使用某单一指标对房地产周期进行测度与划分。但这并不意味着房地产周期不可测度，我们仍然可以从诸

---

① 仲量联行是美国著名的房地产投资管理及服务公司，其房地产一、二、三线城市划分的主要标准是房地产市场的成熟程度而不仅仅是市场规模。

多房地产市场周期性变量中找出一种或几种基准周期，而将其他周期指标作为它的领先或滞后指标。从我国当前情况看，较具理论及现实意义的是价格周期、实际供求周期与开发投资周期三种相互联系又相互区别的周期。①

从价格周期看，价格周期除了受租金的影响外，还受实际利率的影响，同时价格周期又会通过托宾Q效应对开发投资周期产生影响。从实际供求周期看，房地产实际供求周期除受外生影响供求因素的作用外，还受到开发投资周期的影响，开发投资的波动最终将通过对流量供应的影响反映到实际供求中。而实际供求周期又会通过对存量空置与吸纳的变化，进而影响租金及价格周期与开发投资周期。从开发投资周期看，它受到价格周期与租金所决定的投资预期收益及实际利率等所决定的重置成本的影响。三种周期之间的联系与区别见图5-1。

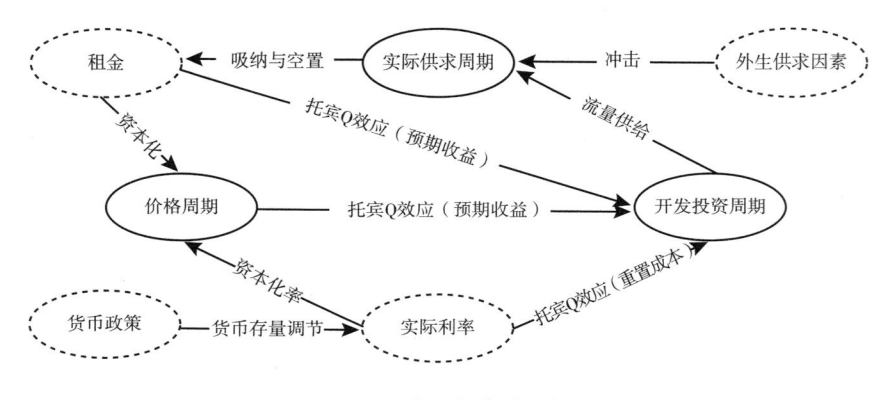

图 5-1　三种周期的联系与区别

不同的主体对房地产市场三种周期的关注程度也是各不相同的。对于宏观经济周期分析及宏观经济政策制定者来说，房地产开发投资周期更易受到关注，因为我国经济增长主要依赖于投资的拉动，而2000年以来房地产开发投资均占我国全社会固定资产投资的15%以上，其中2008年为

---

① 需要说明的是，由于房地产需求包括实际需求及投资（机）需求，此处的房地产实际供求周期，采用Mueller等人的定义，仅指房地产实际供求松紧状况的周期性波动，亦即Mueller（1995）所提出的房地产实际周期（physical cycle）的概念，它不包括纯投机需求对供求的影响，另外physical cycle也被译为房地产"自然周期"。

17.7%，并且房地产开发投资对其上下游产业如钢铁、水泥、家电、家装等投资还具有较大的拉动作用；[①] 对于房地产投资者、经营房地产抵押贷款的金融机构及房地产开发企业而言，房地产价格周期与实际供求周期显然更为值得关注。

从理论及现实需要出发，本文分别从房价周期、供求周期及开发投资周期角度对4个一线城市的房地产周期做出度量与分析。分析结果可以作为房地产投资决策、相关政策制定以及进一步的房地产周期和相关周期研究的依据与参考。在实际应用或具体问题的分析中，也可以此为基础，根据不同的研究目的从上述三个周期中选取一个周期作为基准周期。

（一）周期识别与划分方法的选择

在传统的房地产周期研究中，往往通过对房地产相关周期性变量的绝对数大小比较来简单地判断确定房地产周期的峰谷与阶段。这种方法虽简便易行，但很可能犯下两种错误，即掩盖真实周期和获取虚假周期。

第一，由于经济变量时间序列大多包含较强的确定性时间趋势，如果不把时间趋势剔除，时间趋势将可能会掩盖真实周期的存在。

第二，经济变量时间序列还可能受到一些随机冲击或突发性扰动的影响，使变量值出现短期的峰值或谷值，如果不采取适当方法对其加以滤除，研究将会受到虚假周期的困扰。

第三，从经济周期的冲击—传导理论角度看，房地产周期波动形成于外部冲击及房地产市场内部传导机制的共同作用。由于单次冲击形成的波动最终将收敛于稳态路径，因而持续的房地产周期只能来源于一系列的外部冲击。如果考虑到房地产市场各周期性变量的波动实际上是一系列不同冲击形成的周期波动的叠加，则对房地产市场周期性变量采用传统的简单峰谷定位法直接划分房地产周期，这将与经济周期的冲击—传导学说存在理论上的不一致，并可能使划分的周期无规律可循。

---

① 根据王国军、刘水杏（2004）的计算，1997年房地产业对40个关联产业的带动效应为1.416；根据高波等（2009）的计算，2005年房地产业对42个关联产业的带动效应为1.05。

为解决在众多房地产分析文献中存在的真假周期问题，本章在使用 HP 滤波去除趋势的基础上，通过引入波谱分析方法，将房地产市场各变量时间序列分解为一组频率不同而且互不相关的周期性波动，并根据谱密度分析对其中主要的周期性分量进行识别。进而，根据谱分析所获得的先验的周期长度（频率），使用 BP 滤波等滤波工具将其他频率的扰动剔除，从而获得相应的周期曲线。采用这种处理方式，可以较好地避免理论与实证方法的不一致性，更科学地对房地产周期进行经验测度与阶段划分。

（二）主要分析工具简介

1. HP 滤波法

HP 滤波法（Hodrick-Prescott filter）是周期分析必不可少的数量分析工具之一。HP 滤波法由实际经济周期理论的代表人物 Hodrick 和 Prescott（1980）所开发，它被广泛地应用于各种经济变量均衡增长路径估计（如潜在 GDP 的估计），以及分离出时间序列中的周期与趋势成分等。与一般的线性趋势估计工具不同，HP 滤波所估计的趋势成分具有非线性的形式，从而与 RBC 理论中关于趋势内涵的界定保持一致性。

设包含周期与趋势成分的初始时间序列为 X_t，X_t 所包含的趋势成分与波动成分分别为 $\{X_t^{TR}\}$ 与 $\{X_t^{CY}\}$，则有：

$$X_t = X_t^{TR} + X_t^{CY} \tag{5.1}$$

HP 滤波法对 $\{X_t^{TR}\}$ 的估计可以表示为求解以下最小化问题：

$$\{X_t^{TR}\}_{t=0}^{T+1} = \mathop{\text{argmin}} \sum_{t=1}^{T} \{(X_t - X_t^{TR})^2 + \lambda [(X_{t+1}^{TR} - X_t^{TR}) - (X_t^{TR} - X_{t-1}^{TR})]^2\} \tag{5.2}$$

其中补偿因子 λ 取值越大，则所估计的 $\{X_t^{TR}\}$ 越平滑，当 $\lambda \to +\infty$ 时，$\{X_t^{TR}\}$ 接近于线性趋势。Hodrick 和 Prescott 的初始研究以季度数据为分析基础，并建议对于季度数据 λ 的取值应为 1600。对于年度数据，根据 Backus 和 Kehoe（1992）的经验，取 $\lambda = 100$。

估计出 $\{X_t^{TR}\}$ 后，根据式（5.1），即可反过来求得周期成分 $\{X_t^{CY}\}$。

2. 谱密度分析[①]

波谱分析是周期研究最有力的数学工具之一。谱分析的基本思想是通过傅氏变换（Fourier transform），把时间序列转换为互不相关的不同频率谐波的叠加，进而通过周期图、谱密度分析等工具，实现对数据系列的频域结构分析。在分析周期方面，它具有普通的时域分析工具所无法比拟的优越性。

谱密度分析的基础是傅氏变换，利用傅氏变换可将时间序列 X_t 表示为一组波长和振幅不同的正弦波与余弦波之和。傅氏变换公式为：

$$X_t = \frac{a_0}{2} + \sum_{k=1}^{m}[a_k\cos(\omega_k t) + b_k\sin(\omega_k t)] \tag{5.3}$$

其中常数项 $a_0 = 2\overline{X}$，傅氏频率 $\omega_k = 2\pi k/n$,[②] $m = floor(n/2)$，$t = 1, 2\cdots, n$，a_k 为 X_t 的余弦变换：

$$a_k = \frac{2}{n}\sum_{t=1}^{n}X_t\cos[\omega_k(t-1)] \tag{5.4}$$

b_k 为 X_t 的正弦变换：

$$b_k = \frac{2}{n}\sum_{t=1}^{n}X_t\sin[\omega_k(t-1)] \tag{5.5}$$

以频率或周期长度为横坐标，根据傅氏函数的系数 a_k 和 b_k 可以得到周期图。周期图函数计算公式为：

$$J_k = \frac{n}{2}[(a_k)^2 + (b_k)^2] \tag{5.6}$$

周期图波动较大，且是谱密度的不相容估计量。此处采用平滑周期图的方法作谱密度估计，它可以减少谱密度估计的波动，但同时会增加谱密度估计的偏差。周期图平滑过程表示为：

$$\hat{F}_k[h(q)] = \sum_{\psi=-h(q)}^{h(q)} w\left[\frac{\psi}{h(q)}\right]\tilde{J}_{k+\psi} \tag{5.7}$$

[①] 关于本文谱分析的具体计算过程与公式详见"SAS 9.1 Help and Documentation", SAS Institute Inc. USA。

[②] 傅氏频率 ω 与周期长度 P 的换算关系式为 $P = 2\pi/\omega$。

$w(x)$ 为核（权）函数或谱窗，$q = floor(n/2) + 1$，移动平均项在终点做循环计算：

$$\bar{J}_{k+\psi} = \begin{cases} J_{k+\psi} & 0 \leq k+\psi \leq q \\ J_{-(k+\psi)} & k+\psi < 0 \\ J_{q-(k+\psi)} & k+\psi > q \end{cases} \quad (5.8)$$

常用的核函数有 Bartlett、Parzen、Quadratic Spectral、Tukey-Hanning 及 Truncated 核，通过对各种核函数的核能与旁瓣大小分析，核函数选用 Parzen 核：

$$W(x) = \begin{cases} 1 - 6|x|^2 + 6|x|^3 & 0 \leq |x| \leq \frac{1}{2} \\ 2(1-|x|)^3 & \frac{1}{2} \leq |x| \leq 1 \\ 0 & otherwise \end{cases} \quad (5.9)$$

Parzen 核的带宽函数一般取为 $h(q) = q^{\frac{1}{5}}$。

从功率谱密度函数峰值所对应的频率可以得到数据系列中主要周期分量的波长。

3. BP 滤波分析

BP 滤波（Band-Pass filter，带通滤波）也属于波谱分析方法的工具之一。通过带通宽度的设置，BP 滤波工具可以将时间序列中设定带通宽度以外的其他频率波动平滑掉，从而不仅可以用于周期分解，还可应用于剔除时间序列的趋势成分。本文的 BP 滤波在谱分析的基础上进行。根据谱密度分析所识别出来的房地产周期的先验频率（周期长度）范围，可使用 BP 滤波法将其他频率的无关扰动滤除，从而求得特定长度房地产周期所对应的周期曲线，从而清晰明了地对房地产周期阶段做出划分。

BP 滤波分为固定长度对称滤波和全样本非对称滤波两种方式，本文采用最常用的 CF（Christiano-Fitzgerald）形式全样本非对称滤波，其滤波公式为：

$$X_t^{BP} = \sum_{i=1}^{n} w(t,i) X_i^{CY} \quad t = 1, \cdots, n \quad (5.10)$$

其中 $w(t, i)$ 为滤波权重矩阵。

(三) 关于实际供求周期的测度方法说明

对于房地产实际供求周期的测度主要有两个角度。

1. 通过估算均衡空置率测度房地产实际供求周期

空置率（或使用率）被认为是一个很好地反映房地产市场实际供求状况的指标（Pritchett，1984；Mueller 和 Laposa，1994；Pyhrr，Roulac 和 Born，1999）。Mueller 和 Laposa（1994）以均衡空置率为基线，根据实际空置率围绕均衡空置率的正弦波式运动，将一个完整的房地产周期顺次划分为复苏、扩张、收缩和衰退四个阶段。①

均衡空置率方法存在的缺陷是没有统一的均衡空置率标准，不同的市场长期平均空置率差异很大，并且空置率的数据较难获得。由于我国缺乏相关统计数据，因而需要通过其他方法对房地产市场实际供求状况做出估计。

2. 以均衡实际供求量测度房地产实际供求周期

我们也可以先求得均衡实际供求量，再以实际供给量与均衡实际供求量进行比较，从而获得市场实际供求松紧状况的变化。均衡实际供求量的估算有两种方法。

（1）通过基本面因素回归的方法来估算均衡实际供求量。假定影响房地产实际需求 D 的 n 个独立变量分别为 ξ_1，ξ_2，…，ξ_n，则可构建如下回归方程：

$$\ln(D_t) = a + \alpha_1 \ln(\xi_{1,t}) + \alpha_2 \ln(\xi_{2,t}) + \cdots + \alpha_n \ln(\xi_{n,t}) + \hat{u}_t \qquad (5.11)$$

通过对方程参数的估算，进而可以获得均衡供求量的计算公式，从而对均衡供求量做出推算。但该方法存在的主要问题是涉及变量众多，不仅数据获得困难，而且运算的过程也存在变量选择、处理变量内生性与共线性的难题，所以其更多的是一种理论上的方法，实际应用价值较小。

（2）通过长期趋势分析来测算均衡实际供求量。该方法建立在以下基本假定基础上。

第一，从长期平均意义上看，房地产供给应等于其实际需求。

第二，房地产潜在实际需求是基础性需求，受收入水平、城镇人口数

---

① 关于均衡空置率方法的说明详见绪论第二部分。

等基本面因素的影响,具有一定的刚性。

第三,房地产供给在短期内具有刚性,长期内则具有一定的弹性。

按照以上假定,可以用供给的长期趋势值作为供求长期均衡量估算值,进而根据供给值对长期均衡值的偏离来测度市场松紧状况。对长期趋势(均衡)值的估计通常采用 HP 滤波法。供求缺口估计采用如下模型:

$$S_t^g = S_t - S_t^e \qquad (5.12)$$

其中 S_t^g 为供求缺口,S_t 为实际供给,S_t^e 为长期趋势(均衡)供给量,另外可用 $E_t = S_t^g / S_t^e$ 表示供求缺口率。

在其他条件不变的情况下,供求缺口与房价一般存在以下关系:当供给量大于长期均衡值从而供求缺口为正时,市场供求偏松,房价趋于下降;当供给量小于长期均衡值从而供求缺口为负时,市场供求偏紧,房价趋于上升;当供给等于长期均衡值从而供求缺口为零时,市场处于供求均衡状态,房价变动趋势相对于前一阶段将出现改变。比如前一阶段为供小于求房价出现上涨,当市场出现供求均衡状态,则意味着房价将停止上涨或出现下跌,反之同样是"拐点"。

由于该方法运用简便,不需要面对复杂的回归方程设置与数据处理问题,且估计结果与经济理论具有一致性,因而得以广泛应用。比如,对充分就业水平、产出水平或潜在 GDP、紧缩性缺口与通货膨胀缺口的估计等大多采用该方法。实际经济周期理论者 Hodrick 和 Prescott(1980)开发 HP 滤波法也正是基于此目的。从房地产市场看,房地产的需求刚性与长期供给弹性特征较其他市场更为明显,从而更适合采用该方法。

综合以上考虑,本书采用基于 HP 滤波法的长期均衡供求量估计来测度我国的房地产实际供求周期。

二 数据说明

(一) 房价数据

我国住房改革从 1998 年全面开始,国家统计局与国家发改委(原国家发展计划委)定期联合发布的房价指数也始于 1998 年,因而可用于本书分析的房价数据时间区间为 1998 年 1 季度到 2008 年 4 季度（见图 5－2，表 5－1）。①

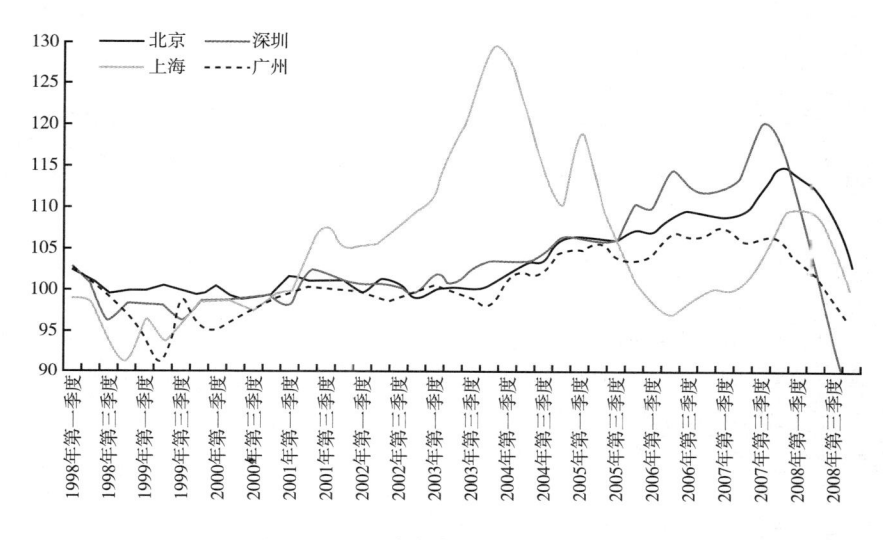

图 5－2 4 城市房屋销售价格指数

表 5－1 4 城市房屋销售价格指数描述性统计

统计量	北京	上海	广州	深圳
均 值	103.840900	105.343200	100.937200	103.513200
中位数	101.500000	104.300000	100.400000	102.150000
最大值	115.000000	129.100000	108.000000	120.200000
最小值	99.000000	91.500000	91.600000	85.800000
标准差	4.554135	9.014675	3.907564	6.726770
偏 度	0.850669	0.931631	－0.028061	0.384042
峰 度	2.489999	3.315932	2.352653	3.469538

---

① 二手房指数、商品房指数与房屋指数走势非常相近，差别主要在于二手房价格指数的波幅要大于商品房价格指数，而房屋价格指数则介于两者之间，因而此处并无必要对 3 个房价指数作逐一分析，而仅需以其中某一指数的波动作为基准循环即可。由于我国早期仅定期公布房屋价格指数，考虑到数据的连续性，以房屋价格指数的波动作为分析的基准。资料来自国家统计数据库、Wind 资讯数据库及《中国物价》，上年同期 ＝100。

续表

统计量	北京	上海	广州	深圳
JB 统计量	5.783529	6.547854	0.756457	1.485769
概　率	0.055478	0.037857	0.685074	0.475740
总　和	4569.0000	4635.1000	4340.3000	4554.8000
方差和	891.8264	3494.3680	641.3005	1945.7250
样　本	44	44	43	44

（二）住房供给数据

由于我国正处于城市化和住房消费升级换代阶段，住房需求快速增长主要靠新建住房而非压缩存量房的空置率来满足。因而本书采用竣工住宅面积作为新增住房供给指标，时间区间为 1978~2008 年（见图 5-3，表 5-2）。①

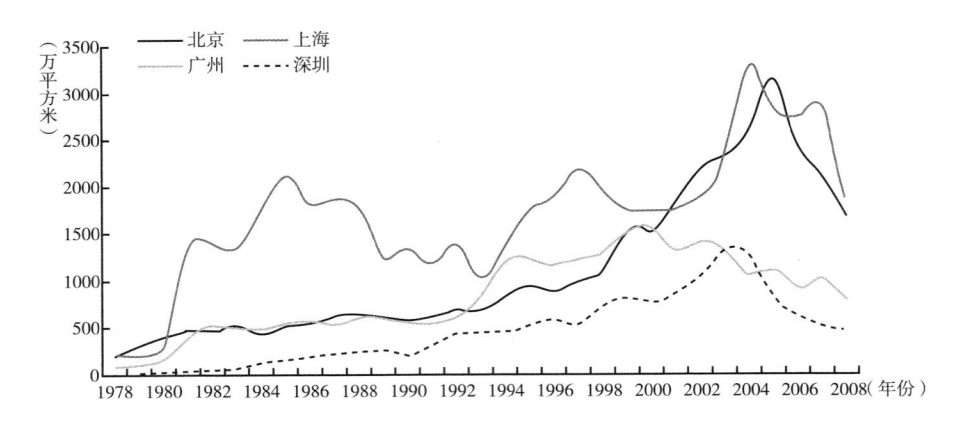

图 5-3　4 城市竣工住宅面积

---

① 北京数据来源于国家统计局《新中国 55 年统计资料汇编》（北京篇）、北京市统计局《北京市 2008 年国民经济和社会发展统计公报》及《数说北京改革开放三十年》、北京统计信息网（http://www.bjstats.gov.cn），由于统计口径的变化，2005 年和 2006 年数据根据商品住宅竣工面积增长率进行推算，2007 年和 2008 年数据来源于 2008 年 12 月进度数据。上海数据来源于《上海统计年鉴（2008）》、上海统计网（http://www.stats-sh.gov.cn），2008 年数据根据 2008 年商品住宅增长速度进行计算。广州数据来源于广州市统计局《广州五十年》《广州统计年鉴》相关年卷，广州统计信息网（http://www.gzstats.gov.cn）。深圳数据来源于深圳统计局《深圳统计年鉴》及《深圳市国民经济和社会发展统计公报》相关年卷，近 2 年数据根据商品住宅竣工面积增长率进行推算。

第五章 主要一线城市房地产周期的测度与划分 | 105

表 5-2 4 城市竣工住宅面积描述性统计

单位：万平方米

统计量	北京	上海	广州	深圳
均值	1100.9310	1685.6220	817.2861	456.5973
中位数	681.2000	1746.8200	779.6000	439.5950
最大值	3136.2200	3270.4300	1539.4300	1290.6100
最小值	190.4000	199.6100	84.8200	5.2600
标准差	794.3918	709.8170	422.0819	354.2171
偏度	1.009642	-0.112275	0.036607	0.703326
峰度	2.826748	3.367394	1.856131	2.786195
JB 统计量	5.305550	0.239476	1.696986	2.530480
概率	0.070455	0.887153	0.428060	0.282172
总和	34128.87	52254.27	25335.87	13697.92
方差和	18931748	15115204	5344593	3638623
样本	31	31	31	30

（三）房地产开发投资数据

可获得的 4 城市房地产开发投资数据时间区间为 1984~2008 年（见图 5-4，表 5-3）。①

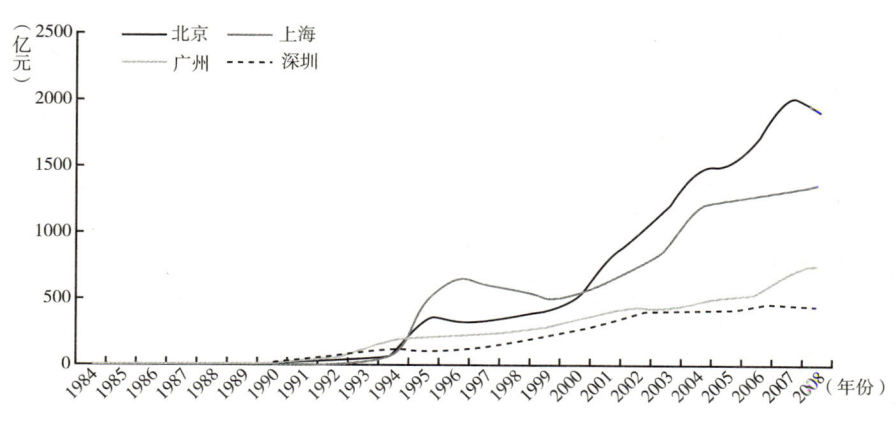

图 5-4 4 城市房地产开发投资

---

① 北京数据来源于北京市统计局《数说北京改革开放三十年》及《北京市 2008 年国民经济和社会发展统计公报》，其他城市数据来源于各城市统计局出版发布的相关年份统计年鉴及统计公报。

表 5-3 4 城市房地产开发投资描述性统计

单位：亿元

统计量	北京	上海	广州	深圳
均　　值	745.7263	555.5427	250.7934	246.7368
中位数	421.5000	571.6450	229.1640	215.2541
最大值	1995.8000	1366.8700	762.4300	462.0900
最小值	22.5000	0.9700	4.2902	11.2000
标准差	687.3198	491.9876	232.8036	162.1269
偏　　度	0.599255	0.293071	0.587335	0.087230
峰　　度	1.887579	1.772037	2.334089	1.437014
JB 统计量	2.116841	1.697168	1.899258	1.958078
概　　率	0.347003	0.428021	0.386885	0.375672
总　　和	14168.800	12221.940	6269.834	4688.000
方差和	8503353	5083087	1300740	473132.7
样　　本	19	22	25	19

三　4 城市房地产周期的测度与划分

（一）北京房地产周期

1. 北京房地产价格周期

首先对价格数据作 HP 滤波处理以剔除其中的趋势成分，结果如图 5-5 所示。

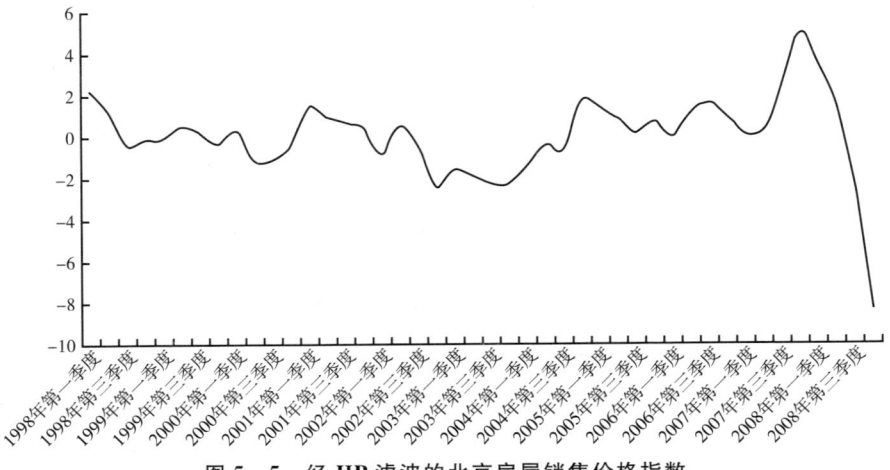

图 5-5　经 HP 滤波的北京房屋销售价格指数

在去除趋势成分的基础上，对经 HP 滤波的北京房屋销售价格指数作谱分析以辨别其周期性，求得其谱密度估计，其波动见图 5-6。①

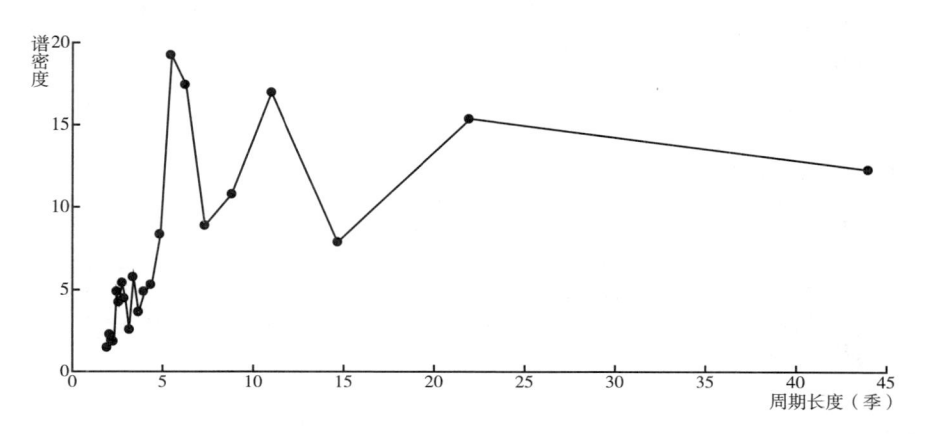

图 5-6 北京房屋价格指数波动的谱密度估计

从图 5-6 可见北京房价波动存在明显的谱峰，表明具有显著的周期性，具体包括 22 季（5~6 年）、11 季（约 3 年）及 5.5 季（约 1 年）3 个谱峰，由于长度为 5.5 季的周期接近于季节性波动，此处不做进一步分析。

（1）5~6 年的房价周期

根据谱分析所获得的先验周期长度，可以通过 BP 滤波的方法获得周期曲线。以 22 季为中心对经 HP 滤波的北京房屋销售价格指数进行对称带宽的 BP 滤波，获得 5~6 年的北京房价周期曲线（见图 5-7）。

从图 5-7 北京 5~6 年的房价周期看，根据谷—谷的划分方法，在分析期内存在 2 个比较完整的周期（见表 5-4），其中包含一个完整的周期（1998 年第 4 季度至 2003 年第 4 季度）。从 2004 年第 4 季度开始的新一轮周期，于 2006 年第 3 季度到达波峰，2006 年第 4 季度开始下降，如果按照等长周期推算的话，波谷年份为 2009 年第 1 季度前后。

（2）3 年左右的房价周期

以 11 季为中心对经 HP 滤波的北京房屋销售价格指数进行对称带宽的 BP 滤波，获得 3 年左右的北京房价周期（见图 5-8）。

---

① 本文的谱分析采用 SAS 及 STATISTICA 软件计算。

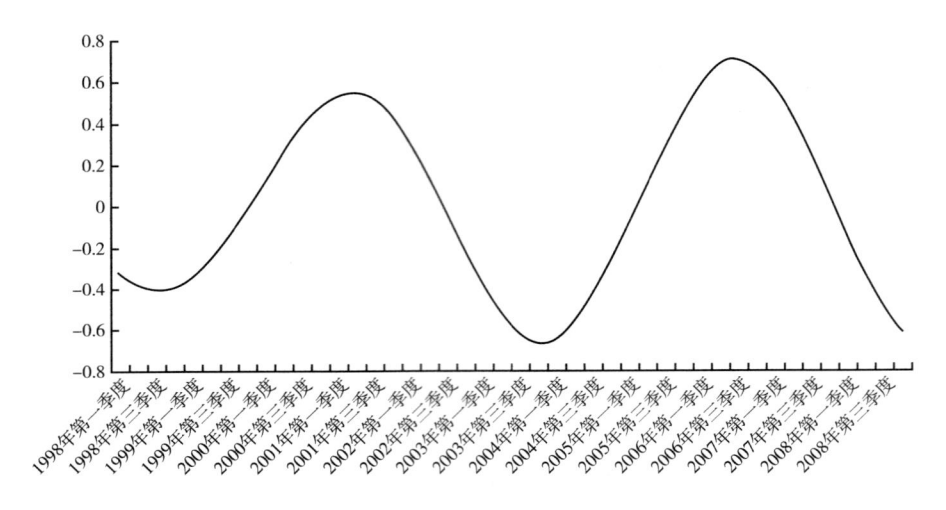

图 5-7 北京 5~6 年的房价周期

注：BP 滤波带通宽度为：$P_L=18$，$P_U=26$。

表 5-4 北京 5~6 年的房价周期的划分

周期	上升阶段	波峰	下降阶段	波谷
周期 1			？～1998Q2	1998Q3
周期 2	1998Q4～2001Q1	2001Q2	2001Q3～2003Q3	2003Q4
周期 3	2004Q1～2006Q2	2006Q3	2006Q4～2008Q4？	2009Q1？

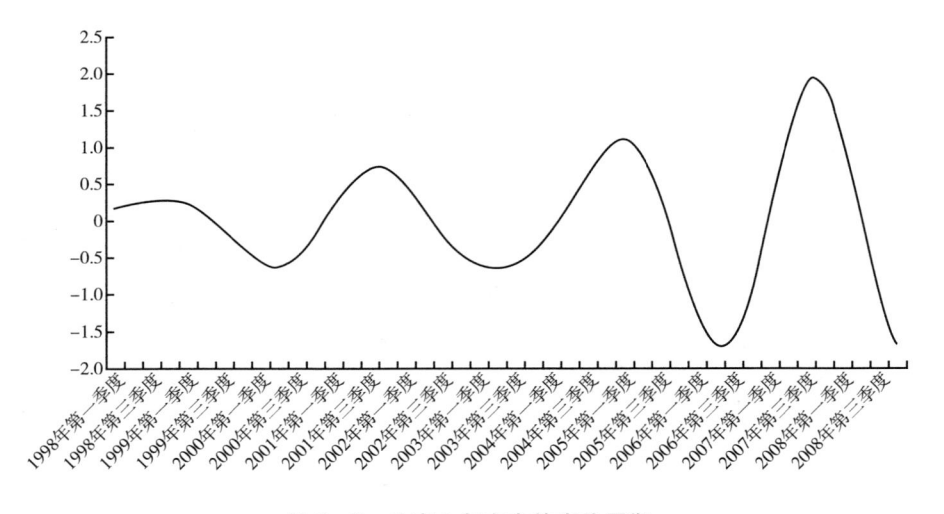

图 5-8 北京 3 年左右的房价周期

注：BP 滤波的带通宽度为：$P_L=8$，$P_U=14$。

从图 5-8 北京 3 年左右的房价周期看，根据谷—谷的划分方法，分析期内也存在 2 个完整的周期（2000 年 3 季度至 2003 年 2 季度；2003 年 3 季度至 2006 年 2 季度），从 2006 年 3 季度开始的新一轮短周期，到 2007 年 4 季度到达波峰并随之开始回落（见表 5-5）。

表 5-5 北京 3 年左右房价周期的划分

周期	上升期间	波峰	下降期间	返谷
周期 1	？~1998Q3	1998Q4	1999Q1~2000Q1	2000Q2
周期 2	2000Q3~2001Q2	2001Q3	2001Q4~2003Q1	2003Q2
周期 3	2003Q3~2004Q4	2005Q1	2005Q2~2006Q1	2006Q2
周期 4	2006Q3~2007Q3	2007Q4	2008Q1~？	

2. 北京房地产实际供求周期

笔者首先对北京住房供给的长期均衡值 S_t^e 做出估计。采用 HP 滤波法，求得北京住房均衡供给演进路径（见图 5-9，表 5-6）。

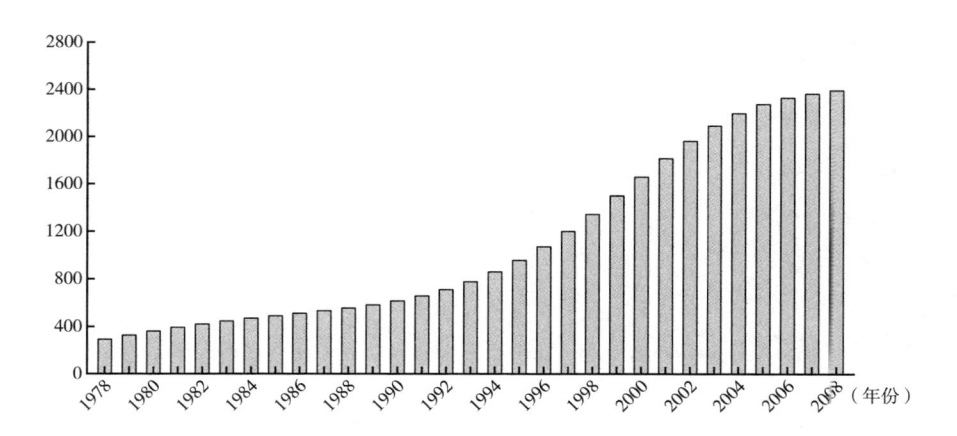

图 5-9 北京住房均衡供给演进路径

进而，笔者应用加法模型计算出住房供求缺口 S_t^g 及缺口率（见图 5-10，表 5-6）。S_t^g 大于零的部分表示存在过剩缺口，S_t^g 小于零表示存在短缺缺口，过剩缺口与短缺缺口的相互交替，便形成了住房实际供求周期。

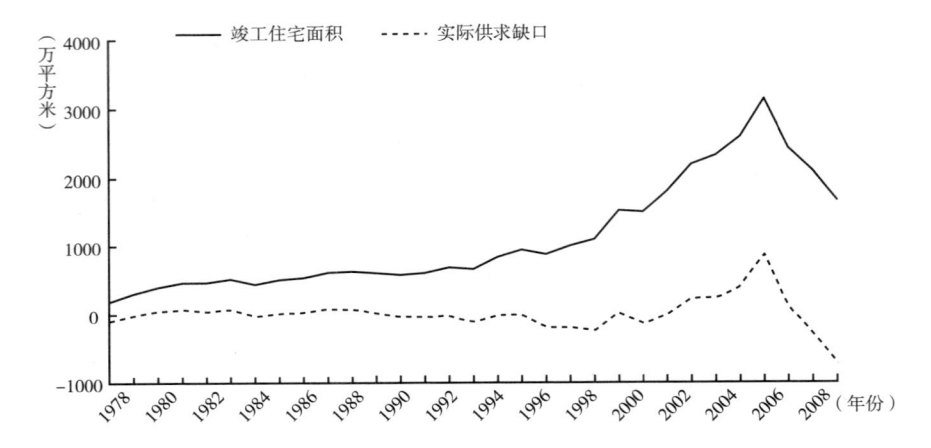

图 5-10　北京竣工住宅面积及实际供求缺口

表 5-6　北京历年住房实际供求状况测算

单位：万平方米，%

年份	供求均衡值	供求缺口	缺口率	年份	供求均衡值	供求缺口	缺口率
1978	289.03	-98.63	-34.13	1994	856.50	-24.40	-2.85
1979	323.86	-18.96	-5.85	1995	954.55	-17.25	-1.81
1980	357.70	39.20	10.96	1996	1068.75	-198.35	-18.56
1981	389.37	73.23	18.81	1997	1199.21	-202.41	-16.88
1982	418.10	45.70	10.93	1998	1344.06	-250.96	-18.67
1983	443.84	70.16	15.81	1999	1499.41	20.49	1.37
1984	466.98	-29.38	-6.29	2000	1658.85	-159.15	-9.59
1985	488.63	16.77	3.43	2001	1816.19	-11.29	-0.62
1986	509.62	23.08	4.53	2002	1963.62	225.98	11.51
1987	530.91	77.99	14.69	2003	2093.26	227.14	10.85
1988	553.72	69.78	12.60	2004	2199.45	387.55	17.62
1989	580.04	21.76	3.75	2005	2278.83	857.40	37.62
1990	612.56	-39.56	-6.46	2006	2331.89	88.96	3.82
1991	654.20	-52.40	-8.01	2007	2367.71	-269.71	-11.39
1992	707.45	-26.25	-3.71	2008	2396.27	-726.97	-30.34
1993	774.31	-119.51	-15.43				

从绝对量看，北京住房实际供求缺口较大的年份为 1998 年（-250.96 万平方米）、2004 年（387.55 万平方米）、2005 年（857.40 万平方米）、2007 年（-269.71 万平方米）和 2008 年（-726.97 万平方米）。从相对量看，自 20 世纪 90 年代以来住房实际供求缺口率较高的年份有 1996 年（-18.56%）、1998 年（-18.67%）、2005 年（37.62%）、2008 年（-30.34%）。2002 年以来是北京实际住房供求波动较剧烈的时期，除 2006 年以外各年波动率绝对值均在 10% 以上。

为进一步测度北京住房实际供求波动的周期，笔者对图 5-1C 住房供求缺口系列进行波谱分析，得其谱密度估计，如图 5-11 所示。

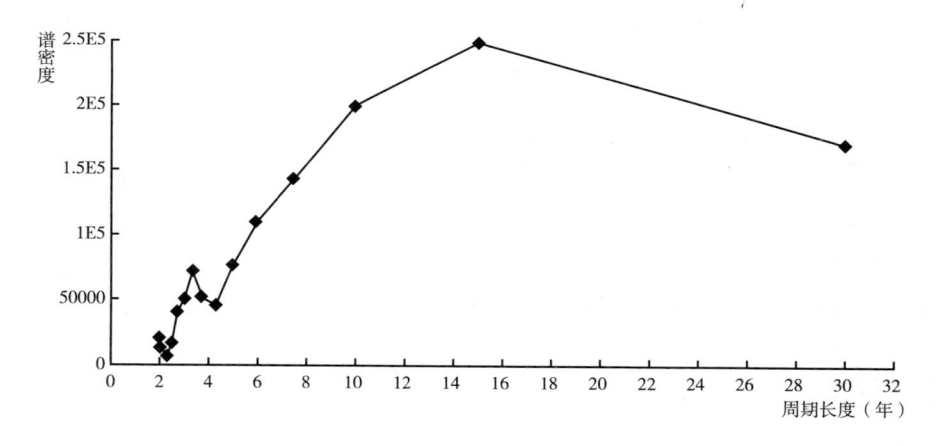

图 5-11　北京住房实际供求波动的谱密度估计

谱密度图中存在明显的谱峰，表明具有显著的周期性。从谱密度估计值看北京住房实际供求缺口系列存在周期长度为 15 年及 3.3 年的谱峰。

由于 3.3 年属短期波动，此处仅对 15 年的住房实际供求周期做出估算。以 15 年为中心对供求缺口系列进行对称带宽的 BP 滤波，获得 15 年左右的北京住房实际供求周期曲线（见图 5-12）。

图 5-12 中，根据周期曲线与均衡线（图中的零轴虚线）的相对位置，北京住房实际供求周期可分为 3 个周期，其中包含 2 个完整的周期（1978~1992 年和 1993~2007 年）。每个周期又包含相邻的一个短缺阶段和一个过剩阶段，三个周期总共包含过剩与短缺相互交替的 5 个阶段（见表 5-7）。

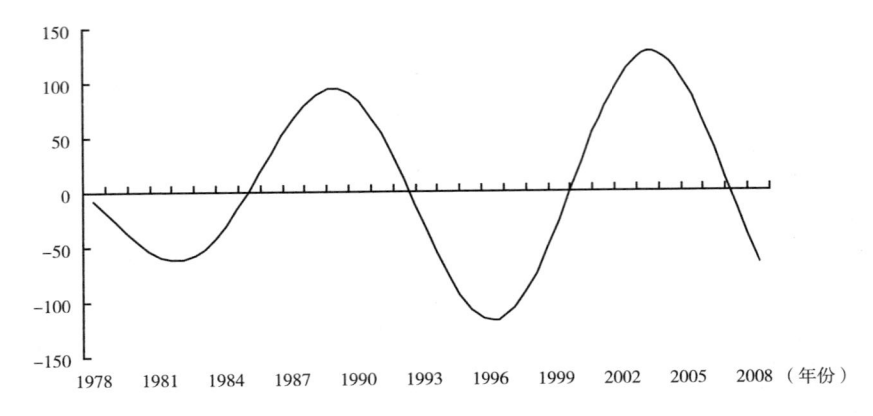

图 5-12　北京 15 年左右的住房实际供求周期

注：BP 滤波带通宽度为：$P_L = 12$，$P_U = 18$。

表 5-7　北京 15 年左右的住房实际供求周期的划分

周期	短缺阶段	均衡年份	过剩阶段	均衡年份
周期 1	1978~1984	1985	1986~1991	1992
周期 2	1993~1998	1999	1999~2006	2007
周期 3	2008~？			

3. 北京房地产开发投资周期

由于数据的时间趋势性较显著，此处首先对北京房地产开发投资数据用 HP 滤波作去除趋势处理，结果见图 5-13。

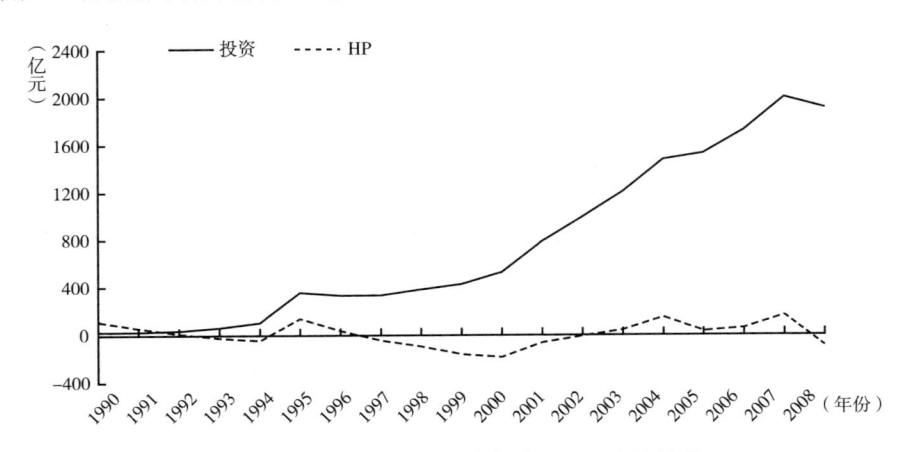

图 5-13　北京房地产开发投资及 HP 滤波结果

为寻找房地产开发投资波动系列中隐含的周期分量，笔者对经 HP 滤波的北京房地产开发投资系列作谱密度估计，结果见图 5-14。

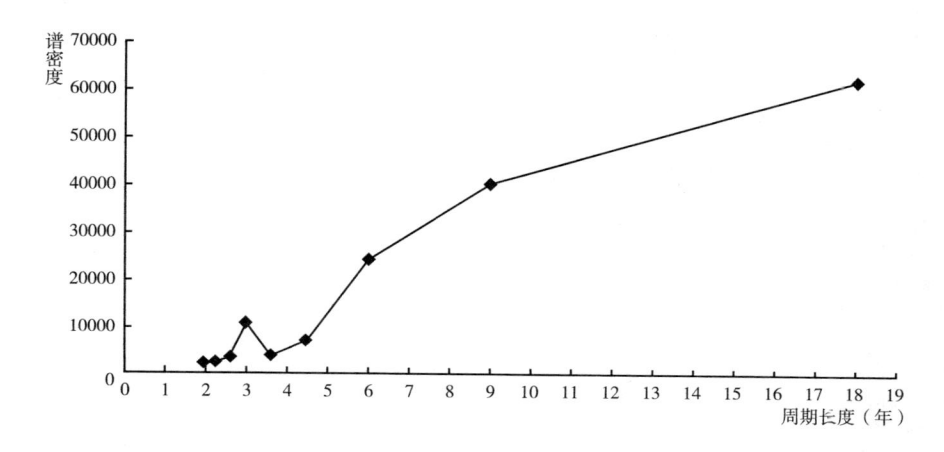

图 5-14 北京房地产开发投资波动的谱密度估计

从图 5-14 看北京房地产开发投资没有明显的周期性，只存在一个长度为 3 年的小谱峰。以 3 年为中心对经 HP 滤波处理的北京房地产开发投资系列进行对称带宽的 BP 滤波，获得 3 年左右的北京房地产开发投资短期波动曲线（见图 5-15）。

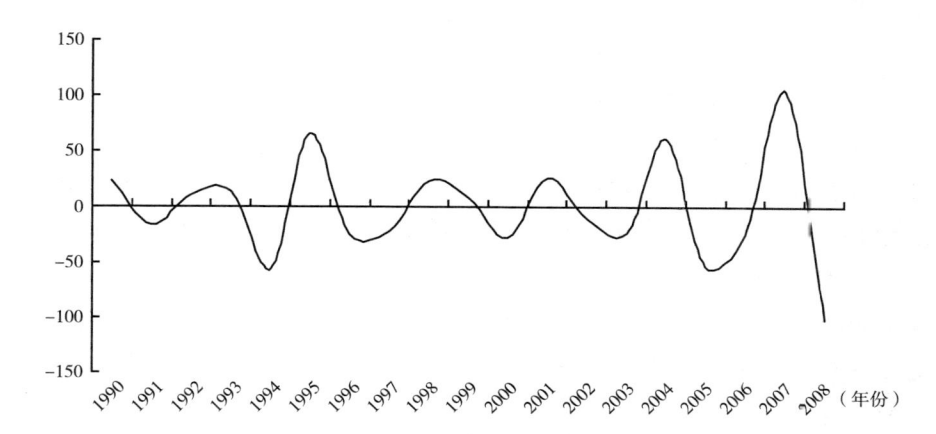

图 5-15 北京 3 年左右的房地产开发投资波动

注：滤波带通宽度分别为：$P_L=2$，$P_U=4$。

从1991年谷底算起，由谷—谷计算，分析期共存在6个3年左右的房地产开发投资短周期的波动。

(二) 上海房地产周期

1. 上海房地产价格周期

对上海房屋销售价格指数作HP滤波处理以剔除其中的趋势成分，得图5-16。

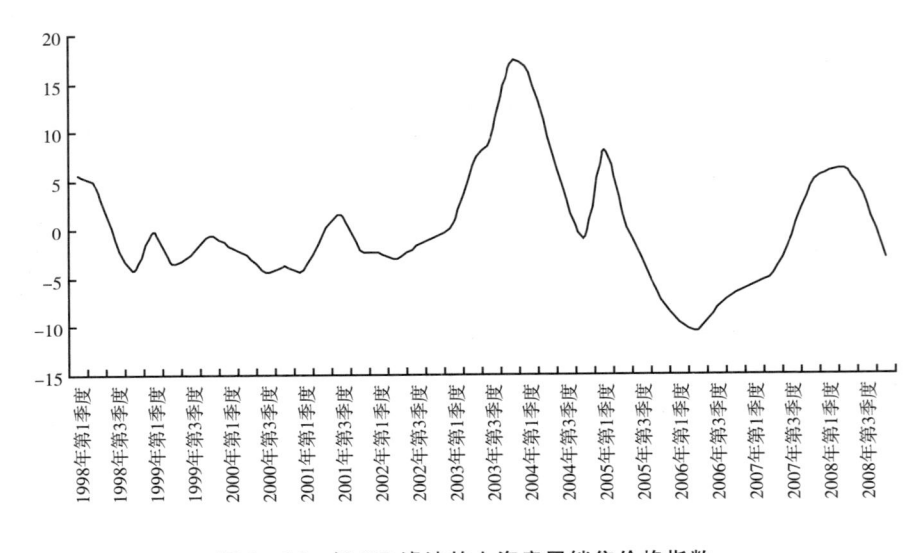

图5-16 经HP滤波的上海房屋销售价格指数

在去除趋势成分的基础上，对经HP滤波的上海房屋销售价格指数进行谱密度分析以辨别其周期性，得其谱密度估计（见图5-17）。

从图5-17可见，在周期长度为22季处具有一个显著的谱峰，表明存在长度为5~6年的上海房价短周期。以22季为中心对经HP滤波的房屋销售价格指数进行对称带宽的BP滤波，获得5~6年的上海房价周期曲线（见图5-18）。

从图5-18上海5~6年房价周期看，根据谷—谷的划分方法，在分析期内存在3个周期（见表5-8），其中包含一个完整的周期（2001年第2季度至2006年第2季度）。

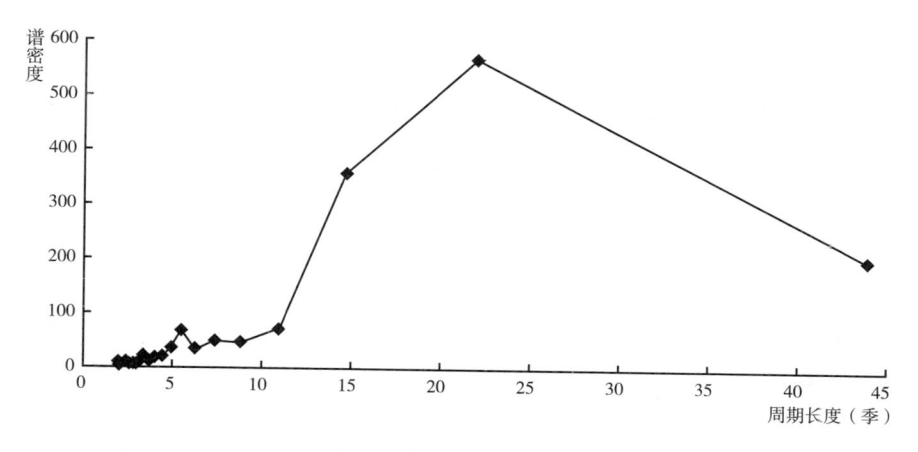

图 5-17 上海房屋价格指数波动的谱密度估计

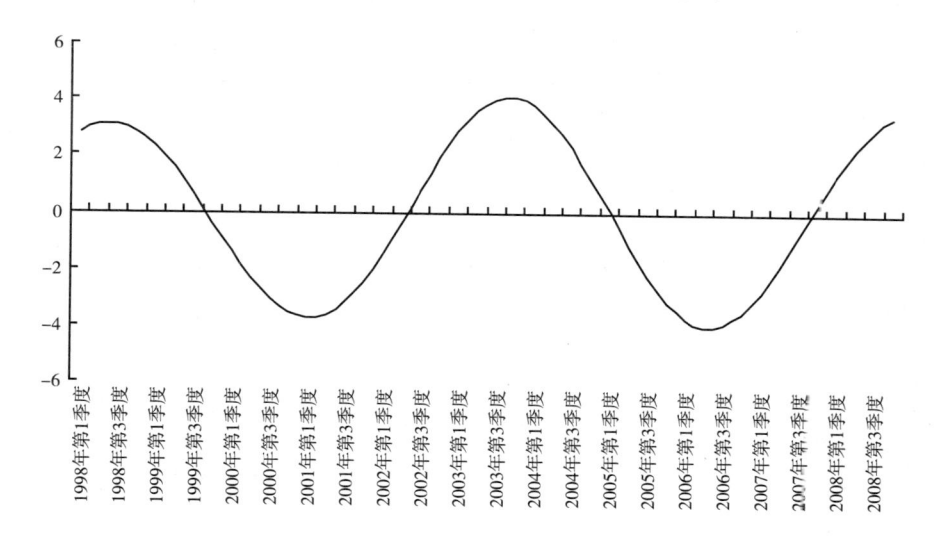

图 5-18 上海 5~6 年的房价周期

注：BP 滤波带通宽度为：$P_L = 18$，$P_U = 26$。

表 5-8 上海 5~6 年房价周期的划分

周期	上升阶段	波峰	下降阶段	波谷
周期 1	? ~1998Q2	1998Q3	1998Q4 ~ 2000 Q4	2001Q1
周期 2	2001Q2 ~ 2003Q3	2003Q4	2004Q1 ~ 2006Q1	2006Q2
周期 3	2006Q3 ~ ?			

2. 上海房地产实际供求周期

采用 HP 滤波法对上海住房供给的长期均衡值 S_t^e 进行估计，结果见图 5-19。

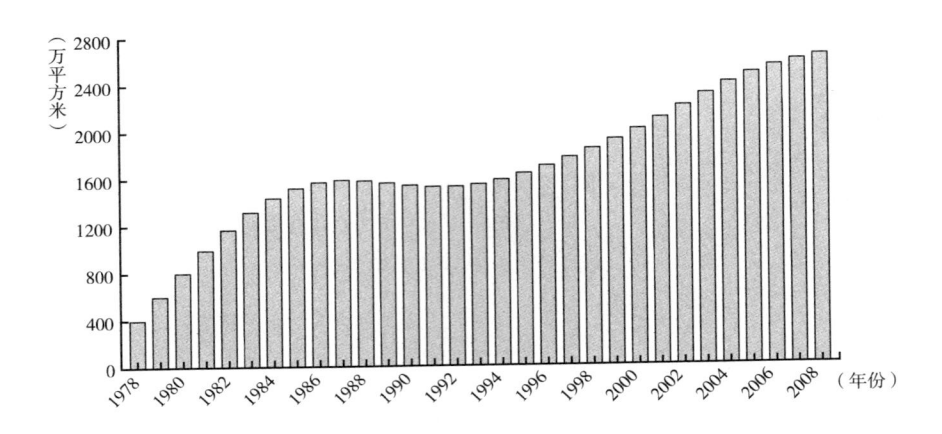

图 5-19　上海住房均衡供给演进路径

进而，笔者应用加法模型计算出上海住房实际供求缺口 S_t^g 及缺口率（见图 5-20，表 5-9）。

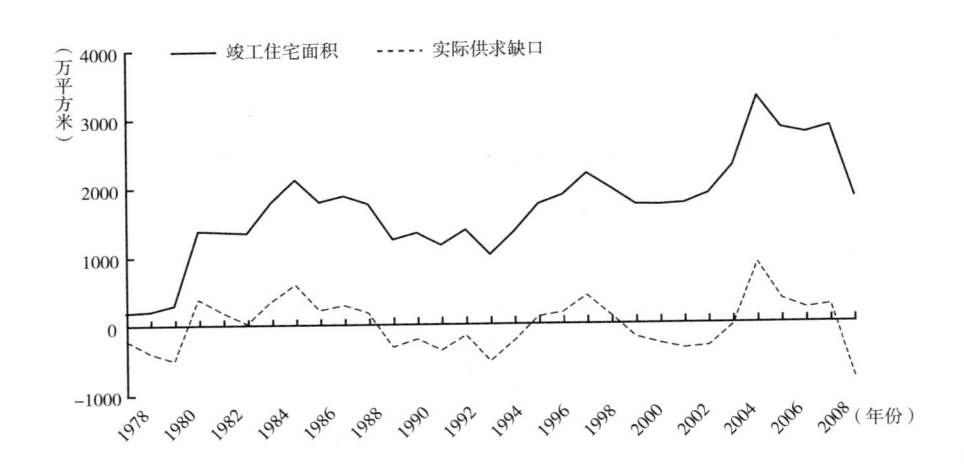

图 5-20　上海竣工住宅面积及实际供求缺口

表 5-9 上海历年住房实际供求状况测算

单位：万平方米，%

年份	供求均衡值	供求缺口	缺口率	年份	供求均衡值	供求缺口	缺口率
1978	396.30	-196.69	-49.63	1994	1577.00	-227.76	-14.44
1979	598.66	-382.67	-63.92	1995	1630.69	116.13	7.12
1980	799.06	-494.74	-61.92	1996	1694.93	177.72	10.49
1981	991.69	389.01	39.23	1997	1765.25	414.43	23.48
1982	1165.83	197.80	16.97	1998	1838.99	124.52	6.77
1983	1314.61	33.18	2.52	1999	1917.61	-186.06	-9.70
1984	1433.16	355.28	24.79	2000	2003.83	-279.81	-13.96
1985	1516.95	595.09	39.23	2001	2098.51	-354.61	-16.90
1986	1564.99	225.02	14.38	2002	2199.70	-319.20	-14.51
1987	1582.23	292.67	18.50	2003	2301.91	-21.12	-0.92
1988	1575.89	182.40	11.57	2004	2396.45	873.98	36.47
1989	1556.11	-309.53	-19.89	2005	2474.44	344.91	13.94
1990	1534.85	-195.83	-12.76	2006	2535.72	211.08	8.32
1991	1520.99	-360.38	-23.69	2007	2583.58	260.04	10.06
1992	1521.42	-142.24	-9.35	2008	2623.44	-800.68	-30.52
1993	1539.47	-521.93	-33.90				

自 20 世纪 80 年代中期以来，从绝对量看，上海住房实际供求缺口较大的年份为 1985 年（595.09 万平方米）、1993 年（-521.93 万平方米）、1997 年（414.43 万平方米）、2004 年（873.98 万平方米）、2008 年（-800.68 万平方米）。从相对量看，实际供求缺口率较大的年份 1985 年（39.23%）、1993 年（-33.90%）、2004 年（36.47%）、2008 年（-30.52%）。

对图 5-20 所示的住房供求缺口系列进行波谱分析，得到其谱密度估计（见图 5-21）。

谱密度图中出现 1 个周期长度为 10 年的主谱峰，表明存在长度为 10 年左右的住房实际供求周期，另外还出现了周期长度为 3.3 年和 2.3 年的 2 个次谱峰。[1]

---

[1] 由于时期较短，对 2.3 年和 3.3 年的次谱峰所可能对应的供求周期此处不作进一步分析。

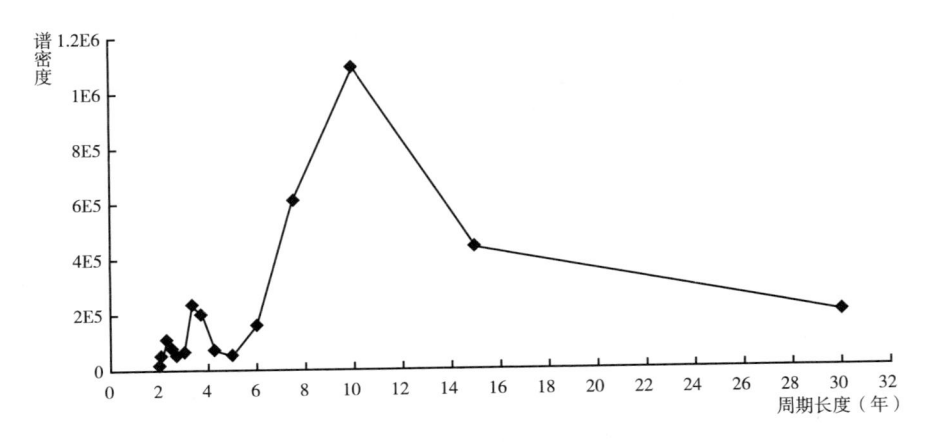

图 5-21 上海住房实际供求波动的谱密度估计

以 10 年为中心对上海实际供求缺口系列进行对称带宽的 BP 滤波，获得上海 10 年左右的住房实际供求周期曲线（见图 5-22）。

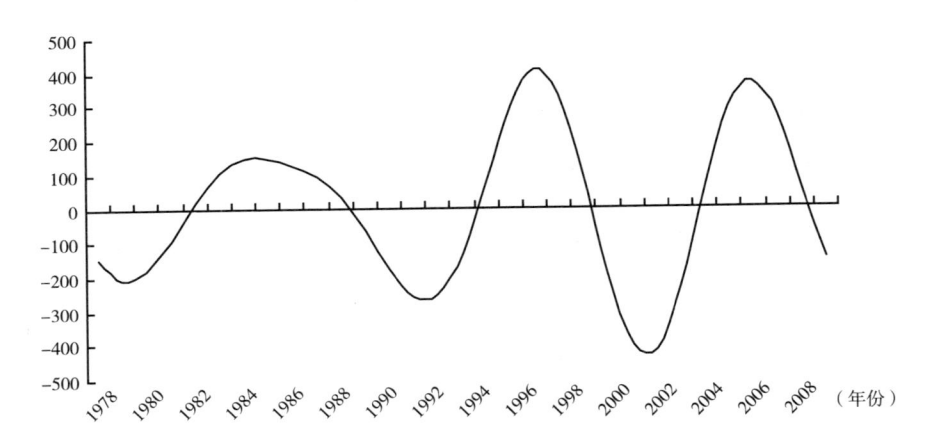

图 5-22 上海 10 年左右的住房实际供求周期

注：BP 滤波带通宽度为（$P_L=7$，$P_U=13$）。

在图 5-22 中，根据周期曲线与图中代表均衡线的零轴虚线的相对位置，上海住房实际供求周期可分为 4 个周期，其中包含 2 个完整的周期（1989~2003 年）。每个周期又包含相邻的一个短缺阶段和一个过剩阶段，4 个周期总共包含过剩与短缺相互交替的 7 个阶段（见表 5-10）。

表 5-10　上海 10 年左右住房实际供求周期的划分

周期	短缺阶段	均衡年份	过剩阶段	均衡年份
周期 1	1978~1981	1982	1983~1987	1988
周期 2	1989~1993	1994	1995~1997	1998
周期 3	1999~2002	2003	2004~2006	2007
周期 4	2008~?			

3. 上海房地产开发投资周期

由于数据的时间趋势性较显著，本文首先对上海房地产开发投资数据用 HP 滤波进行去除趋势处理，结果如图 5-23 所示。

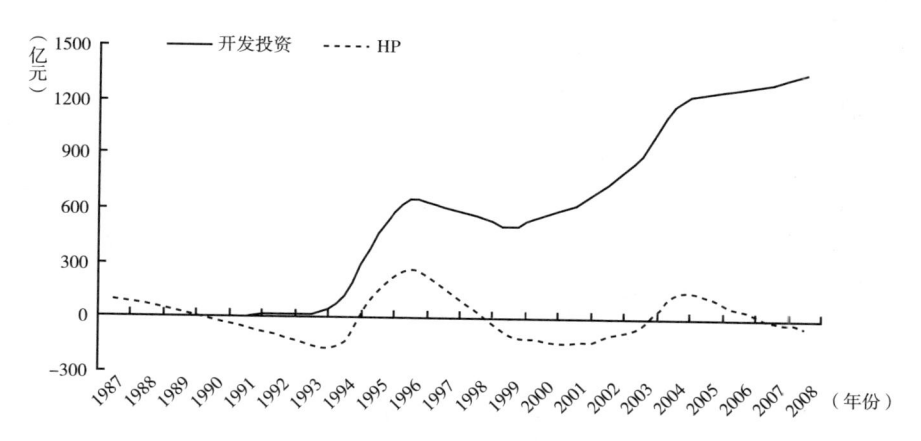

图 5-23　上海房地产开发投资及 HP 滤波结果

在此基础上，本文对经 HP 滤波处理的上海房地产开发投资系列作谱密度估计，结果见图 5-24。

从图 5-24 看，上海房地产开发投资波动系列的谱密度在周期长度为 7.3 年处出现显著的谱峰，表明存在 7.3 年左右的房地产开发投资周期。进一步以 7.3 年为中心对经 HP 滤波处理的上海房地产开发投资系列进行对称带宽的 BP 滤波，获得 7.3 年左右的上海房地产开发投资周期曲线（见图 5-25）。

由波谷—波谷计算，其共存在 3 个 7.3 年左右的房地产开发投资周

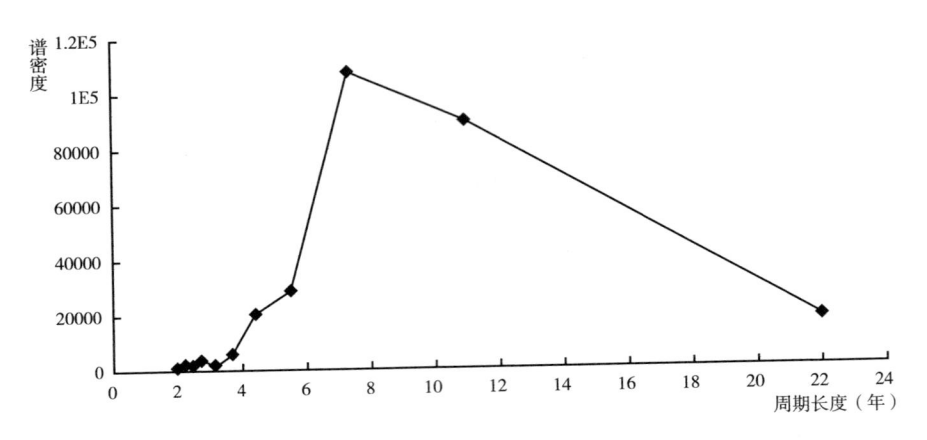

图 5-24 上海房地产开发投资波动的谱密度估计

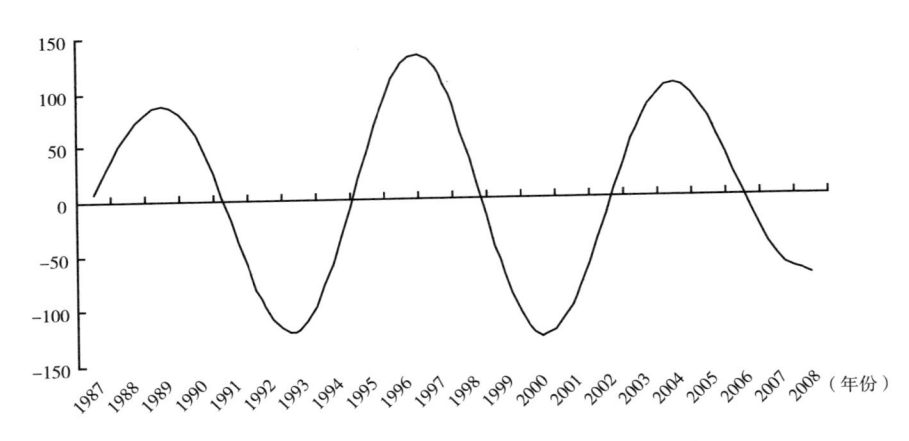

图 5-25 上海 7.3 年左右房地产开发投资周期

注：BP 滤波带通宽度为 ($P_L = 5.3$，$P_U = 9.3$)。

期，其中包括 1 个完整的周期（1994~2000 年），具体阶段划分见表 5-11。

表 5-11 上海 7.3 年左右房地产开发投资周期的阶段划分

周期	上升年份	波峰年份	下降年份	波谷年份
周期 1	?~1988	1989	1990~1992	1993
周期 2	1994~1995	1996	1997~1999	2000
周期 3	2001~2003	2004	2005~?	

（三）广州房地产周期

1. 广州房地产价格周期

笔者首先对广州房屋销售价格指数进行 HP 滤波处理以剔除其中的趋势成分，得图 5-26。

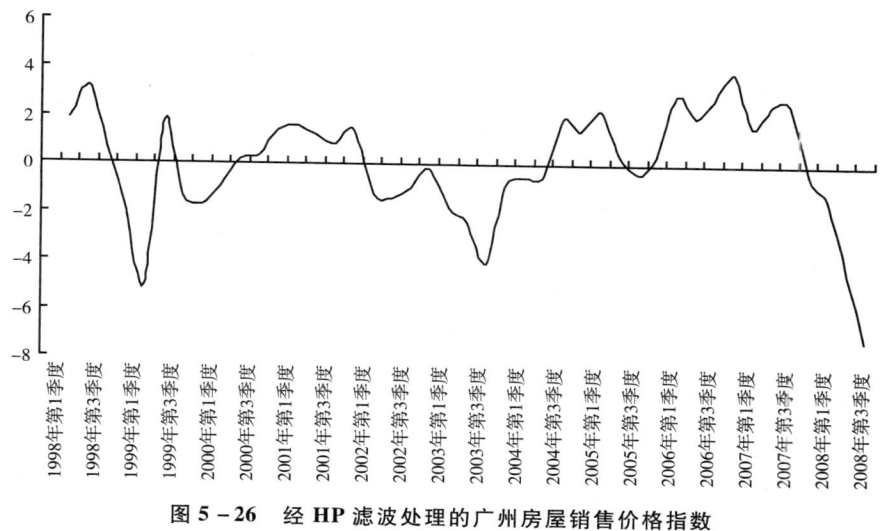

图 5-26　经 HP 滤波处理的广州房屋销售价格指数

在此基础上，对经 HP 滤波处理的广州房屋销售价格指数进行谱密度分析以辨别其周期性，得其谱密度估计（见图 5-27）。

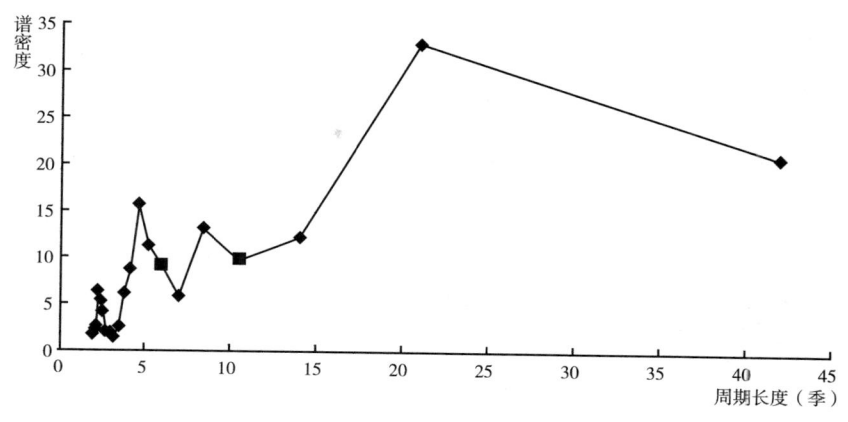

图 5-27　广州房屋价格指数波动的谱密度估计

从图 5-27 可见，广州房价存在周期长度为 21 季的主谱峰及 8.4 季、4.6 季的次谱峰，表明存在 5~6 年的房价短周期。[①] 根据谱分析所获得的先验周期长度，以 21 季为中心对经 HP 滤波处理的广州房屋销售价格指数进行对称带宽的 BP 滤波，获得广州 5~6 年的房价周期曲线（见图 5-28）。

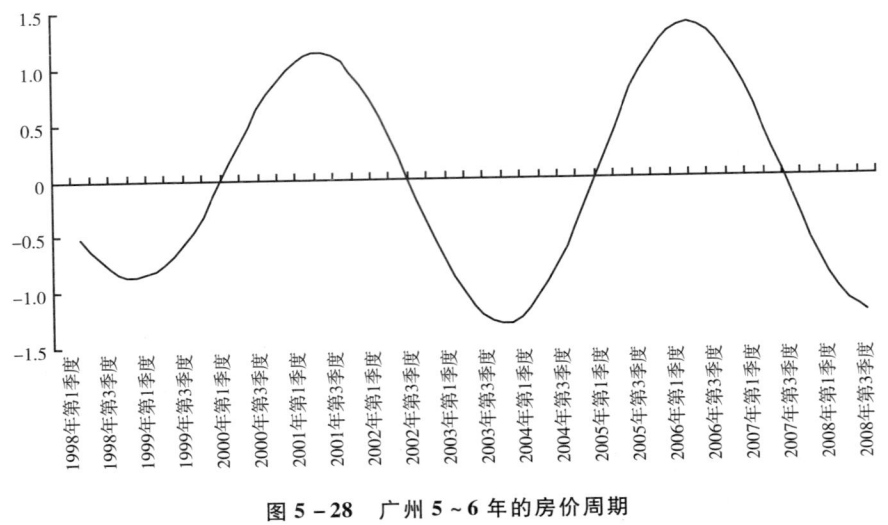

图 5-28　广州 5~6 年的房价周期

注：BP 滤波带通宽度为：$P_L = 17$，$P_U = 25$。

从图 5-28 广州 5~6 年的房价周期看，根据谷—谷的划分方法，在分析期内存在 3 个周期（见表 5-12），其中包含一个完整的周期（1999 年第 2 季度至 2004 年第 1 季度），从 2004 年第 2 季度开始的新一轮短周期，于 2006 年第 3 季度到达波峰后，目前正处于下降阶段，波谷尚未显示。

表 5-12　广州 5~6 年房价周期的划分

周期	上升阶段	波峰	下降阶段	波谷
周期 1			? ~1998Q4	1999Q1
周期 2	1999Q2~2001Q2	2001Q3	2001Q4~2003Q3	2004Q1
周期 3	2004Q2~2006Q2	2006Q3	2006Q4~?	

[①] 8.4 季和 4.6 季的谱峰由于频率较高，理论及现实意义较小，此处不做进一步分析。

2. 广州房地产实际供求周期

采用 HP 滤波法对广州住房供给的长期均衡值 S_t^e 进行估计，结果见图 5-29。

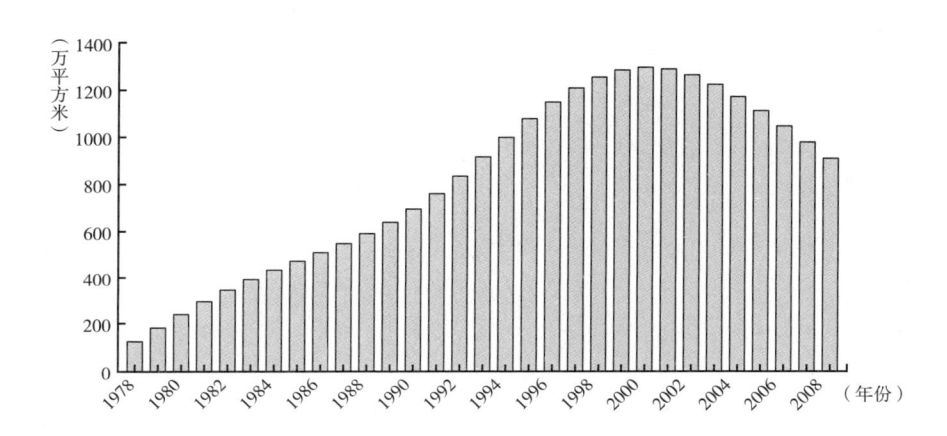

图 5-29　广州住房均衡供给演进路径

在此基础上应用式（5.12）加法模型计算出广州住房实际供求缺口 S_t^g 及缺口率（见图 5-30，表 5-13）。

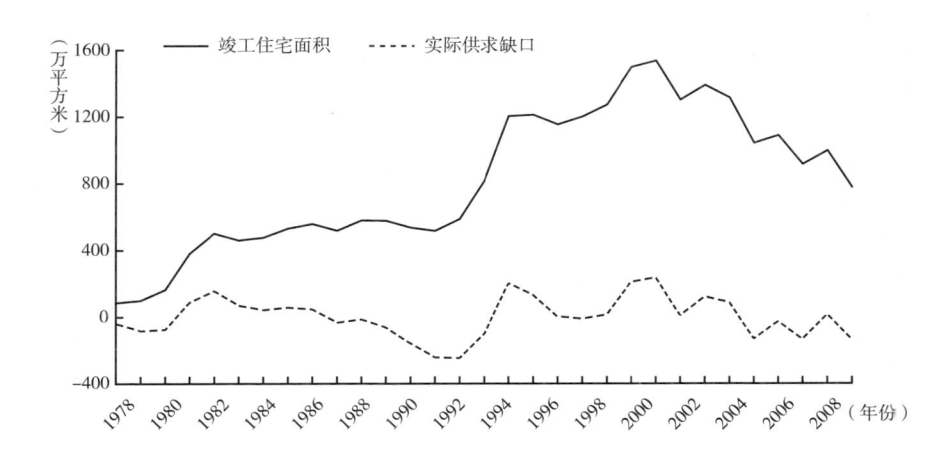

图 5-30　广州竣工住宅面积及实际供求缺口

表 5-13　广州历年住房实际供求状况测算

单位：万平方米，%

年份	供求均衡值	供求缺口	缺口率	年份	供求均衡值	供求缺口	缺口率
1978	124.33	-39.51	-31.78	1994	1001.96	202.96	20.26
1979	181.46	-82.73	-45.59	1995	1081.15	131.69	12.18
1980	238.19	-74.86	-31.43	1996	1152.19	3.18	0.28
1981	293.31	87.94	29.98	1997	1212.42	-9.70	-0.80
1982	344.84	157.05	45.54	1998	1259.20	15.92	1.26
1983	391.69	69.25	17.68	1999	1289.79	211.43	16.39
1984	434.33	42.60	9.81	2000	1301.63	237.80	18.27
1985	473.95	57.38	12.11	2001	1294.24	10.04	0.78
1986	512.14	46.96	9.17	2002	1269.54	123.12	9.70
1987	551.06	-32.94	-5.98	2003	1229.56	87.69	7.13
1988	593.37	-13.81	-2.33	2004	1177.54	-131.96	-11.21
1989	641.37	-62.76	-9.78	2005	1117.61	-26.13	-2.34
1990	697.23	-159.87	-22.93	2006	1052.57	-134.52	-12.78
1991	762.50	-245.10	-32.14	2007	984.96	16.47	1.67
1992	837.13	-249.10	-29.76	2008	916.00	-136.40	-14.89
1993	918.62	-102.10	-11.11				

20世纪90年代以来，从实际供求缺口绝对量看，广州住房供求缺口较大的年份为1991年（-245.1万平方米）、1992年（-249.1万平方米）、1994年（202.96万平方米）、1999年（211.43万平方米）和2000年（237.8万平方米）。从实际供求缺口相对量看，缺口率较大的年份有1990年（-22.93%）、1991年（-32.14%）、1992年（-29.76%）、1994年（20.26%）和2000年（18.27%）。1990~1995年为住房实际供求波动最剧烈的时期，各年缺口率绝对值均在10%以上，其中1991年为-32.14%、1992年为-29.76%，缺口率绝对值在20%以上。1993~1994年缺口率由-11.11%到20.26%，正负落差也在30%以上。1996年以后住房实际供求波动有所缓和，但1999、2000年又出现较大的过剩缺口。

为准确测度广州住房实际供求波动的周期，对图 5-30 广州住房实际供求缺口系列进行波谱分析，得其谱密度估计（见图 5-31）。

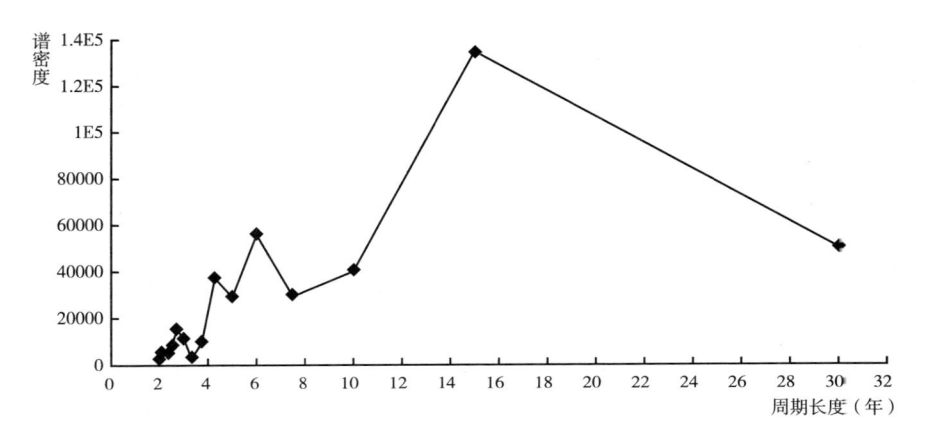

图 5-31 广州住房实际供求波动的谱密度估计

谱密度图中在周期长度为 15 年及 6 年处出现 2 个较明显的谱峰，表明广州存在长度为 15 年和 6 年左右的住房实际供求周期。

（1）广州 15 年左右的住房实际供求周期

以 15 年为中心对供求缺口系列进行对称带宽的 BP 滤波处理，获得广州 15 年左右的住房实际供求周期曲线（见图 5-32）。

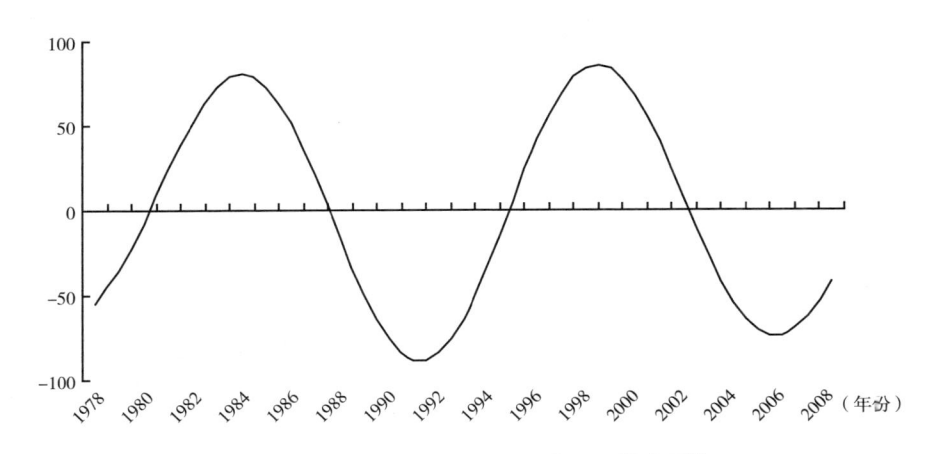

图 5-32 广州 15 年左右的住房实际供求周期

注：BP 滤波带通宽度为：$P_L = 12$，$P_U = 18$。

在图 5-32 中，根据周期曲线与代表均衡线的零轴虚线的相对位置，发现分析期内广州住房实际供求可划分为 3 个周期，其中包含一个完整的周期（1989~2002 年）。由于每个周期又包含相邻的一个短缺阶段和一个过剩阶段，3 个周期总共包含过剩与短缺相互交替的 5 个阶段（见表 5-14）。

表 5-14 广州 15 年左右住房实际供求周期的划分

周期	短缺阶段	均衡年份	过剩阶段	均衡年份
周期一	1978~1979	1980	1981~1987	1988
周期二	1989~1994	1995	1996~2001	2002
周期三	2003~?			

（2）广州 6 年左右住房实际供求周期

以 6 年为中心对供求缺口系列进行对称带宽的 BP 滤波处理，获得 6 年左右的广州住房实际供求周期曲线（见图 5-33）。

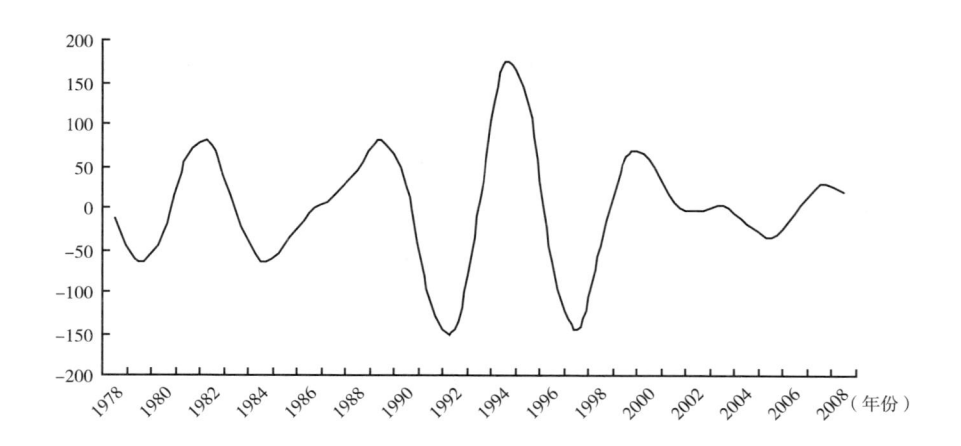

图 5-33 广州 6 年左右的住房实际供求周期

注：BP 滤波带通宽度为：$P_L = 4$，$P_U = 8$。

在图 5-33 中，存在 5 个 6 年左右的住房实际供求周期（见表 5-15）。

表 5-15　广州 6 年左右的住房实际供求周期的划分

周期	短缺阶段	均衡年份	过剩阶段	均衡年份
周期 1	1978~1979	1980	1981~1982	1983
周期 2	1984~1985	1986	1987~1989	1990
周期 3	1991~1992	1993	1994~1995	1996
周期 4	1997	1998	1999~2000	2001~2003
周期 5	2004~2005	2006	2007~2008	?

3. 广州房地产开发投资周期

首先对广州房地产开发投资数据用 HP 滤波进行去除趋势处理，结果见图 5-34。

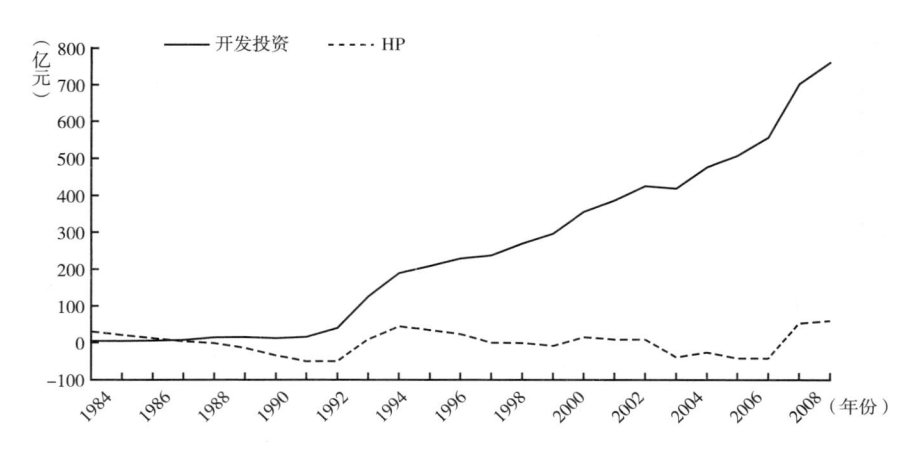

图 5-34　广州房地产开发投资及 HP 滤波结果

进而对经 HP 滤波处理的广州房地产开发投资系列进行谱密度估计，结果见图 5-35。

从图 5-35 的谱密度估计看，广州房地产开发投资波动系列在周期长度为 12 年处出现显著的谱峰，表明存在 12 年左右的房地产开发投资周期。进一步以 12 年为中心对经 HP 滤波的广州房地产开发投资系列进行对称带宽的 BP 滤波，获得 12 年左右的广州房地产开发投资周期曲线（见图 5-36）。

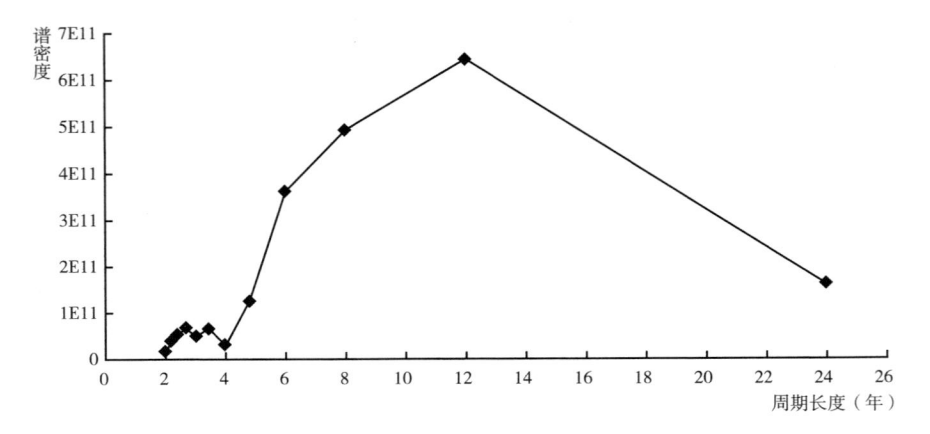

图 5-35　广州房地产开发投资波动的谱密度估计

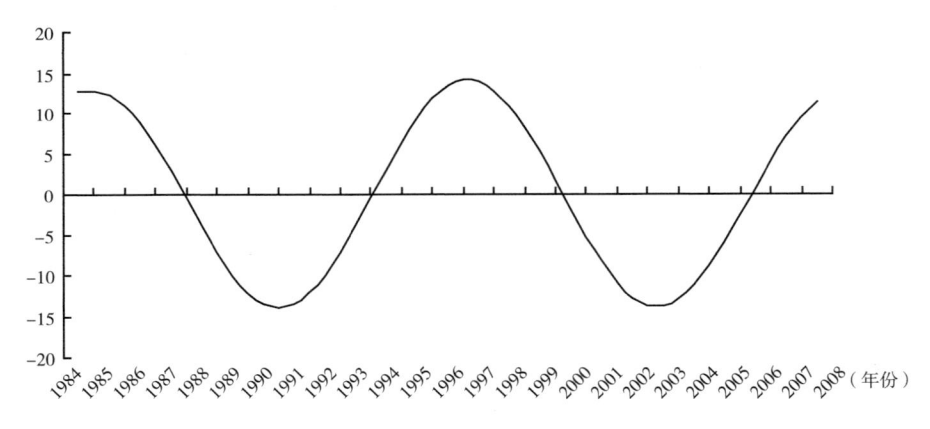

图 5-36　广州 12 年左右的房地产开发投资周期

注：BP 滤波带通宽度为：$P_L=10$，$P_U=14$。

从图 5-36 可见，根据谷—谷划分标准，分析期共存在 3 个 12 年左右的房地产开发投资周期，其中包括 1 个完整的周期（1992~2003 年），具体阶段划分见表 5-16。

表 5-16　广州 12 年左右的房地产开发投资周期的阶段划分

周期	上升阶段	波峰年份	下降阶段	波谷年份
周期 1			?~1990	1991
周期 2	1992~1996	1997	1998~2002	2003
周期 3	2004~?			

(四) 深圳房地产周期

1. 深圳房地产价格周期

首先对深圳房屋销售价格指数进行 HP 滤波处理以剔除其中的趋势成分，得图 5-37。

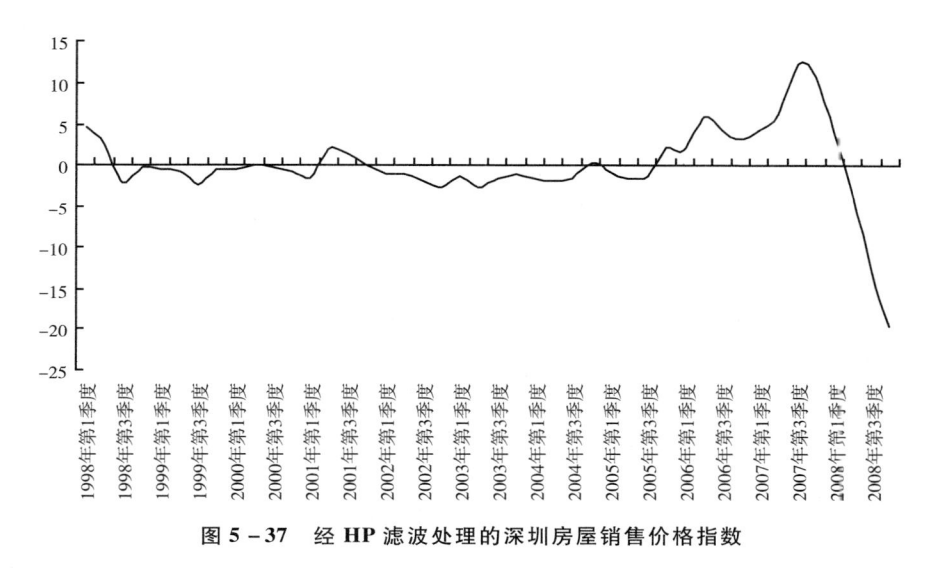

图 5-37 经 HP 滤波处理的深圳房屋销售价格指数

在去除趋势的基础上，对经 HP 滤波处理的深圳房屋销售价格指数进行谱密度分析以辨别其周期性，得其谱密度估计（见图 5-38）。

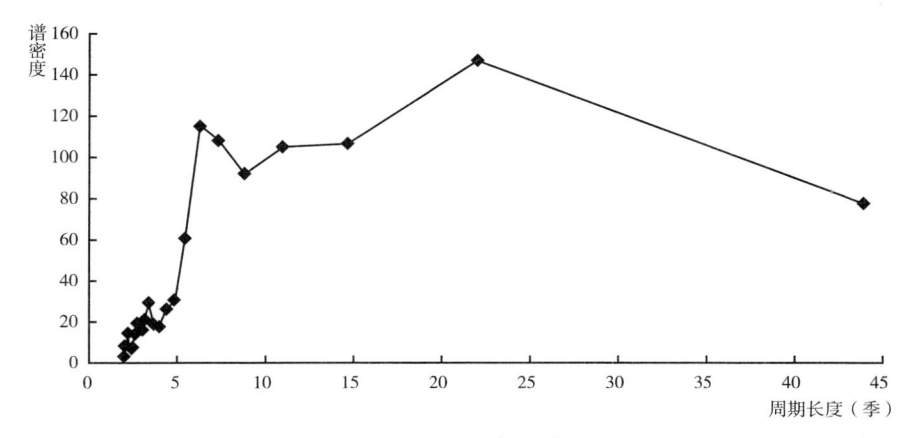

图 5-38 深圳房屋价格指数波动的谱密度估计

从图 5-38 可见，深圳房屋价格指数波动系列在 22 季有一个主谱峰，在 6.3 季处有 1 个次谱峰，表明深圳存在 5~6 年的房价周期以及 1~2 年的短期波动。根据谱分析所获得的先验周期长度，以 22 季为中心对经 HP 滤波处理的深圳房屋销售价格指数进行对称带宽的 BP 滤波，获得 5~6 年的深圳房价周期曲线（见图 5-39）。

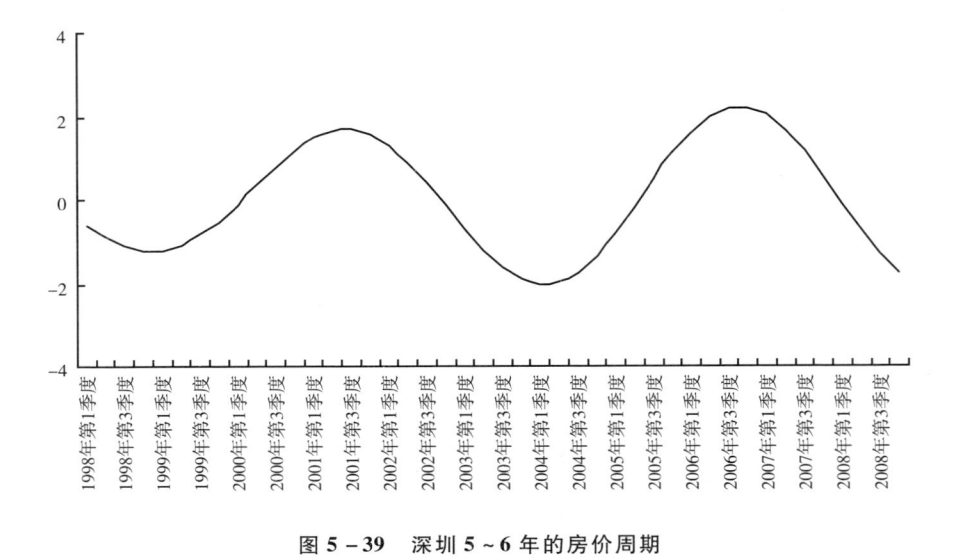

图 5-39 深圳 5~6 年的房价周期

注：BP 滤波带通宽度为：$P_L = 18$，$P_U = 26$。

从图 5-39 深圳 5~6 年的房价周期看，根据谷—谷的划分方法，在分析期内存在 3 个周期（见表 5-17），其中包含 2 个相对完整的周期，即从 1999 年第 1 季度到 2004 年第 1 季度的周期，以及从 2004 年第 2 季度开始，于 2006 年第 4 季度到达波峰后目前正处于下降阶段的新一轮周期。

表 5-17 深圳 5~6 年房价周期的划分

周期	上升阶段	波峰年份	下降阶段	波谷年份
周期 1			? ~1998Q3	1998Q4
周期 2	1999Q1~2001Q2	2001Q3	2001Q4~2003Q3	2004Q1
周期 3	2004Q2~2006Q3	2006Q4	2007Q1~?	

2. 深圳房地产实际供求周期

首先采用 HP 滤波法对深圳住房供给的长期均衡值 S_t^e 进行估计,得出深圳住房均衡供给演进路径(见图 5-40)。

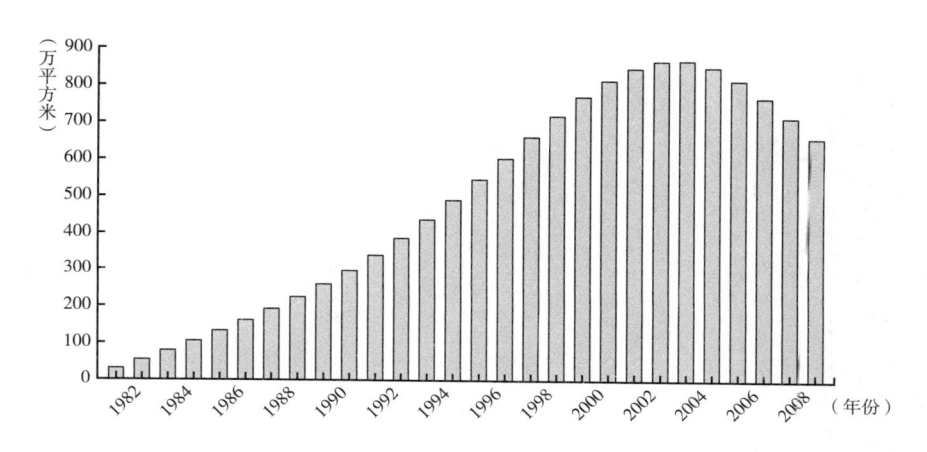

图 5-40 深圳住房均衡供给演进路径

在此基础上本文应用式(5.12)的加法模型求得深圳住房实际供求缺口 S_t^g 及缺口率,如图 5-41 及表 5-18 所示。

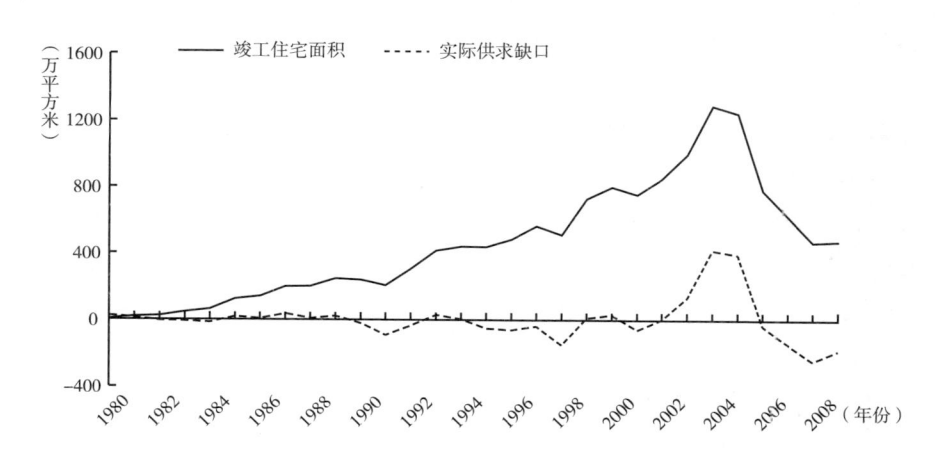

图 5-41 深圳竣工住宅面积及实际供求缺口

表 5-18 深圳历年住房实际供求状况测算

单位：万平方米，%

年份	供求均衡值	供求缺口	缺口率	年份	供求均衡值	供求缺口	缺口率
1981	30.12	-6.71	-22.28	1995	546.01	-60.78	-11.13
1982	54.56	-8.99	-16.48	1996	603.70	-37.84	-6.27
1983	79.85	-17.43	-21.82	1997	661.85	-149.61	-22.61
1984	106.16	17.60	16.58	1998	718.67	10.81	1.50
1985	133.52	5.79	4.34	1999	770.86	29.74	3.86
1986	162.10	35.05	21.62	2000	815.21	-59.62	-7.31
1987	192.16	6.93	3.61	2001	848.84	3.74	0.44
1988	224.29	20.81	9.28	2002	868.25	131.94	15.20
1989	259.15	-22.17	-8.56	2003	869.99	420.62	48.35
1990	297.62	-92.85	-31.20	2004	851.93	393.66	46.21
1991	340.36	-35.19	-10.34	2005	816.14	-34.60	-4.24
1992	387.07	29.24	7.55	2006	768.62	-141.31	-18.38
1993	437.13	3.23	0.74	2007	715.04	-243.74	-34.09
1994	490.22	-51.39	-10.48	2008	659.65	-181.19	-27.47

从实际供求缺口绝对量看，深圳住房供求缺口较大的年份为 2003 年（420.62 万平方米）、2004 年（393.66 万平方米）、2007 年（-243.74 万平方米）和 2008 年（-181.19 万平方米）。从实际供求缺口相对量看，缺口率较大的年份有 1990 年（-31.20%）、2003 年（48.35%）、2004 年（46.21%）和 2007 年（-34.09%），这也从一个侧面解释了为什么在 2003 年和 2004 年上海房价出现一波快速上涨，而同期深圳房地产市场房价却相对平稳。2002~2008 年为深圳住房实际供求波动最剧烈的时期，除 2005 年仅为 -4.24% 以外，其他各年缺口率绝对值均在 15% 以上。

为进一步识别深圳住房实际供求周期，对图 5-41 所示的深圳住房供求缺口系列进行波谱分析，得到其谱密度估计（见图 5-42）。

从图 5-42 谱密度估计可知，深圳住房实际供求存在 10 年左右的周期。以 10 年为中心对深圳住房供求缺口系列进行对称带宽的 BP 滤波，求得深圳 10 年左右的住房实际供求周期曲线（见图 5-43）。

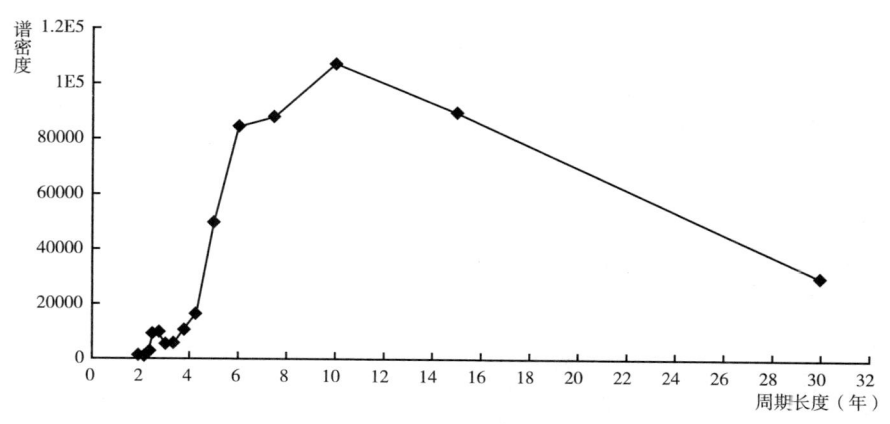

图 5-42　深圳住房实际供求波动的谱密度估计

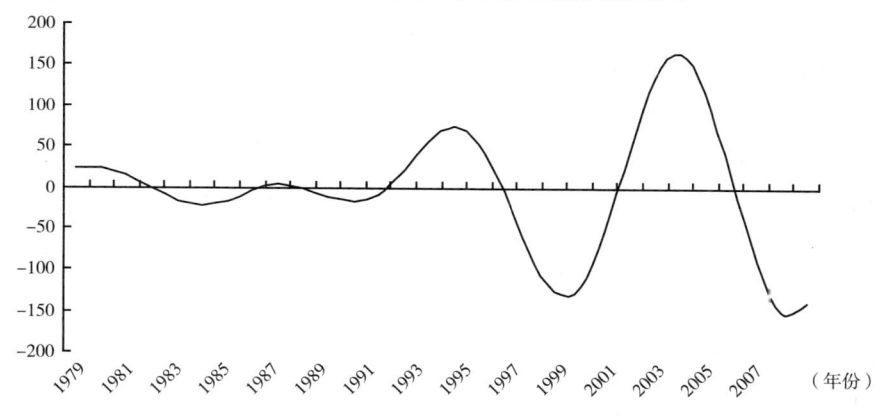

图 5-43　深圳 10 年左右的住房实际供求周期

注：BP 滤波带通宽度为：$P_L=7$，$P_U=13$。

从图 5-43 可见，在 1988 年以前深圳住房实际供求的波动性并不显著，没有出现明显的短缺与过剩的交替。从 1989 年开始，将 2 个相邻的短缺/过剩阶段作为 1 个周期的划分方式，深圳住房实际供求可划分为 3 个周期，其中包含 2 个完整的周期（1989~1996 年及 1997~2005 年）。各周期阶段具体见表 5-19。

表 5-19　深圳 10 年左右的住房实际供求周期的划分

周期	短缺阶段	均衡年份	过剩阶段	均衡年份
周期 1	1989~1991	1992	1993~1995	1996
周期 2	1997~2000	2001	2002~2004	2005
周期 3	2006~？			

3. 深圳房地产开发投资周期

首先对深圳房地产开发投资数据用 HP 滤波进行去除趋势处理，结果见图 5-44。

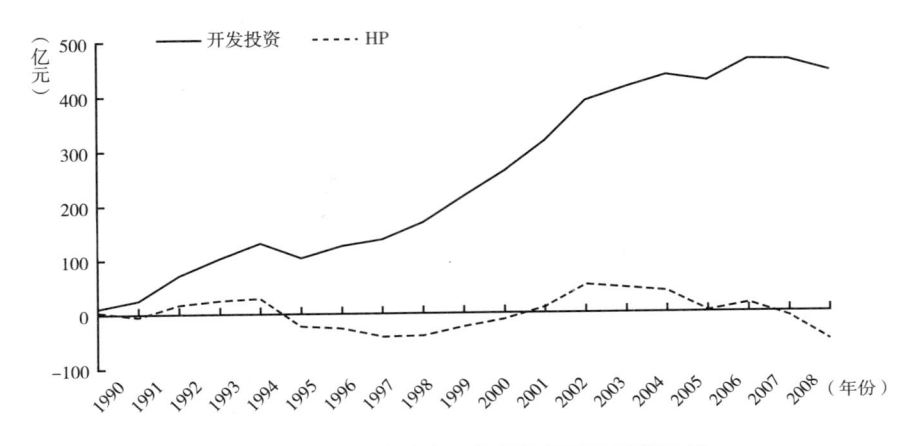

图 5-44 深圳房地产开发投资及 HP 滤波结果

进一步对经 HP 滤波处理的深圳房地产开发投资系列进行谱密度估计以寻找其中隐含的周期分量，结果见图 5-45。

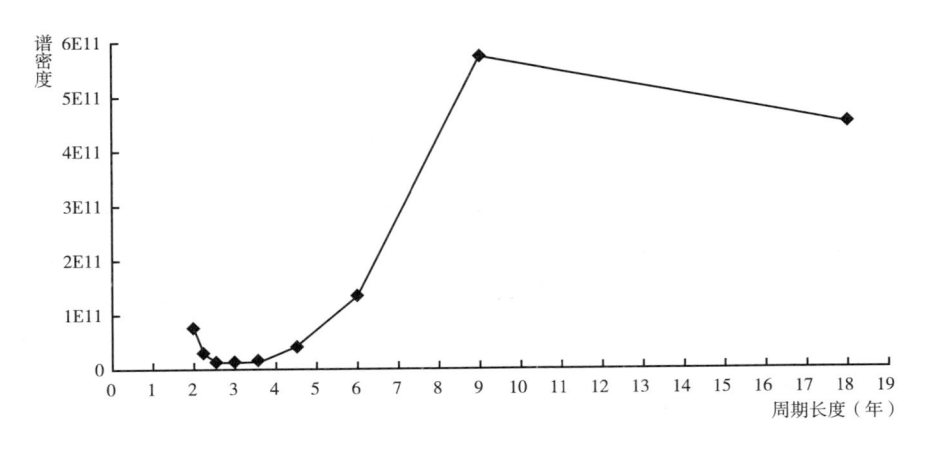

图 5-45 深圳房地产开发投资波动的谱密度估计

在图 5-45 中，周期长度在 9 年处出现 1 个谱峰，表明深圳存在 9 年左右的房地产开发投资周期。以 9 年为中心对经 HP 滤波处理的深圳房地产开发投资进行对称带宽的 BP 滤波，获得 9 年左右的深圳房地产开发投资周期曲线（见图 5-46）。

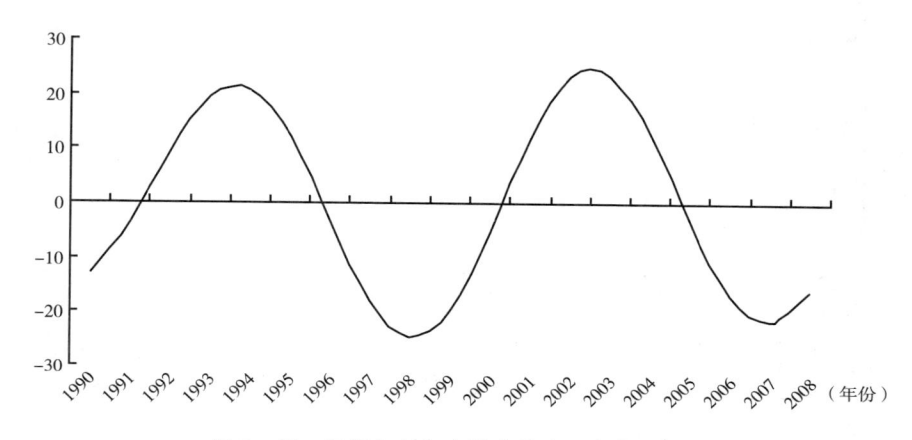

图 5-46 深圳 9 年左右的房地产开发投资周期

注：BP 滤波带通宽度为：$P_L = 7$，$P_U = 11$。

由谷—谷计算，分析期存在 2 个较为完整的房地产开发投资周期，目前正开始进入第 3 个周期，具体周期见表 5-20。

表 5-20 深圳 9 年左右的房地产开发投资周期的阶段划分

周期	上升阶段	波峰年份	下降阶段	波谷年份
周期 1	1990~1993	1994	1995~1997	1998
周期 2	1999~2002	2003	2004~2006	2007
周期 3	2008~？			

四 4 城市房地产周期的简单比较

（一）房地产价格周期比较

为便于比较，将 4 个城市经 HP 滤波处理的房价指数谱密度估计并列表示（见图 A5-1，第 139~140 页）。将 4 个城市经 BP 滤波处理求得的 5~6 年的房价周期曲线绘于同一图中（见图 5-47）。

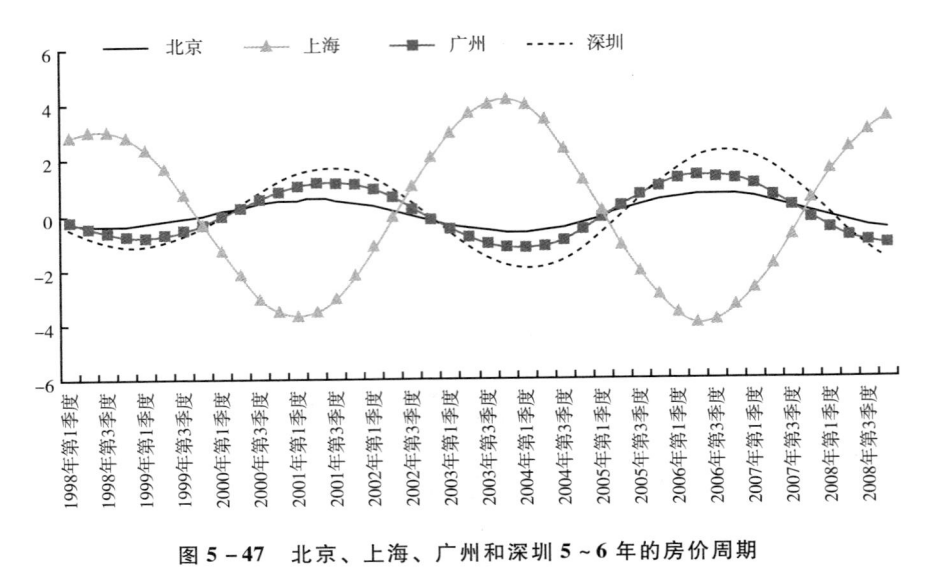

图 5-47　北京、上海、广州和深圳 5~6 年的房价周期

注：除广州的 BP 滤波带通宽度为：$P_L = 17$，$P_U = 25$ 外，其他城市均为：$P_L = 18$，$P_U = 26$。

从图 A5-1 可见，4 个城市房价谱密度图在周期长度为 5~6 年处均出现了谱峰，表明都可能存在 5~6 年的房价周期。特别是广州、深圳与上海 5~6 年的谱峰非常显著，但北京 5~6 年的显著性相对较弱。从谱图的形态看，深圳与广州非常相似，表明这两个城市房价无论是短周期还是其他短期波动的相关性都很强。而北京谱图形态则与其他 3 个城市差异较大。此外，北京与广州房价的短期波动性较强，而上海与深圳则较弱。

从图 5-47 可见，北京、广州及深圳之间 5~6 年房价周期的时差很小，房价周期接近同步。但上海 5~6 年房价周期与其他 3 城市的时差较大，上海房价周期的波峰几乎和 3 城市的波谷相对应，形成接近背离的走势。

（二）房地产实际供求周期比较

将 4 个城市住房实际供求缺口系列的谱密度估计并列（见图 A5-2，第 141~143 页），将 4 个城市 10~15 年的住房实际供求周期曲线绘于同一图中（见图 5-48）。

从图 A5-2 可见，4 个城市中，北京、广州的住房实际供求谱密度图的主谱峰出现在周期长度为 15 年处，上海、深圳则出现在周期长度为 10

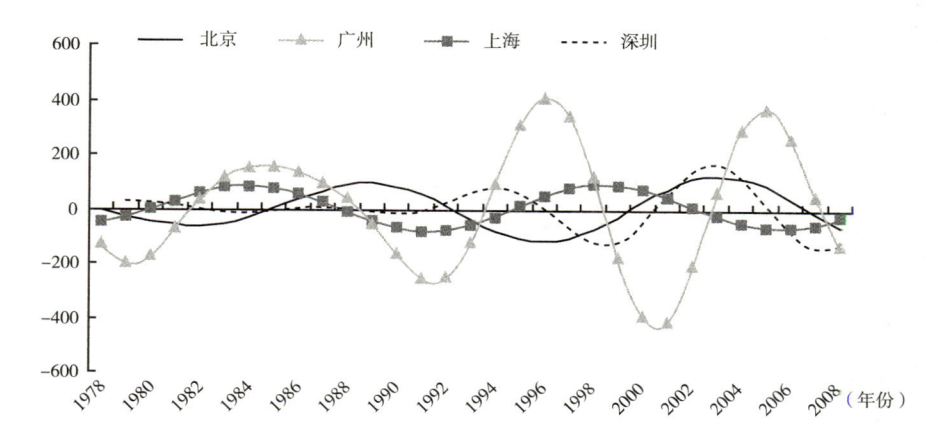

图 5-48 北京、上海、广州和深圳 10~15 年的住房实际供求周期

注：BP 滤波带通宽度：北京为 $P_L=12$，$P_U=18$；上海为 $P_L=7$，$P_U=13$；广州为 $P_L=12$，$P_U=18$；深圳为 $P_L=7$，$P_U=13$。

年处，表明 4 个城市周期长度存在差异。此外，广州的短期波动性也较其他城市强，在 6 年、4.3 年和 2.7 年处均出现了次谱峰，而上海和北京仅在 3.3 年处有一个较为明显的次谱峰，深圳没有明显的次谱峰。

从图 5-48 可见，4 城市的峰谷都不同步。除了有周期长度差异的原因外，在可比较性较强的北京与广州之间、上海与深圳之间住房实际供求周期也均存在较大的时差，其峰谷基本不同步。

（三）房地产开发投资周期比较

将 4 个城市经 HP 滤波处理的房地产开发投资谱密度估计并列表示（见图 A5-3，第 142~143 页）。将上海、广州、深圳 3 个城市经 BP 滤波求得的 7~12 年的房地产开发投资周期曲线绘于同一图中，见图 5-49。①

从图 A5-3 可见，4 个城市房地产开发投资谱密度图的主谱峰各不相同。上海、广州和深圳主谱峰分别出现在周期长度为 7.3 年、12 年和 9 年处，而北京则没有出现明显的主谱峰，或者说北京房地产开发投资没有显著的周期性。从图 5-49 可见，上海、深圳、广州 3 个城市房地产开发投资周期的峰谷都不同步。

---

① 北京房地产开发投资由于没有显著的周期性而未列入。

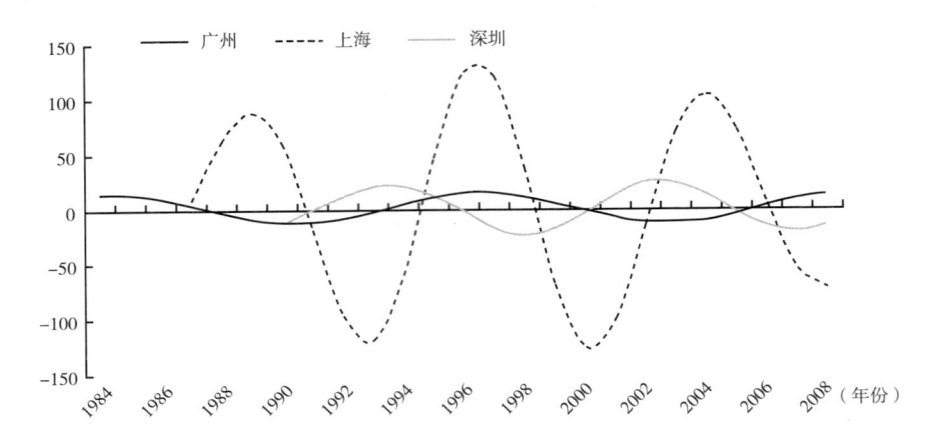

图 5-49　上海、深圳与广州的 7~12 年的房地产开发投资周期

注：BP 滤波带通宽度：广州为 $P_L=10$，$P_U=14$；上海为 $P_L=5.3$，$P_U=9.3$；深圳为 $P_L=7$，$P_U=11$。

五　本章小结

本章综合利用波谱分析及 HP 滤波、BP 滤波等方法，对我国北京、上海、广州和深圳 4 个房地产一线城市的房地产价格、实际供求与开发投资周期作了测度和阶段划分，分析结果如下。

第一，北京存在 5~6 年及 3 年左右的房地产价格周期、15 年左右的住房实际供求周期，但房地产开发投资不存在明显的周期。

上海存在 5~6 年的房地产价格周期、10 年左右的住房实际供求周期和 7 年左右的房地产开发投资周期。

广州存在 5~6 年的房地产价格周期、15 年左右及 6 年左右的住房实际供求周期、12 年左右的房地产开发投资周期。

深圳存在 5~6 年的房地产价格周期、10 年左右的住房实际供求周期和 9 年左右的房地产开发投资周期。

第二，通过对 4 个城市房地产价格周期分析结果的简单比较发现：

4 个城市都存在 5~6 年的房地产价格周期，但从谱密度看，广州、深圳和上海 5~6 年的房地产价格周期非常显著，而北京 5~6 年的房地产价格周期显著性则相对较弱。

从谱图的形态比较发现，深圳与广州 2 城市房价无论是短周期还是其他短期波动的相关性都很强。而北京谱图形态则与其他 3 个城市差异较大，此外，北京与广州房价的短期波动性较强，而上海与深圳则较弱。

从峰谷对应看，北京、广州及深圳之间在 5~6 年房地产价格周期上的时差很小，房地产价格周期接近同步，但上海 5~6 年房价周期与其他 3 个城市的时差较大，上海房价周期的波峰几乎和其他 3 个城市的波谷相对应。

第三，通过对 4 个城市住房实际供求周期分析结果的简单比较发现：

从住房实际供求周期差异看，北京、广州的住房实际供求周期长度约为 15 年，上海、深圳周期长度约为 10 年。

广州住房实际供求的短期波动性也较其他城市强，在 6 年、4.3 年和 2.7 年处均出现了次谱峰，而上海与北京仅在 3.3 年处有一个较明显的次谱峰，深圳没有明显的次谱峰。

4 个城市住房实际供求周期的峰谷都不同步。

通过对 4 个城市房地产开发投资周期分析结果的简单比较还发现，上海、广州和深圳分别存在周期长度约为 7 年、12 年和 9 年的房地产开发投资周期，并且有 3 个城市房地产开发投资周期的峰谷都不同步，北京房地产开发投资没有发现存在显著的周期性。

附　录

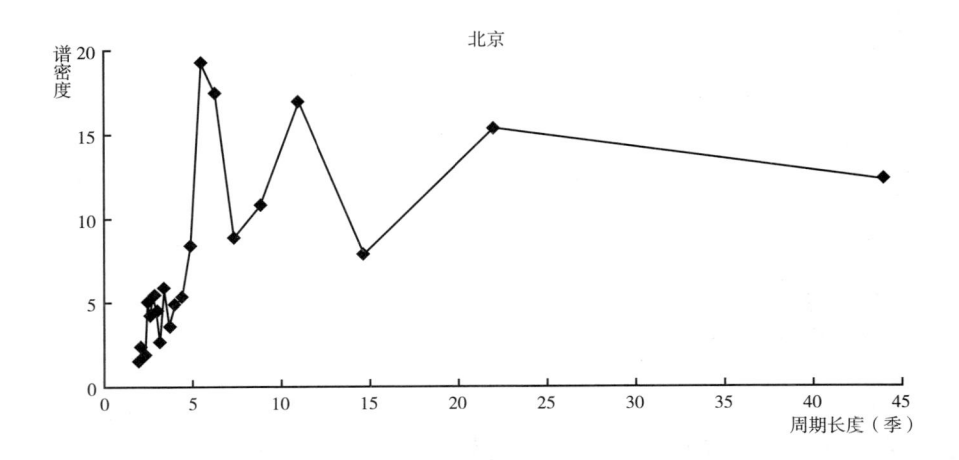

北京

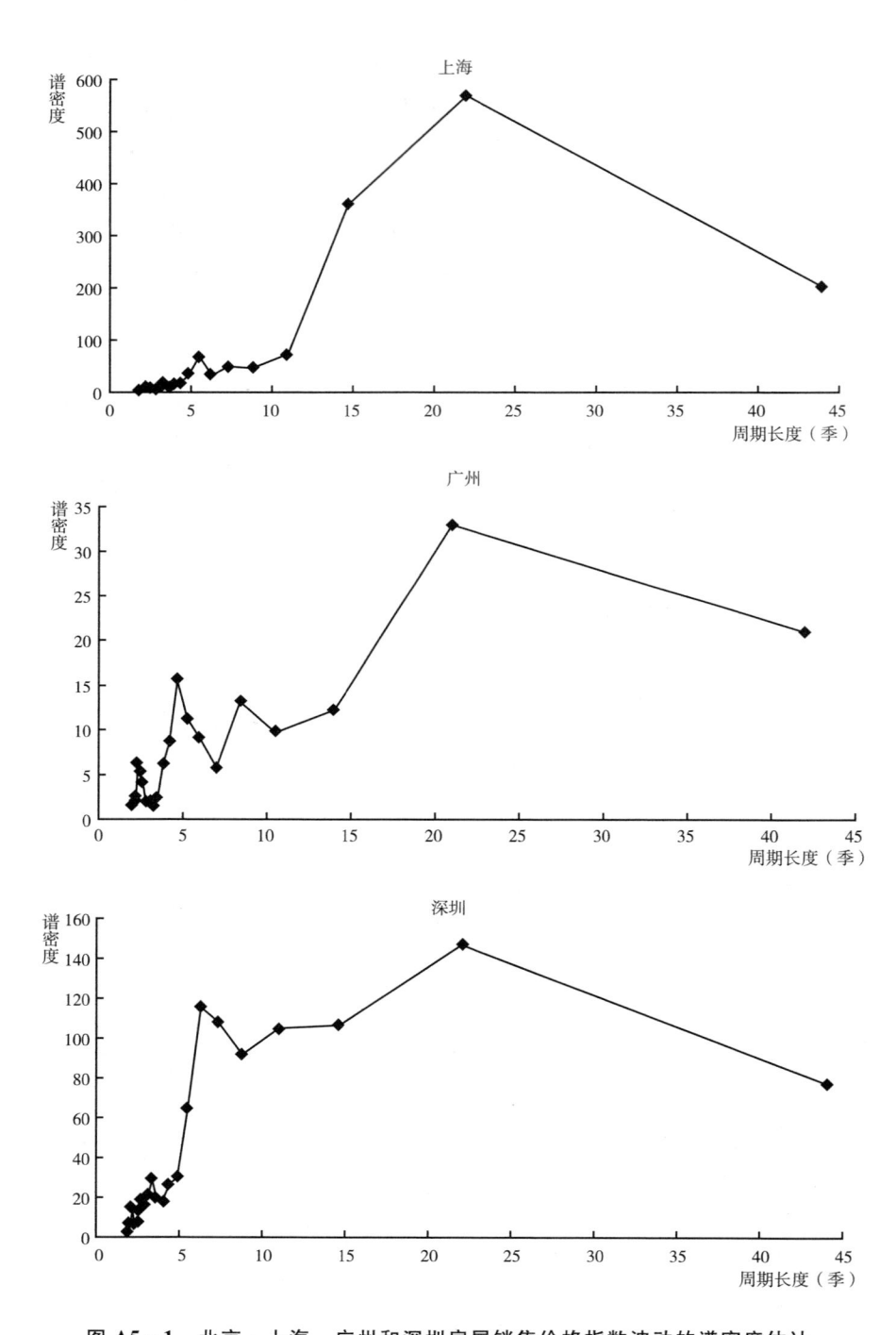

图 A5−1　北京、上海、广州和深圳房屋销售价格指数波动的谱密度估计

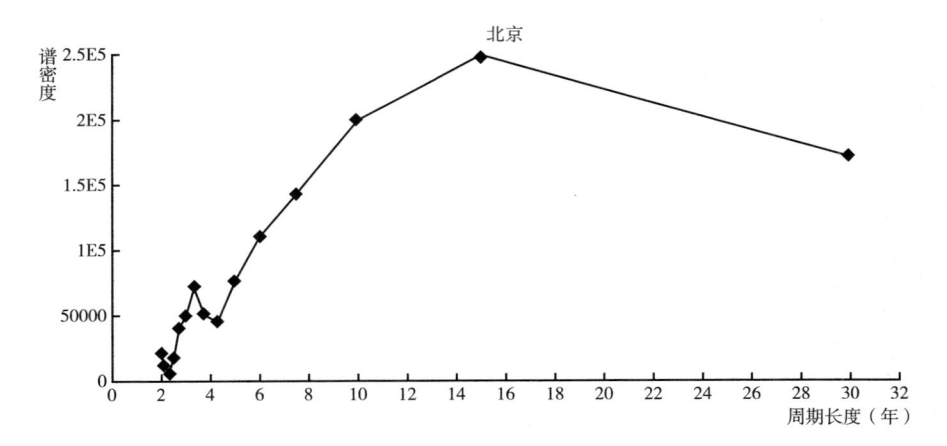

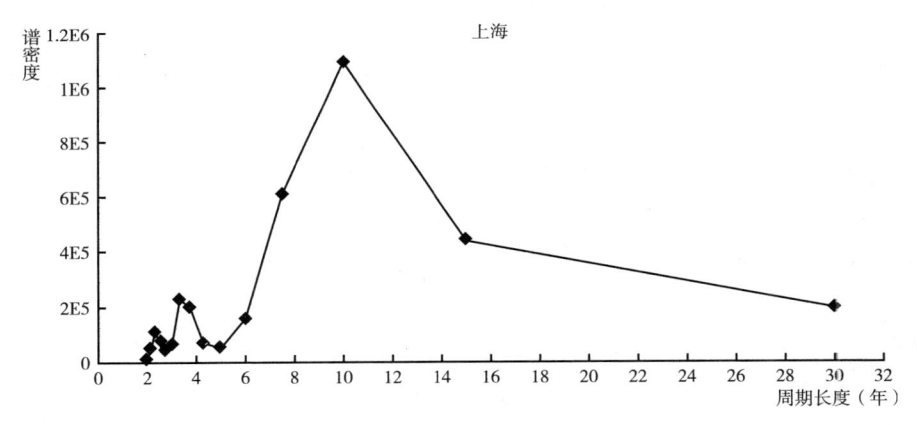

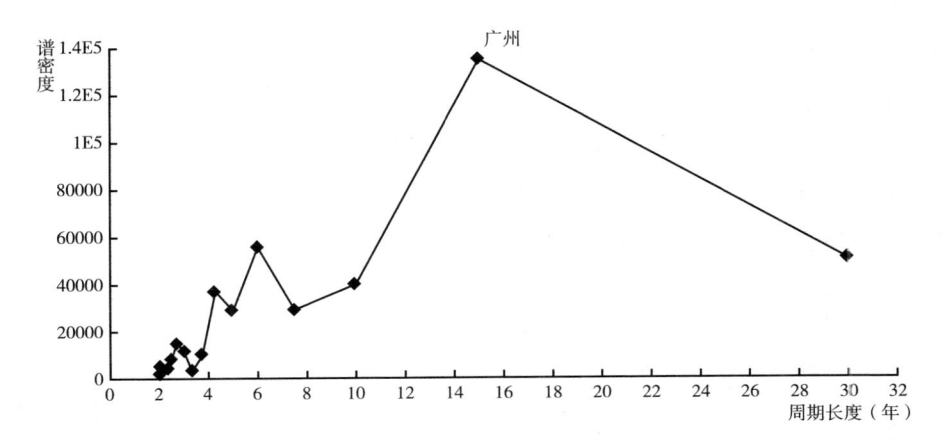

第五章 主要一线城市房地产周期的测度与划分 | 141

北京

上海

广州

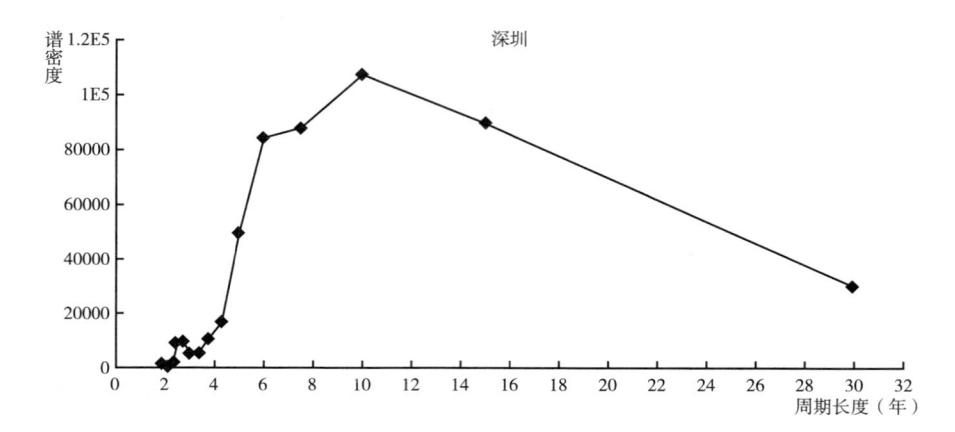

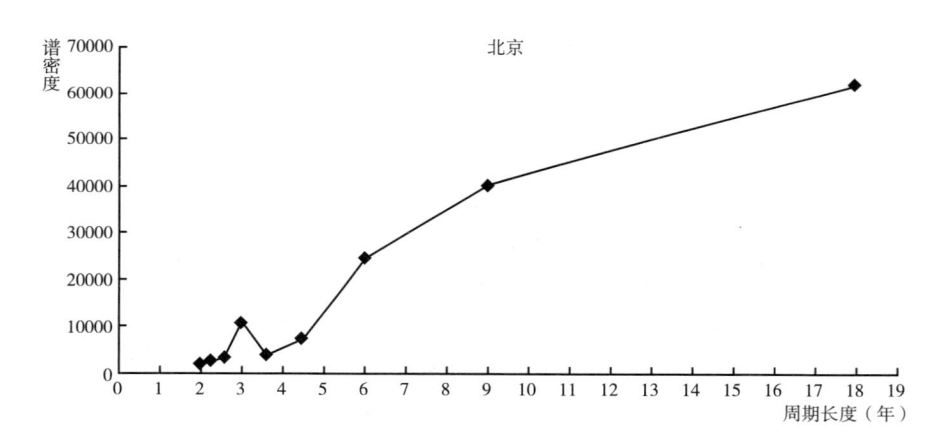

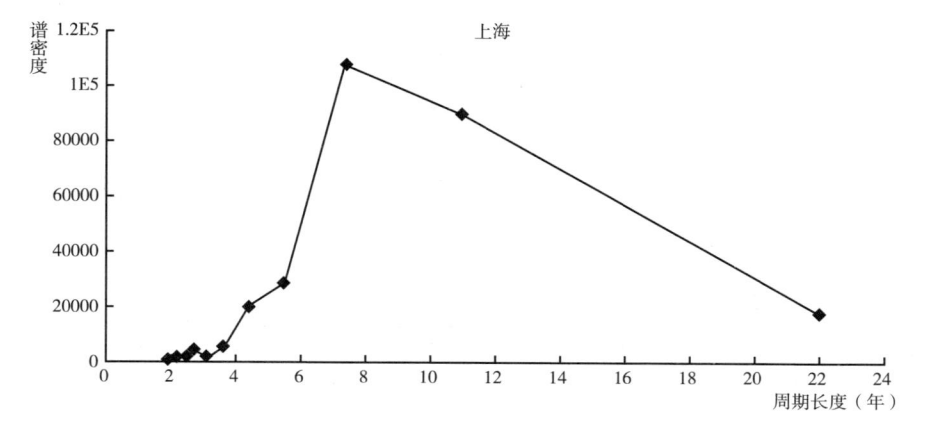

图 A5－2　北京、上海、广州和深圳住房实际供求波动的谱密度估计

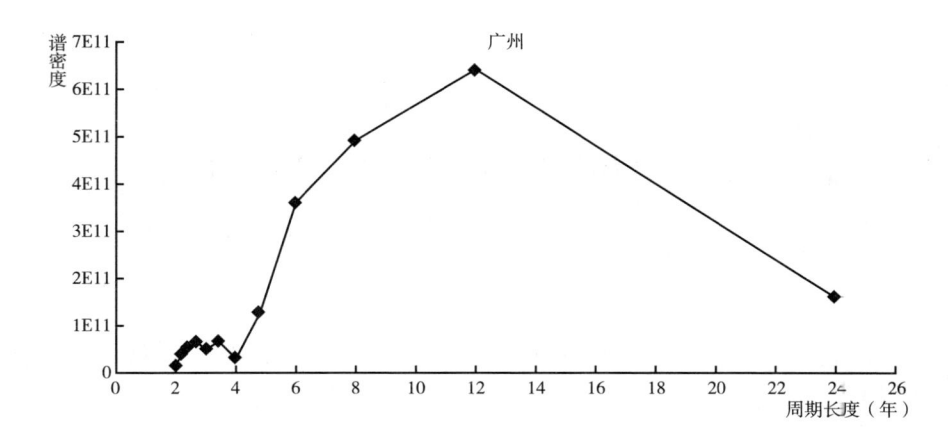

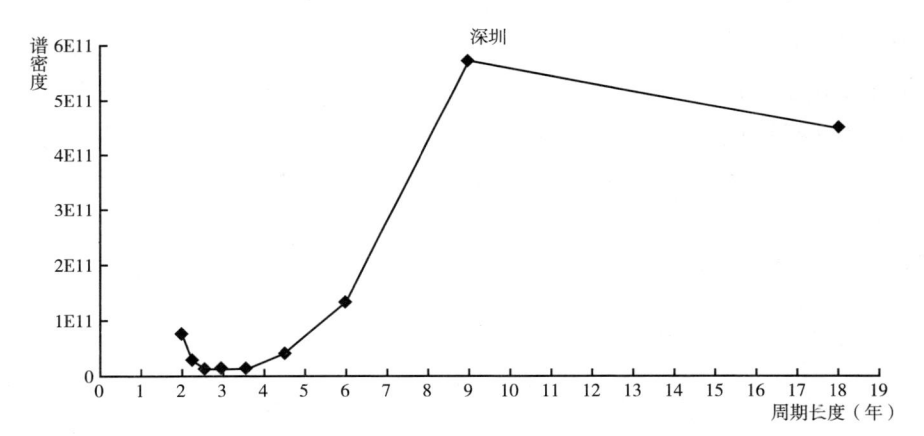

图 A5－3　北京、上海、广州和深圳房地产开发投资波动的谱密度估计

第六章 房价周期的区域差异：以东、中、西部 10 城市为例

本书的第五章综合应用 HP 滤波、谱密度分析及 BP 滤波等方法，对北京、上海、广州、深圳 4 个一线城市的房地产周期进行了测度与划分，并对 4 个城市房地产周期进行了简单比较，初步验证了我国房地产周期区域差异的存在。为对房地产周期区域差异做出进一步的检验，从而更深入地揭示我国房地产周期波动区域差异的规律性、表现形式与特征，本章以我国东、中、西部 10 个重要城市为例，运用交叉谱分析、数据包络分析等方法对区域房价周期的相关性、领先滞后关系、波动性及房价泡沫差异作了测度与实证分析。

一 分析方法

（一）周期相关性及领先滞后关系的度量方法

1. 可选的分析方法

对于不同周期波动的比较分析，常用的计量方法主要有共同周期（common cycles）分析与交叉谱分析。

共同周期方法在协整（cointegration）分析方法的基础上发展而来。从计量角度看，协动性的存在表明经济时间序列具有共同因子，而经济时间序列的共同因子可以通过它们的线性组合消解。在这方面，我们熟知的协动共同因子有"协整"：如果一组非平稳时间序列可以通过它们的线性组合而变成平稳序列，则说明它们存在协整关系或"共同趋势"（common trends）（Granger，1983；Engle 和 Granger，1987；Stock 和 Watson，1988）。但协整关系反映的是时间序列间的长期均衡关系，而各时间序列

的阶段性与时差等重要周期特征的对应关系，在协整分析中其实并不能得到反映。Vahid 和 Engle（1993）与 Engle 和 Kozicki（1993）在协整与共同趋势分析方法的基础上，进一步发展了"共同周期"（common cycles）分析方法，用以分析平稳的周期性时间序列的协动共同因子。共同周期分析的基本原理是，如果一组平稳的周期性时间序列能够通过它们的线性组合消解周期性特征，则说明存在"系列相关共同特征"（serial correlation common feature）关系或共同周期。[①]

共同周期方法属于时域分析方法，谱分析方法则属于频域分析方法。谱分析中把时间序列看作是互不相关的不同频率谐波的叠加，通过富氏变换，将时间序列分解为一系列代表特定长度周期的频率进行频域结构分析。单变量谱分析使用的工具主要有富氏变换和谱密度函数，多变量交叉谱分析还提供了相干谱、相位谱、增益谱等频域周期分析工具，用以分析比较两个经济时间序列中各频率分量所对应的特定周期波动之间的多重关系，如关联程度、领先滞后和增益等。

比较而言，共同周期分析方法只能从整体上判别平稳时间序列之间是否存在周期同步性，而交叉谱分析在将时间序列解析为不同频率周期的基础上，除了可以给出不同时间序列在不同的频率段上的周期关联度以外，还能计算出其周期的时差。由相位谱所计算的时差关系，是相对于时间序列的整个波动过程的时差，而不是仅凭对波峰和波谷等关键点位的比较而得出的领先或滞后关系。因而与其他时域分析方法相比，相位谱更能从整体上把握不同系列周期波动间的领先或滞后关系，尤其是对于峰谷间隔不太规则周期性波动的时差比较。

由于交叉谱分析在周期比较分析中的诸多优点，本章主要采用交叉谱分析作为周期区域差异的比较分析工具。

2. 交叉谱分析简述

平稳随机时间序列 X_n、Y_n 的交叉谱密度函数具有复数性质，交叉谱实部（同相谱）定义为 $C_k^{xy} = \sum_{j=-p}^{p} W_j real(J_{k+j}^{xy})$，[②] 交叉谱虚部（正交谱）

[①] "系列相关共同特征"（serial correlation common feature or cofeature），简称"共特征"（cofeature），由 Engle and Kozicki（1993）所提出和定义。

[②] $real(J_k^{xy}) = [n/2](a_k^x a_k^y + b_k^x b_k^y)$，其他相关变量的含义详见第五章关于单变量谱分析的说明。

定义为 $Q_k^{xy} = \sum_{j=-p}^{p} W_j imag(J_{k+j}^{xy})$，① 振幅为 $A_k^{xy} = \sqrt{(C_k^{xy})^2 - (Q_k^{xy})^2}$。

相干谱（Squared Coherency）与相位谱（Phase Spectrum）是交叉谱分析中最常用的周期比较指标，前者用来度量不同时间序列周期的关联性，后者则用来度量不同时间序列周期之间的领先滞后关系。

相干谱计算公式为 $K_k^{xy} = (A_k^{xy})^2 / (F_k^x \ F_k^y)$，相干谱实际上为 X_n、Y_n 中频率为 k 的分量振幅乘积标准化均值的平方，它的取值区间为 [0, 1]，相干谱越接近于1，说明序列 X_n、Y_n 在频率 k 处的相关性越强。相位谱计算公式为 $\Phi_k^{xy} = \arctan(Q_k^{xy}/C_k^{xy})$，相位谱为 X_n、Y_n 中对应频率分量相位变化的均值，反映了序列间各频率分量的相位差即领先滞后关系，取值区间一般限定在 [$-\pi$, π] 内，单位用弧度表示。相位谱为正则表示 X_n 在频率 k 处领先于 Y_n，相位谱为负则表示 X_n 在频率 k 处滞后于 Y_n。

在交叉谱分析各指标中，本章主要采用相干谱与相位谱作为不同城市房价周期差异的测度指标。

（二）波动性的度量

除了空间关联性及领先或滞后关系外，各城市房价的波动性差异也是一个较受关注的指标。波动性一般可以通过离散系数及贝塔（β）系数来度量。

离散系数反映的是相对于均值的平均离差程度，第 i 个城市房价离散系数计算公式为：

$$v_i = \frac{\sigma_i}{\overline{P}_i} \times 100\% \tag{6.1}$$

其中 v_i 为离散系数，σ_i 为标准差，$\overline{P}_i$ 为价格指数的平均值。

贝塔系数反映的是单个市场相对于总体市场投资收益波动性的关系。其计算公式为：

$$\beta_i = \frac{Cov(R_i, R)}{\sigma^2} = \rho_i \frac{\sigma_i}{\sigma} \tag{6.2}$$

其中 $Cov(R_i, R)$ 为市场 i 与总体市场的协方差，σ^2 为总体市场方差，ρ_i 为第 i 个市场与总体市场的相关系数。

---

① $imag(J_k^{xy}) = [n/2](a_k^x b_k^y - b_k^x a_k^y)$。

二 样本选择与数据说明

（一）样本选择

以市场容量大小及市场成熟程度等为标准并兼顾区域多样性，本章从东部选取了北京、上海、广州和深圳4个城市，中部选取了郑州、武汉和长沙3个城市，西部选取了成都、重庆、西安3个城市，总共10个城市作为分析样本。无论从市场份额的代表性还是区域差异性看，所选样本都符合分析目标的要求。

（二）数据来源及其处理

在交叉谱分析和波动性分析中房价数据采用国家统计局与国家发改委联合发布的房屋销售价格指数（季度）数据，数据区间为1998年第1季度至2008年第4季度（见表6-1）。数据区间之所以从1998年开始，一方面是由于我国住房分配市场化改革始于1998年，[①] 另一方面是我国定期发布房价指数也始于1998年。

表6-1　东、中、西部10个城市房屋销售价格指数

年份/季度	东部				中部			西部		
	北京	上海	广州	深圳	郑州	武汉	长沙	重庆	成都	西安
1998Q1	102.4	99.0	—	102.9	108.5	105.2	103.7	110.6	102.9	99.2
1998Q2	101.4	98.5	97.7	100.8	112.5	102.6	103.6	106.7	104.4	100.9
1998Q3	99.8	93.8	99.2	96.3	103.4	104.4	102.2	104.7	105.6	101.1
1998Q4	100.0	91.5	96.9	98.3	102.1	98.7	102.2	103.7	105.3	100.6
1999Q1	99.9	96.3	94.4	98.2	99.6	95.0	97.4	103.7	105.6	103.8
1999Q2	100.5	93.9	91.6	98.0	101.2	99.1	99.2	103.7	105.8	99.8
1999Q3	100.2	95.8	98.7	96.3	100.9	99.4	99.4	102.9	106.0	100.9
1999Q4	99.7	98.6	95.8	98.5	102.7	101.0	97.9	102.7	95.9	101.3
2000Q1	100.3	98.5	95.7	98.7	100.8	100.7	97.7	102.0	100.5	101.5
2000Q2	99.0	98.6	96.7	99.4	101.3	100.3	99.8	101.0	100.7	101.6
2000Q3	99.0	97.8	98.2	99.5	97.5	101.1	100.4	101.4	103.9	101.2

[①] 1998年，国务院发布了《关于进一步深化城镇住房制度改革加快住房建设的通知》（国发〔1998〕23号），要求"停止住房实物分配，逐步实行住房分配货币化"，从而确立了房地产商业化开发在新增房地产供给中的主导地位。

续表

年份/季度	东部				中部			西部		
	北京	上海	广州	深圳	郑州	武汉	长沙	重庆	成都	西安
2000Q4	99.7	99.5	98.7	99.2	98.5	103.1	100.3	102.7	100.0	100.9
2001Q1	101.6	100.0	100.0	98.5	100.6	111.2	102.3	101.5	99.2	101.2
2001Q2	101.3	104.7	100.5	102.2	100.2	111.7	101.7	102.2	100.7	101.6
2001Q3	101.1	107.8	100.4	102.1	100.7	100.9	102.3	101.3	100.1	103.4
2001Q4	101.0	105.1	100.3	101.2	100.8	100.6	102.2	100.4	101.3	101.3
2002Q1	99.9	105.7	101.2	100.5	101.3	101.2	101.2	101.5	101.8	101.0
2002Q2	101.4	106.0	98.8	100.8	101.5	101.5	101.6	101.4	100.0	101.1
2002Q3	100.8	107.9	98.9	100.4	101.6	103.3	101.5	101.8	102.0	101.1
2002Q4	99.0	109.7	99.6	99.9	103.3	101.6	100.1	103.3	101.4	101.1
2003Q1	100.2	111.8	100.8	101.8	102.0	104.8	99.8	106.8	101.3	101.4
2003Q2	100.2	118.1	99.4	101.0	102.3	103.5	100.2	105.5	101.8	101.1
2003Q3	100.2	121.5	99.2	102.4	101.2	102.4	100.7	101.3	102.5	101.4
2003Q4	100.6	129.1	97.8	103.5	102.3	104.5	101.2	110.9	105.9	101.7
2004Q1	101.8	128.3	101.3	103.4	102.0	105.9	101.2	114.5	105.5	104.5
2004Q2	103.3	121.4	102.0	103.7	103.1	110.0	104.9	106.4	103.0	104.0
2004Q3	103.5	114.9	102.3	104.4	104.7	109.9	103.8	108.3	102.3	106.6
2004Q4	106.3	110.3	105.0	106.8	106.2	107.8	103.3	111.4	102.8	104.9
2005Q1	106.5	119.1	104.9	106.3	107.4	111.2	101.0	107.8	112.5	104.7
2005Q2	106.5	111.6	105.9	105.9	107.6	106.6	101.7	107.6	110.7	103.7
2005Q3	106.3	106.5	104.3	106.5	107.5	105.7	104.2	106.9	108.1	104.2
2005Q4	107.4	101.7	103.6	110.2	105.4	103.8	104.4	106.5	107.8	104.5
2006Q1	107.1	98.7	104.5	110.2	105.9	103.1	104.5	103.5	108.0	103.3
2006Q2	108.7	97.2	107.1	114.4	105.3	103.2	105.7	102.7	106.2	103.5
2006Q3	109.7	98.9	106.2	112.8	105.1	103.0	105.1	102.1	107.3	103.6
2006Q4	109.5	99.9	107.0	111.8	106.5	102.8	105.9	103.7	107.0	103.9
2007Q1	109.0	100.2	108.0	112.6	106.4	103.2	106.0	103.3	106.7	104.4
2007Q2	109.5	100.8	105.7	114.3	106.3	104.3	106.5	104.0	106.7	105.1
2007Q3	111.9	103.9	106.5	120.2	106.5	105.6	108.1	108.3	107.6	106.0
2007Q4	115.0	108.7	106.3	118.2	106.1	107.7	112.9	112.1	109.3	110.1
2008Q1	113.9	109.8	103.1	111.0	105.8	108.2	111.5	113.1	107.9	111.1
2008Q2	112.2	109.4	102.0	102.5	103.9	106.5	108.9	111.2	105.1	110.2
2008Q3	108.7	105.1	98.6	93.2	102.4	104.2	105.5	105.0	102.2	108.2
2008Q4	103.0	99.3	95.6	85.8	101.3	100.7	100.7	95.9	98.4	102.7

数据来源：国家统计数据库、Wind 资讯数据库及《中国物价》，上年同期 =100。

由于交叉谱分析要求所分析时间序列为平稳系列，在进行交叉谱分析之前，先对 10 个城市房价数据进行 HP 滤波处理，以剔除其中所包含的趋势成分，从而达到数据分析的要求，经 HP 滤波处理后的 10 个城市房价指数描述性统计见表 6－2。

表 6-2 经 HP 滤波处理的中、东、西部 10 个城市房价指数描述性统计

统计量	北京	上海	广州	深圳	郑州	武汉	长沙	重庆	成都	西安
均　　值	0.00	0.00	0.00	0.00	0.00	0.00	0.00	0.00	0.00	0.00
中位数	0.14	-1.06	0.38	-0.55	-0.31	-0.81	0.10	-0.55	-0.25	-0.18
最大值	4.92	16.96	3.82	12.32	8.48	8.60	6.02	8.84	7.01	4.20
最小值	-8.35	-10.53	-7.25	-19.58	-4.00	-6.29	-7.15	-10.08	-7.04	-5.01
标准差	1.97	6.04	2.34	4.95	2.15	3.16	2.14	3.48	2.67	1.65
偏　　度	-1.37	0.88	-0.92	-1.12	1.31	0.94	-0.25	0.28	-0.13	0.31
峰　　度	9.12	3.77	3.92	8.47	7.09	3.63	5.37	3.96	3.82	4.56
JB 统计量	82.34	6.78	7.59	64.01	43.31	7.24	10.78	2.27	1.37	5.16
概　　率	0.00	0.03	0.02	0.00	0.00	0.03	0.00	0.32	0.50	0.08
总　　和	0.00	0.00	0.00	0.00	0.00	0.00	0.00	0.00	0.00	0.00
方差和	167.45	1568.91	230.72	1055.33	198.87	430.06	197.52	521.95	305.96	116.66
样　　本	44	44	43	44	44	44	44	44	44	44

在泡沫测度中房价数据采取 2007 年商品房销售均价截面数据，基本面因素采取 2007 年各城市年底总人口数、地区生产总值、客运量、货运量、地方财政预算内支出、固定资产投资总额、城乡居民储蓄年末余额、在岗职工平均工资、社会商品零售总额、货物进出口总额、年末实有公共（汽）电车营运车辆数、普通高等学校在校学生数、商品房销售等。

三　房价周期的相关性及其领先滞后关系

为比较各城市房价周期的空间关联性及领先滞后关系，本节对东、中、西部 10 个城市房价周期进行两两交叉谱分析。每组交叉谱分析结果均包含相干谱及相位谱 2 个指标，分别用来度量被比较的 2 个城市房价周期在不同周期长度（频率）上的相关性及其领先滞后关系。

（一）东部地区 4 个城市的交叉谱分析

东部 4 个城市房价指数可见图 5-2，房价周期的交叉谱分析结果见图 6-1。横轴为周期长度（也可换算为傅氏频率），左边纵轴为相干谱的度量值，右边纵轴为相位谱的度量值。

上海 VS. 深圳

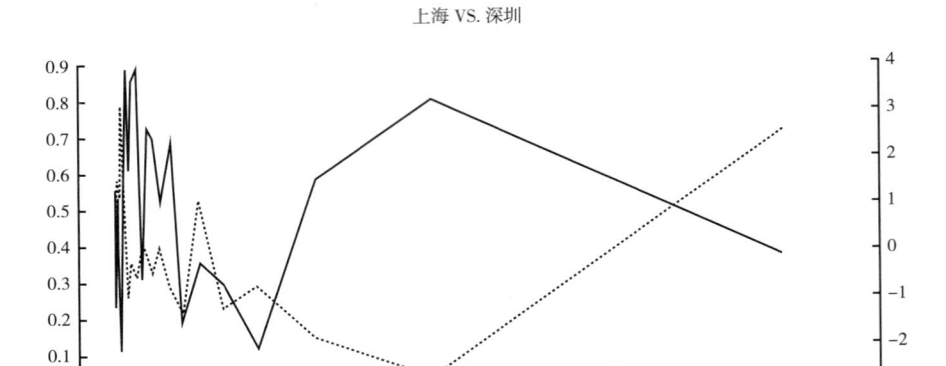

北京 VS. 深圳

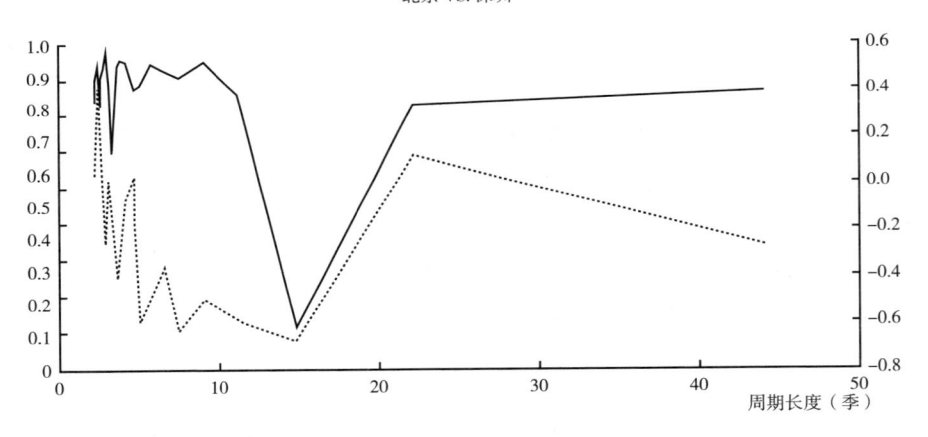

北京 VS. 上海

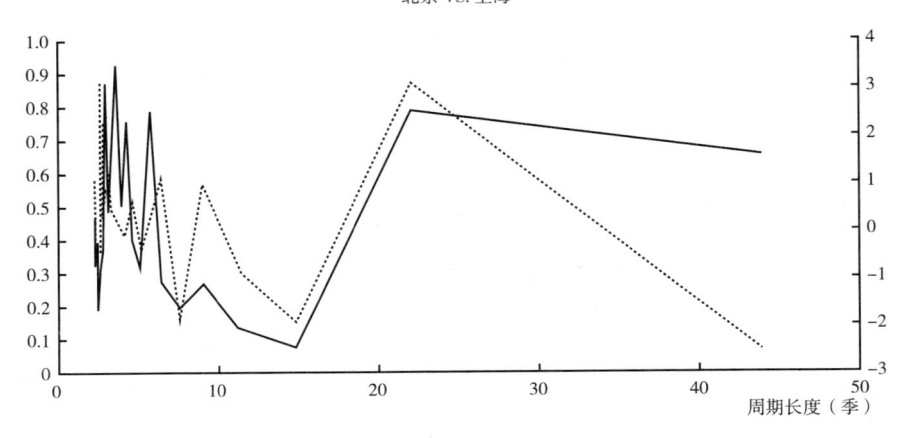

周期长度（季）

上海 VS. 广州

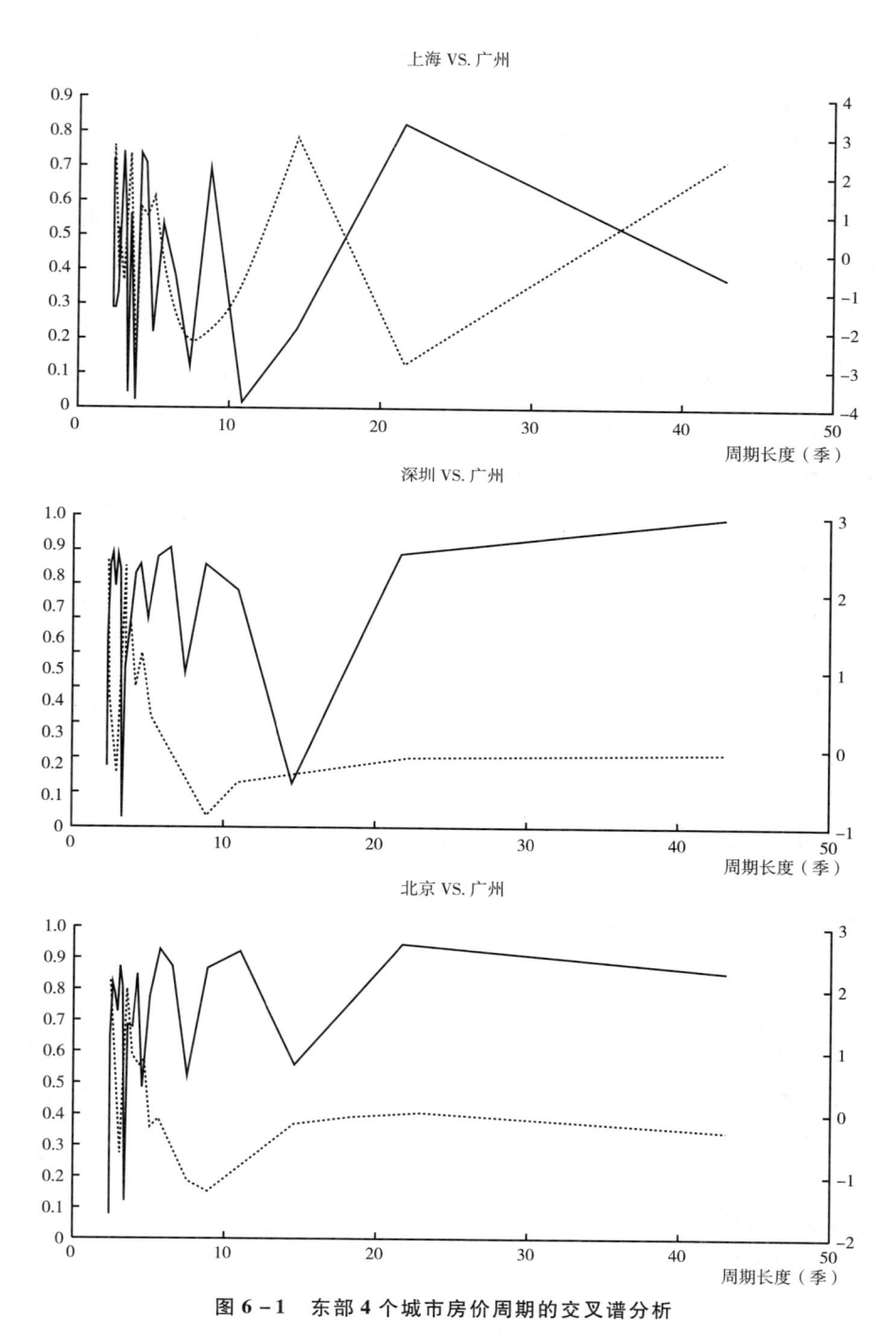

深圳 VS. 广州

北京 VS. 广州

图 6-1　东部 4 个城市房价周期的交叉谱分析

注：实线为相干谱（标记于纵坐标左轴），虚线为相位谱（标记于纵坐标右轴）。

从相干谱反映周期波动的联动性看，4个城市在长度为22季左右的周期上均有很强的相关性，但从总体上看，北京、深圳、广州之间的关联性最强，在大多数频率上均具有很强的相关性，上海与其他3个城市之间的关联性则相对较弱。

从相位谱反映的领先滞后关系看，在22季左右的周期上，北京、深圳、广州之间大体同步，但上海则滞后于其他3个城市。相对于北京，上海的滞后期约为10.86季。①

(二) 中部地区3个城市的交叉谱分析

中部3个城市房价指数见图6-2，3个城市房价周期的交叉谱分析结果见图6-3。

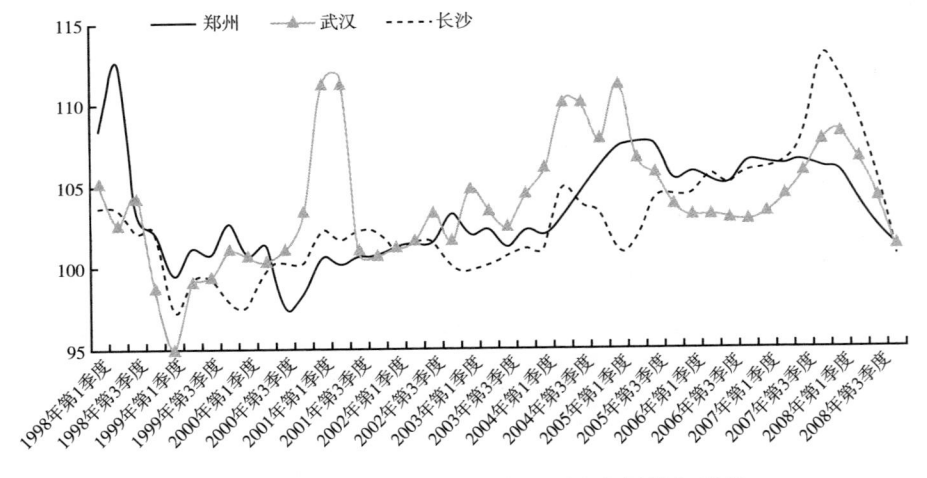

图6-2 中部3个城市房价指数（以上年同期为100）

从相干谱反映周期波动的联动性看，郑州与武汉之间在14.7季左右的房价周期上具有很强的相关性，但长沙与其他2个城市房价周期的相关性则较弱。

从相位谱反映的领先滞后关系看，在14.7季左右的房价周期上，武汉要略领先于长沙与郑州，其中领先郑州约3.76季，长沙也领先于郑州，但由于长沙与2个城市房价周期的关联性较弱，因而其领先滞后关系的意义不大。

---

① 也可以从另一个角度理解为领先关系，领先时间为周期长度减去原滞后期数。

郑州 VS. 武汉

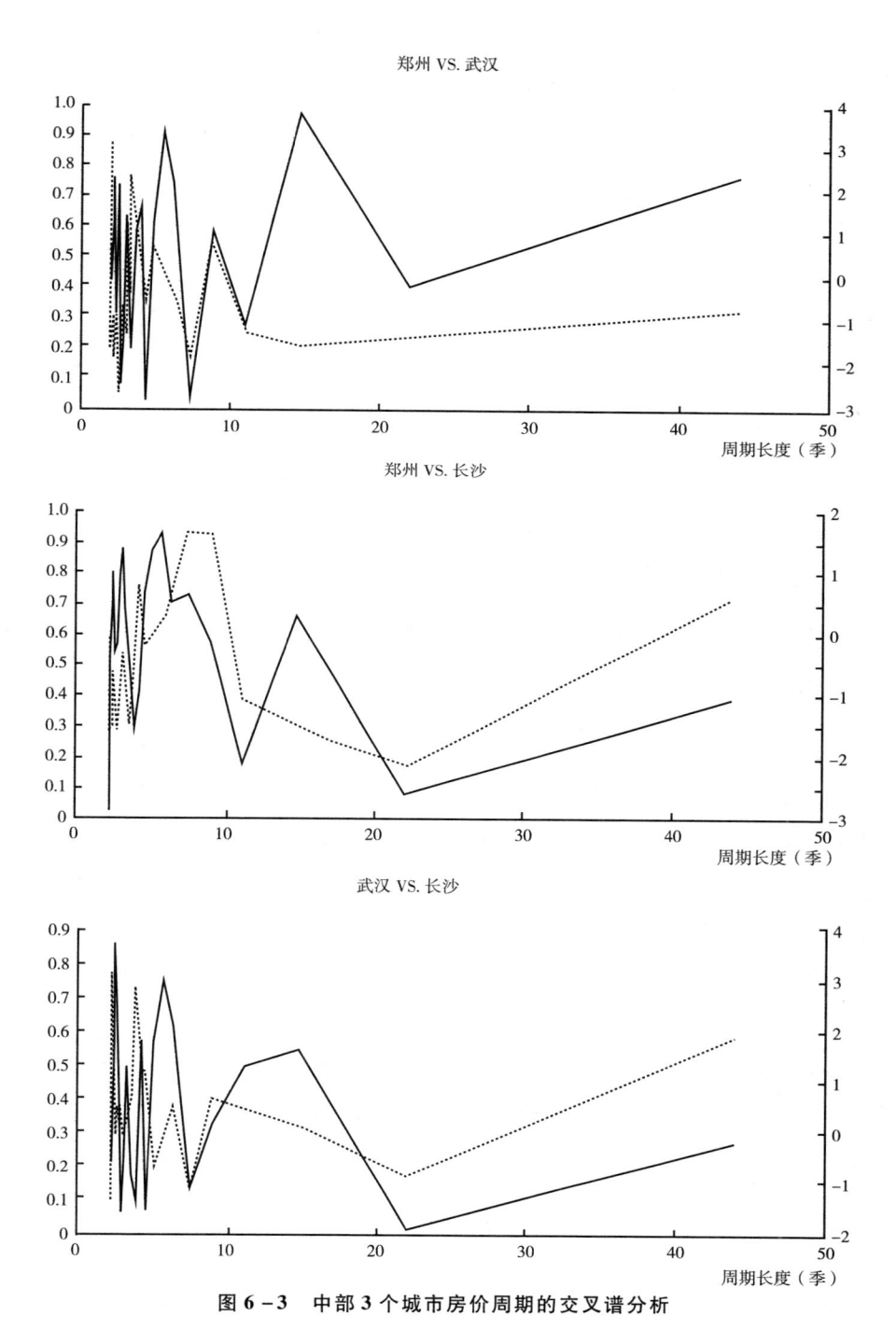

郑州 VS. 长沙

武汉 VS. 长沙

图 6-3　中部 3 个城市房价周期的交叉谱分析

注：实线为相干谱（标记于纵坐标左轴），虚线为相位谱（标记于纵坐标右轴）。

（三）西部地区 3 个城市的交叉谱分析

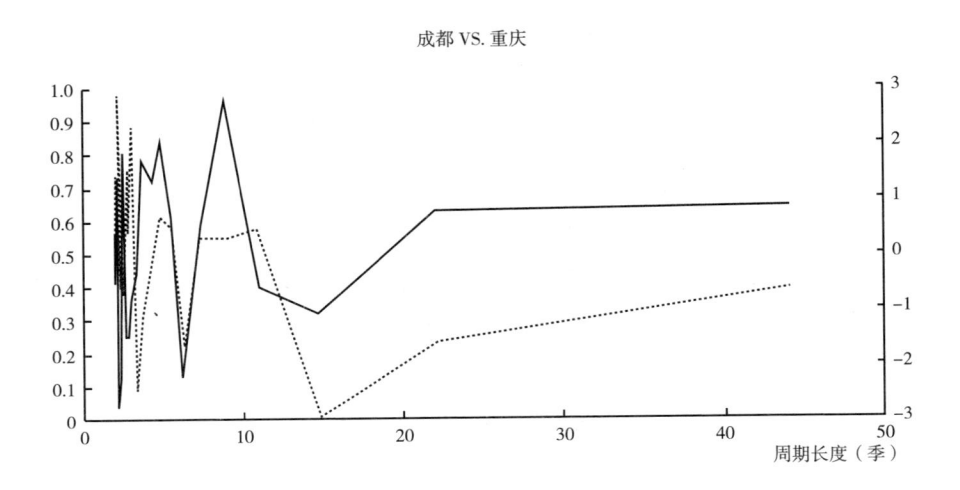

西部 3 个城市房价指数见图 6-4，3 个城市房价周期的交叉谱分析结果见图 6-5。

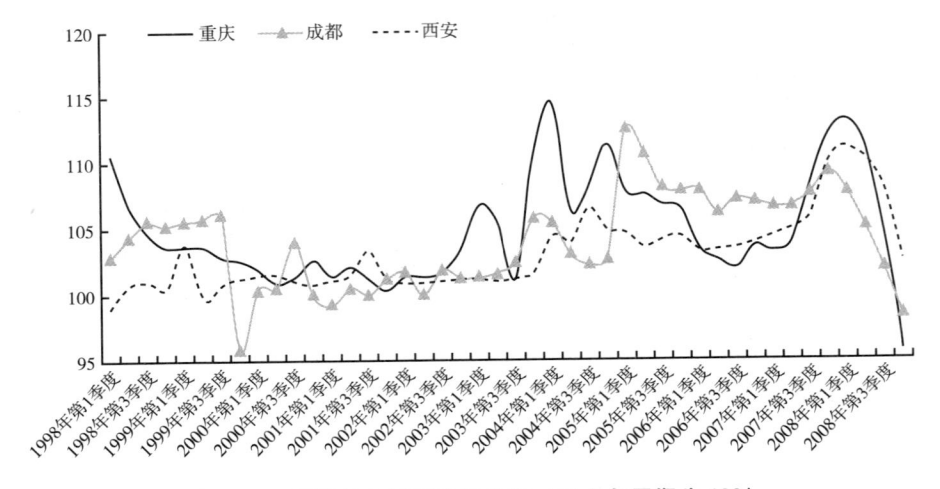

图 6-4 西部 3 个城市房价指数（以上年同期为 100）

从相干谱反映周期波动的联动性看，3 个城市在长度为 8.8 季左右的周期上均有较强的相关性，但从总体上看，重庆、西安之间的关联性最强，在 5 季和 15 季的周期上均具有很强的相关性，而成都和重庆之间及成都和西安之间只在很少的频率上有相关性。

成都 VS. 重庆

成都 VS. 西安

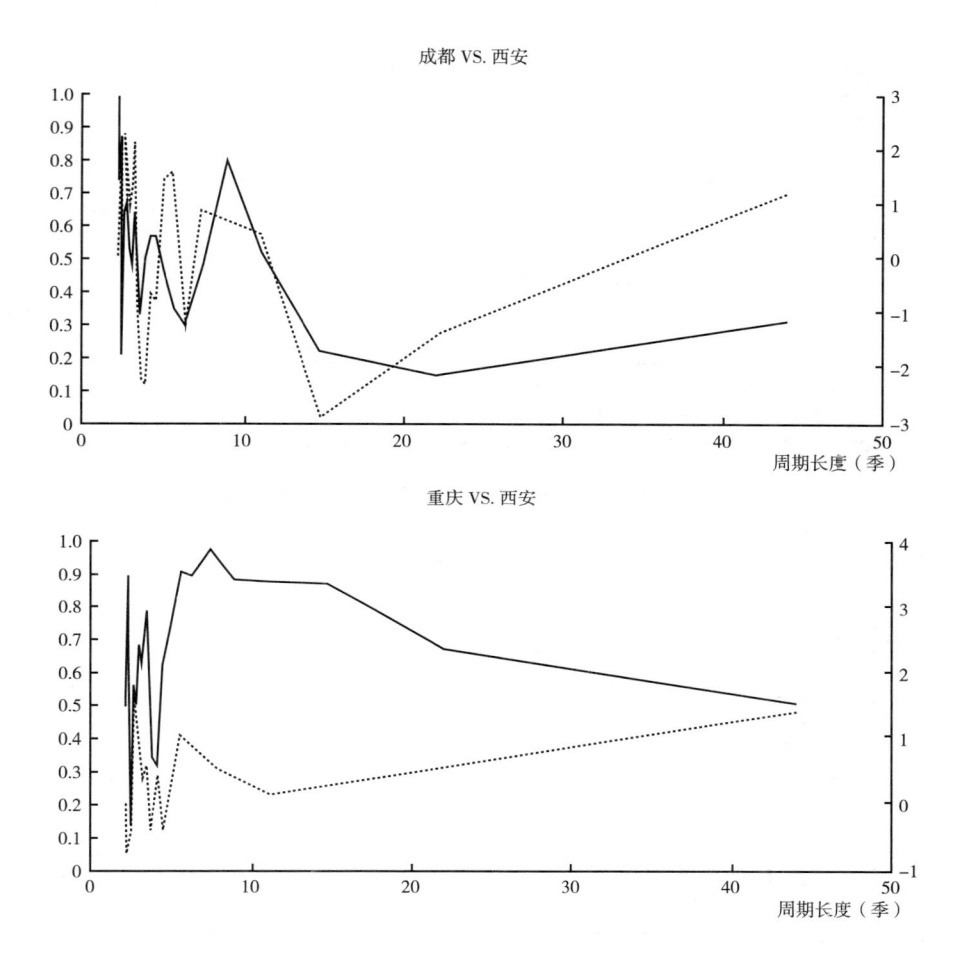

重庆 VS. 西安

图 6-5　西部 3 个城市房价周期的交叉谱分析

注：实线为相干谱（标记于纵坐标左轴），虚线为相位谱（标记于纵坐标右轴）。

从相位谱反映的领先滞后关系看，在 8.8 季左右的周期上，重庆、成都和西安之间基本同步，重庆略领先于成都，成都略领先于西安；在 5 季和 15 季的周期上，重庆、西安之间也大体同步，重庆略微领先于西安。

（四）东、中、西部地区 3 个城市的交叉谱分析

东、中、西部的上海、武汉、重庆 3 个城市房价指数见图 6-6，3 个城市房价周期的交叉谱分析结果见图 6-7。

从相干谱反映周期波动的联动性看，3 个城市在 4 季左右的周期上均

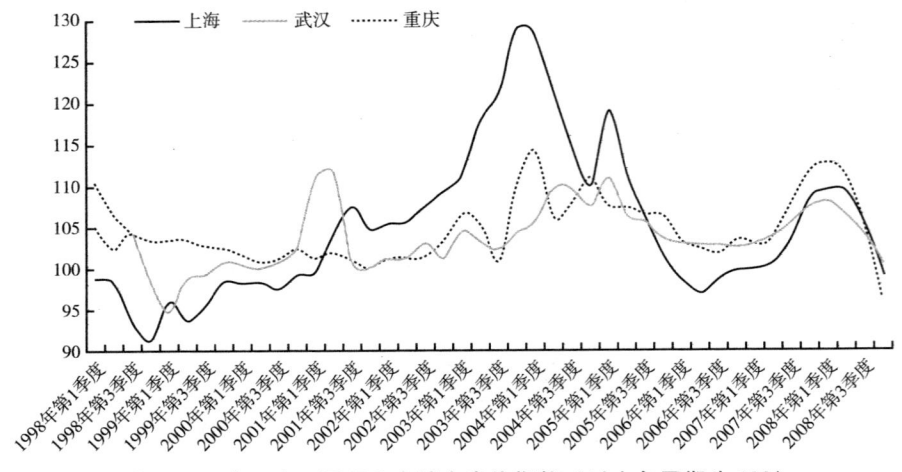

图 6-6　东、中、西部 3 个城市房价指数（以上年同期为 100）

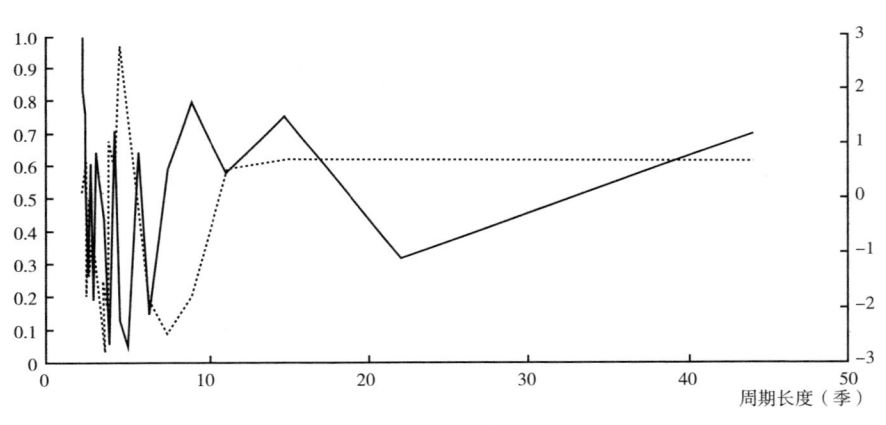

上海 VS. 武汉

上海 VS. 重庆

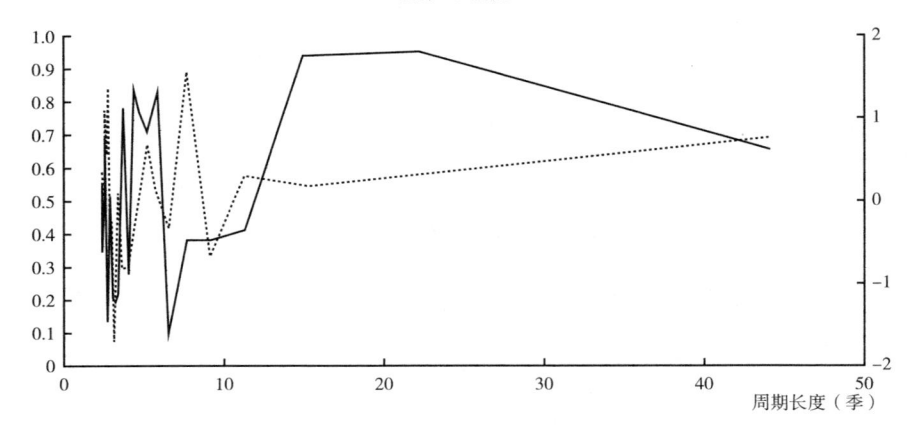

重庆 VS. 武汉

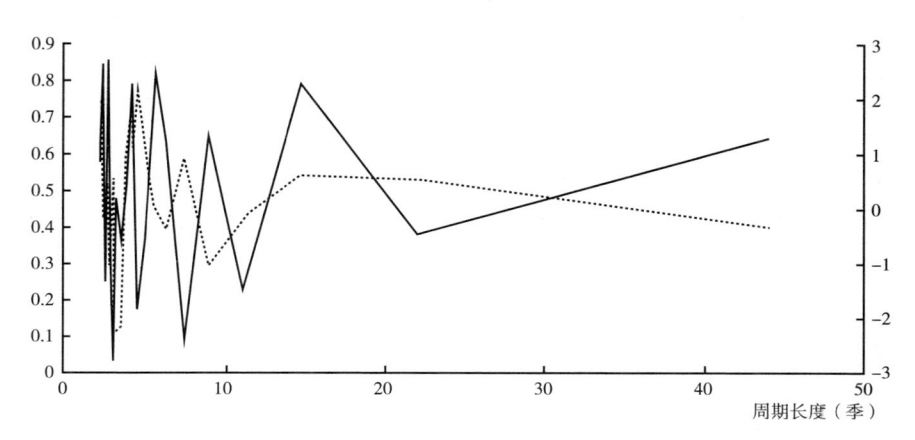

图 6-7 东、中、西部城市房价周期的交叉谱分析

注：实线为相干谱（标记于纵坐标左轴），虚线为相位谱（标记于纵坐标右轴）。

有较强的相关性，但从总体上看重庆、上海之间的关联性最强，在 14.5 季以上的各周期上均具有很强的相关性，而武汉与其他 2 个城市只在很少的频率上有相关性。

从相位谱反映的领先滞后关系看，在大多数频率上 3 个城市基本同步，上海略为领先于其他 2 个城市。

综合东、中、西部 10 个城市的交叉谱分析结果，可以发现：

第一，东部城市之间房价周期的关联性较强，而中、西部城市之间房价周期的关联性则较弱。在东、中、西部上海、武汉、重庆 3 个城市的比较中，上海与重庆之间房价周期的关联性最强，上海与武汉次之，重庆与武汉最小。不同区域内部各城市之间房价周期关联性也存在差异，在东部 4 个城市中，北京、广州、深圳之间的房价周期关联性最强，上海与其他 3 个城市的关联性则稍弱；在中部 3 个城市中，武汉与郑州房价周期的关联性要大于长沙与其他 2 个城市房价周期的关联性；在西部 3 个城市中，重庆与西安房价周期的关联性最大，重庆与成都房价周期的关联性次之，成都与西安房价周期的关联性最小。分析结果也表明不同城市的房价周期关联性大小与城市的层次定位、功能、类型的相似性有关，而与空间相邻性的关系较小。之所以如此，是因为在层次定位、功能、类型接近的城市之间，一是经济基本面与市场结构更为相似，从而会形成相近的周期特征模式，二是它们之间较容易产生房价攀比效应。

第二，在具有较强相关性的城市之间，房价周期也不完全同步，而是存在丰富的领先滞后关系。在东部4个城市中，在5~6年的房价周期上北京、广州、深圳基本同步，而上海房价周期则与其他3个城市房价周期存在较大的时差，其中上海滞后于北京2~3年。在中部城市中，在3~4年的房价周期上，武汉要领先于郑州近1年。在西部3个城市中，在有较强相关性的周期频率上，重庆略领先于成都，成都略领先于西安，但时差非常小而接近于同步。在中、东、西部3个城市中，上海略为领先于武汉与重庆。这表明城市之间对共同冲击源的敏感度存在差异，或者城市间的房价周期存在传导扩散关系。

四 房价周期的波动性差异

波动性差异也是房地产周期区域差异的重要表现之一。为比较东、中、西部各城市房价周期的波动性差异，可根据式（6.1）计算出10个城市房价指数的离散系数（见表6-3）。

表6-3 东、中、西部10个城市房价指数的离散系数

统计量	东部				中部			西部		
	北京	上海	广州	深圳	郑州	武汉	长沙	重庆	成都	西安
均　值	103.84	105.34	100.94	103.52	103.46	103.89	102.83	104.96	104.08	103.17
标准差	4.55	9.01	3.91	6.73	3.02	3.62	3.36	3.95	3.51	2.77
离散系数	4.39	8.56	3.87	6.50	2.92	3.48	3.27	3.76	3.37	2.68
平均离散系数	5.83				3.22			3.27		

从表6-3的离散系数可见，东部地区4个城市房价波动性要远大于中部和西部地区的6个城市。在东部地区4个城市中，又以上海的波动性为最大，深圳次之，北京与广州相对较小。中西部地区6个城市的房价波动性较为接近，其中又以重庆最大，西安最小。

以全国市场作为总体市场，根据式（6.2）计算出10个城市房价指数的贝塔系数（见表6-4）。

表 6-4　东、中、西部 10 个城市房价指数的贝塔系数

统计量	东部				中部			西部		
	北京	上海	广州	深圳	郑州	武汉	长沙	重庆	成都	西安
与总体协方差	10.75	17.91	9.54	14.32	5.10	8.29	7.55	8.94	5.91	6.99
总体方差	11.39	11.39	11.39	11.39	11.39	11.39	11.39	11.39	11.39	11.39
贝塔系数	0.94	1.57	0.84	1.26	0.45	0.73	0.66	0.78	0.52	0.61
平均贝塔系数	1.15				0.61			0.64		

从表 6-4 的贝塔系数看，东部城市的贝塔系数较大，特别是上海与深圳，其贝塔系数分别为 1.57 和 1.26，表明这 2 个城市房地产投资的风险（收益）要远大于总体市场的风险（收益）。而中、西部城市的贝塔系数普遍较小，特别是郑州与成都，其房地产投资的风险（收益）仅约为总体市场风险（收益）的一半。从房地产投资角度看，如果要获得更高的收益率，对东部地区城市特别是上海、深圳的投资是首选，如果同时要规避风险，则可以在投资组合中将中西部城市房地产考虑进去。

总之，无论从离散系数还是贝塔系数看，东部地区城市房价周期的波动性都要远大于中部和西部地区城市。房价周期波动性的这种差异，也验证了第三章关于房地产周期区域差异形成原因的命题 1、命题 3 及推论 1。房地产需求价格弹性小、收入增长速度快及城市拆建规模大应是造成东部地区城市房价周期波动性较大的重要原因。

五　结论与政策建议

本章以东、中、西部地区 10 个重要城市为例，通过交叉谱分析等方法测度分析了我国房价周期波动区域差异具体表现形式与特征。

从相干谱反映房价周期的相关性看，东部城市之间房价周期的关联性较强，而中、西部城市房价周期的关联性则较弱，相同区域内各城市房价周期的关联性也存在差异。分析结果同时表明不同城市房价周期关联性大小与城市的层次定位、功能、类型的相似性有关，而与城市的空间相邻性关系较小。

从相位谱反映房价周期领先滞后关系看，在具有较强相关性的城市其房价周期也不完全同步，存在着领先滞后关系。分析结果表明城市之间对

共同冲击源的敏感度存在差异，或者城市间的房价周期存在传导扩散关系。

从离散系数和贝塔系数反映房价周期的波动性看，东部地区城市房价周期的波动性要远大于中部和西部地区城市。在东部地区城市中，上海与深圳房价波动性又要大于其他城市。中、西部城市房价波动性相对较为接近，但城市之间也存在一些差异。结合第三章的理论分析，我们可以认为区域经济基本面和市场结构的差异是形成这种房价波动性差异的主要原因。

从投资意义看，一方面在房地产投资组合中，应当充分考虑各城市房价波动性的区域差异，并结合投资风险与收益目标，制订合理的房地产投资组合比例；另一方面在房地产投资中通过区域梯度转移等方式充分利用区域房地产周期的关联性及其领先滞后关系，可以"延长"房地产景气时间从而实现最大化收益，并规避可能出现的房地产周期风险。

从政策意义看，由于各区域房地产周期存在较大差异，中央政府在制定相关房地产市场调控政策特别是"反周期"政策时，应当充分考虑区域效应，尽量避免"一刀切"。可以考虑采取"分类指导"的方式，即根据层次定位、功能和类型对城市进行分类，不同类别的城市政策方案允许存在较大的差别。在必要的条件下，也可以给予地方相关管理部门更多的房地产调控政策自主权。

全书总结与后记

本书分析结果表明我国的房地产周期具有很强的地域性特征。

本书通过基于黏性价格存量—流量模型的动态参数模拟,证明市场结构及经济基本面因素的区域差异是形成房地产周期区域差异的重要原因。这些影响房地产周期特征模式的经济基本面或市场结构因素主要包括房地产的供给价格弹性、需求价格弹性、需求收入弹性、区域经济增长速度、价格调整速度和建筑滞后期等,由于上述因素在我国各区域市场之间存在较大差异,因而可以推知我国不同区域的房地产周期特征模式也应具有较大差别,不能轻易混为一谈。

本书通过包含金融加速器效应的动态一般均衡模型证明,房地产市场的大起大落会对宏观(区域)经济带来较大的负面冲击,而货币政策调控对缓解这种负面冲击基本没有效力,财政政策虽有一定效力,但会对私人投资带来不利影响。由此可知维系房地产业的平稳发展避免房地产市场的大起大落,是实现房地产业与区域经济良性互动的关键。

本书通过综合利用波谱分析及 HP 滤波、BP 滤波等方法对我国北京、上海、广州与深圳 4 个房地产一线城市的房地产价格、实际供求与开发投资周期的测度表明,4 个城市不仅均存在各自的房地产周期,而各城市房地产周期的长度、阶段都存在一定的差异性。

本书通过对东、中、西部地区 10 个重要城市的交叉谱分析和波动性分析表明,东、中、西部各城市房价周期的关联性、领先滞后关系及波动性均存在差异。东部城市房价周期的关联性较强,而中、西部城市房价周期的关联性则较弱,在具有较强相关性的城市房价周期也不完全同步,但是存在丰富的领先滞后特征。从波动性看东部地区城市房价周期的波动性要远大于中部和西部地区城市。在东部地区城市中,上海与深圳房价波动性又要大于其他城市。

实证分析结果进一步说明,无论是投资分析、房地产周期理论研究还是房地产反周期政策的制定，都应当充分考虑房地产周期的区域差异，以保证研究或决策的科学性。

尽管我国房地产周期研究特别是区域房地产周期研究还处于初始阶段，但基于房地产业在我国经济生活中的重要地位，除了房地产企业外，金融机构、房地产投资或消费者及政府等都需要关注与了解房地产周期运动规律。特别是在当前复杂的宏观经济形势下，房地产市场的健康平稳发展具有极其重要的现实意义。可以预见，丰富的实践素材及现实的迫切需求将共同推动区域房地产周期研究的迅速发展。

本书的不足之处在于，受限于房地产周期波动的复杂性及数据可获得性，房地产周期的空间传导或相互作用机制分析以及除了房价周期外的收益率、开发投资、市场供求等周期的区域差异分析都无法深入开展；由于将房地产周期波动、金融加速效应及动态一般均衡模型的结合尚属尝试，因而模型构建与分析也略嫌粗糙。随着研究的深入及方法与数据的改进，这些缺憾有望在不久的将来得到很好的弥补。

参考文献

一 中文文献

曹振良等编著《房地产经济学通论》，北京大学出版社，2003。

崔光灿：《资产价格、金融加速器与经济稳定》，《世界经济》2006年第11期。

〔美〕丹尼斯·迪帕斯奎尔、威廉·C.惠顿：《城市经济学与房地产市场》，龙奋杰等译，经济科学出版社，2002。

杜清源、龚六堂：《带"金融加速器"的RBC模型》，《金融研究》2005年第4期。

高波、王斌：《中国大中城市房地产需求弹性地区差异的实证分析》，《当代经济科学》2008年第1期。

高波等：《转型期中国房地产市场成长：1978~2008》，经济科学出版社，2009。

高波等编《现代房地产经济学导论》，南京大学出版社，2007。

何国钊、曹振良：《中国房地产周期研究》，《经济研究》1996年第12期。

洪涛、西宝、高波：《房地产价格区域间联动与泡沫的空间扩散——基于2000~2005年中国35个大中城市面板数据的实证检验》，《统计研究》2007年8月。

胡永刚：《当代西方经济周期理论》，上海财经大学出版社，2002。

〔德〕G.加比希、H.W.洛伦兹：《经济周期理论——方法和概念通论》，薛玉炜、高建强译，上海三联书店，1993。

〔美〕杰费里·萨克斯、费利普·拉雷恩：《全球视角的宏观经济学》，费方域等译，上海人民出版社，2004。

梁桂：《中国不动产经济波动与周期的实证研究》，《经济研究》1996

年第 7 期。

梁云芳、高铁梅：《中国房地产价格波动区域差异的实证分析》，《经济研究》2007 年第 8 期。

刘学成：《国内房地产周期研究综述》，《中国房地产》2001 年第 5 期。

刘学成：《国外房地产周期研究综述》，《中国房地产》2001 年第 4 期。

〔美〕罗伯特·J. 巴罗主编《现代经济周期理论》，方松英译，商务印书馆，1997。

毛盛勇：《我国居民消费需求分析》，《统计研究》2007 年第 6 期。

曲波、谢经荣：《中国房地产周期波动的评介与探析》，《中国房地产金融》2003 年第 2 期。

沈悦、刘洪玉：《住宅价格与经济基本面：1995~2002 年中国 14 城市的实证研究》，《经济研究》2004 年第 6 期。

谭刚：《房地产周期波动——理论、实证与政策分析》，经济管理出版社，2001。

谭刚：《中国房地产周期波动研究》，《城建经济》2001 年第 4~5 期。

王国军、刘水杏：《房地产业对相关产业的带动效应研究》，《经济研究》2004 年第 8 期。

〔美〕约瑟夫·熊彼特：《经济发展理论》，何畏、易家详等译，商务印书馆，1990。

〔英〕约翰·伊特韦尔等：《新帕尔格雷夫经济学大辞典》，经济科学出版社，1996。

张晓晶、孙涛：《中国房地产周期与金融稳定》，《经济研究》2006 年第 1 期。

张元端：《房地产业周期波动又探》，《上海房地产》2005 年第 8 期。

张元端：《中国房地产业发展的周期波动》，《住宅与房地产》1996 年第 1 期。

张志强：《我国城镇居民平均消费倾向的实证研究——基于 Logit 变换的回归分析》，《当代财经》2007 年第 8 期。

中国社会科学院财贸经济研究所"房地产周期波动研究"课题组：《中国房地产周期波动：解释转移与相机政策》，《财贸经济》2002 年第 7 期。

邹琳华：《管制和垄断对房地产成本的影响估计——基于 SFA 模型及 30 个城市面板数据的分析》，《统计研究》2009 年第 2 期。

二 外文文献

Alesina, A., 1987. "Macroeconomic Policy in a Two-party System as a Repeated Game", *Quarterly Journal of Economics* 102.

Alesina, A., 1988, "Credibility and Policy Convergence in a Two-party System with Rational Voters", *The American Economic Review* 78 (4).

Aoki, K., J. Proudman, and G. Vlieghe, 2004. "House Prices, Consumption, and Monetary Policy: a Financial Accelerator Approach", *Journal of Financial Intermediation* 13 (4).

Backus, D. K. and P. J. Kehoe, 1992. "International Evidence on the Historical Properties of Business Cycles", *American Economic Review* 82 (4).

Bartlett, M. S., 1966. *An Introduction to Stochastic Processes* (Second Edition, Cambridge: Cambridge University Press).

Bernanke, B. and M. Gertler, 1989. "Agency Costs, Net Worth, and Business Fluctuations", *American Economic Review* 79.

Bernanke, B., M. Gertler and S. Gilchrist, 1996. "The Financial Accelerator and the Flight to Quality", *Review of Economics and Statistics* 78.

Bernanke, B., M. Gertler and S. Gilchrist, 1998. "The Financial Accelerator in a Quantitative Business Cycle Framework", NBER Working Paper, No. 6455.

Bernard, A. B. and S. N. Durlauf, 1995. "Convergence in International Output", *Journal of Applied Econometrics* 10 (2).

Björklund, K. and Bo Söderberg, 1999. "Property Cycles, Speculative Bubbles and the Gross Income Multiplier", *Journal of Real Estate Research* 18 (10).

Born, W. L. and S. A. Pyhrr, 1994. "Real Estate Valuation: The Effect of Market and Property Cycles", *The Journal of Real Estate Research* 9 (4).

Brown, G. T., 1984. "Real Estate Cycles Alter the Valuation Perspective", *Appraisal Journal* 54 (4).

Burns, A. F., 1935. *Long Cycles in Residential Construction* (Economic Essays in Honor of Wesley Clair Mitchell, Columbia University Press, NY).

Case, K. E. and R. J. Shiller, 1989. "The Efficiency of the Market for

Single-Family Homes", *The American Economic Review* 79 (1).

Case, K. E. and R. J. Shiller, 2003. "Is There a Bubble in the Housing Market?" *Brookings Papers on Economic Activity* 2.

Case, K. E. and R. J. Shiller, 1994. "A Decade of Boom and Bust in the Prices of Single-Family Homes: Boston and Los Angeles, 1983 To 1993", *New England Economic Review* (March).

Clayton, J., 1996. "Market Fundamentals, Risk and the Canadian Property Cycle: Implications for Property Valuation and Investment Decisions", *Journal of Real Estate Research* 12 (3).

Corcoran, P. J., 1987. "Explaining the Commercial Real Estate Market", *Journal of Portfolio Management* 13 (3).

Davis, H. T., 1941. *The Analysis of Economic Time Series* (Bloomington, IN: Principia Press).

Downs, A., 1993. "Real Estate and Long-Wave Cycles", *National Real Estate Investor* 5.

Durbin, J., 1967. "Tests of Serial Independence Based on the Cumulated Periodogram", *Bulletin of the International Statistical Institute* 42.

Engle, R. F. and C. W. J. Granger, 1987. "Cointegration and Error Correction: Representation, Estimation, and Testing", *Econometrica* 55 (2).

Engle, R. F. and S. Kozicki, 1993. "Testing for Common Features", *Journal of Business and Economic Statistics* 11.

Fisher, L., 1933. "The Debt-Deflation Theory of the Great Depression", *Econometrica*, 1.

Friedman, M. and A. J. Schwartz, 1963. *A Monetary History of the United States*, 1867-1960 (Princeton: Princeton University Press).

Fuller, W. A., 1976. *Introduction to Statistical Time Series* (New York: John Wiley & Sons, Inc).

Gordon, J., P. Mosbaugh and T. Canter, 1996. "Integrating Regional Economic Indicators with the Real Estate Cycle", *Journal of Real Estate Research* 12 (3).

Granger, C. W. J., 1983. *Cointegrated Variables and Error-correcting Models* (Unpublished UCSD Discussion Paper).

Grebler, L. and L. S. Burns, 1982. "Construction Cycles in the United States since World War II", *Journal of the American Real Estate & Urban Economics Association* 10 (2).

Greenwald, B. and J. E. Stiglitz, 1993. "Financial Market Imperfections and Business Cycles", *Quarterly Journal of Economics*, 108.

Hekman, J. S., 1985. "Rental Price Adjustment and Investment in Office Markets", *Journal of the American Real Estate and Urban Economics Association* 13 (1).

Hodrick, R. and E. Prescott, 1980. *Post-War U. S. Business Cycles: An Empirical Investigation* (Carnegie Mellon University).

Hoyt, H., 1933. *One Hundred Years of Land Values in Chicago* (Chicago: University of Chicago Press).

Iacoviello, M., 2005. "House Prices, Borrowing Constraints, and Monetary Policy in the Business Cycle", *The American Economic Review* 95 (3).

Kaiser, R., 1997. "The Long Cycle in Real Estate", *Journal of Real Estate Research* 14 (3).

King, R. G. and A. L. Wolman, 1996. "Inflation Targeting in a St. Louis Model of the 21st Century", NBER Working Paper, No. 5507.

Kiyotaki, N. and J. Moore, 1997. "Credit Cycles", *Journal of Political Economy* 105 (2).

Kling, J. L. and T. E. McCue, 1987. "Office Building Investment and the Macroeconomy: Empirical Evidence, 1973 – 1985", *Journal of the American Real Estate & Urban Economics Association* 15 (3).

Krystalogianni, A., G. Matysiak and S. Tsolacos, 2004. "Forecasting UK Commercial Real Estate Cycle Phases with Leading Indicators: a Probit Approach", *Applied Economics*, 36 (20).

Kuznets, S., 1930. *Secular Movements in Production and Prices* (New York, NY: Houghton Mifflin).

Kydland, F. E. and E. C. Prescott, 1982. "Time to Build and Aggregate Fluctuations", *Econometrica* 50 (6).

Laposa, S. P. and G. R. Mueller, 1994. "Submarket Cycle Analysis: a Case Study of Submarkets in Philadelphia, Seattle and Salt Lake City", Paper

Presented at the *American Real Estate Society Annual Meeting*, Santa Barbara, CA 15.

Leung, C. K. Y. and N. K. Chen, 2006. "Intrinsic Cycles of Land Price: a Simple Model", *The Journal of Real Estate Research* 28 (3).

Long, J. B., Jr. and C. I. Plosser, 1983. "Real Business Cycles", *The Journal of Political Economy* 91 (1).

Lucas, R. E. Jr., 1973. "Some International Evidence on Output-Inflation Tradeoffs", *The American Economic Review*, 63 (3).

Malpezzi, S. and S. M. Wachter, 2005. "The Role of Speculation in Real Estate Cycles", *Journal of Real Estate Literature* 13 (2).

Malpezzi, S., 1999. "A Simple Error-correction Model of Housing Prices", *Journal of Housing Economics* 8.

McGough, T. and S. Tsolacos, 1999. "Interactions within the Office Market Cycle in Great Britain", *Journal of Real Estate Research* 18 (1).

Metzler, L. A., 1941. "The Nature and Stability of Inventory Cycles", *The Review of Economics and Statistics* 23 (3).

Modigliani, F. and M. H. Miller, 1958. "The Cost of Capital, Corporation Finance, and the Theory of Investment", *The American Economic Review* 48.

Mueller, G. R. and S. P. Laposa, 1994. "Evaluating Real Estate Markets Using Cycles Analyses", Paper presented at the *American Real Estate Society Annual Meeting*, Santa Barbara, CA, April 15.

Mueller, G. R., 1999. "Real Estate Rental Growth Rates at Different Points in the Physical Market Cycle", *Journal of Real Estate Research* 18 (1).

Mueller, G. R., 2002. "What Will the Next Real Estate Cycle Look Like?" *Journal of Real Estate Portfolio Management* 8 (2).

Mueller, G. R., 1995. "Understanding Real Estate's Physical and Financial Market Cycles", *Real Estate Finance* 12 (3).

Nordhaus, W. D., 1975. "The Political Business Cycle", *Review of Economics Studies* 42.

Ortalo-Magné, F. and S. Rady, 2001. "Housing Market Dynamics: on the Contribution of Income Shocks and Credit Constraints", Center for

Economic Studies Working Paper.

Pollakowski, H. O., S. M. Wachter and L. Lynford, 1992. "Did Office Market Size Matter in the 1980s? A Time-Series Cross-Sectional Analysis of Metropolitan Area Office Markets", *Journal of the American Real Estate and Urban Economics Association* 20 (1).

Pritchett, C. P., 1984. "Forecasting the Impact of Real Estate Cycles on Investment", *Real Estate Review* 13 (4).

Pyhrr, S. A. and W. L. Born, 1999. "Real Estate Cycles: The Body of Knowledge", Paper presented at the *American Real Estate Annual Meeting*, Tampa, Florida, April.

Pyhrr, S. A., S. E. Roulac and W. L. Born, 1999. "Real Estate Cycles and Their Strategic Implications for Investors and Portfolio Managers in the Global Economy", *The Journal of Real Estate Research* 18 (1).

Renaud, B., 1997. "The 1985 to 1994 Global Real Estate Cycle: an Overview", *Journal of Real Estate Literature* 5 (1).

Rottke, N., M. Wernecke and A. L. Schwartz, 2003. "Real Estate Cycles in Germany-causes, Empirical Analysis and Recommendations for the Management Decision Process", *Journal of Real Estate Literature* 11 (3).

Samuelson, P. A., 1939. "Interactions Between the Multiplier Analysis and the Principle of Acceleration", *The Review of Economic Statistics* 21 (2).

SAS 9.1 Help and Documentation, SAS Institute Inc. USA.

Spiegel, M., 2001. "Housing Return and Construction Cycles", *Real Estate Economics* 29 (4).

Townsend, R. M., 1979. "Optimal Contracts and Competitive Markets with Costly State Verification", *Journal of Economic Theory*, Elsevier 21 (2).

Tsolacos, S., 1999. "Retail Building Cycles: Evidence from Great Britain", *Journal of Real Estate Research* 18 (1).

Vahid, F. and R. F. Engle, 1993. "Common Trends and Common Cycles". *Journal of Applied Econometrics* 8 (4).

Voith, R. and T. Crone, 1988. "National Vacancy Rates and the Persistence of Shocks in the U. S. Office Markets", *Journal of the American Real Estate and Urban Economics Association* 16 (4).

Wang, P., 2003. "A Frequency Domain Analysis of Common Cycles in Property and Related Sectors", *The Journal of Real Estate Research* 25 (3).

Wheaton, W. C. and L. Rossoff, 1998. "The Cyclic Behavior of the U. S. Lodging Industry", *Real Estate Economics* 26 (1).

Wheaton, W. C. and R. G. Torto, 1988. "Vacancy Rates and the Future of Office Rents", *Journal of the American Real Estate and Urban Economics Association* 16 (4).

Wheaton, W. C., 1987. "The Cyclic Behavior of the National Office Market", *Journal of the American Real Estate and Urban Economics Association* 15 (4).

Wheaton, W. C., 1999. "Real Estate 'Cycles': Some Fundamentals", *Real Estate Economics* 27 (2).

Wheaton, W. C., R. G. Torto and P. Evans, 1997. "The Cyclic Behavior of the Greater London Office Market", *Journal of Real Estate Finance and Economics* 15 (1).

Witkiewicz, W., 2002. "The Use of the HP-filter in Constructing Real Estate Cycle Indicators", *The Journal of Real Estate Research* 23 (1/2).

Witten, R. G., 1987. "Riding the Inflation Cycle", *Real Estate Today*, August.

图书在版编目(CIP)数据

中国房地产周期波动区域差异研究/邹琳华著. --北京：社会科学文献出版社，2016.10
ISBN 978 - 7 - 5097 - 9177 - 6

Ⅰ.①中⋯ Ⅱ.①邹⋯ Ⅲ.①房地产业 - 经济周期波动 - 区域差异 - 研究 - 中国 Ⅳ.①F299.233

中国版本图书馆CIP数据核字（2016）第108896号

中国房地产周期波动区域差异研究

著　　者 / 邹琳华

出 版 人 / 谢寿光
项目统筹 / 任文武
责任编辑 / 高　启　王凤兰　王　颉

出　　版 / 社会科学文献出版社·皮书出版分社（010）59367127
　　　　　 地址：北京市北三环中路甲29号院华龙大厦　邮编：100029
　　　　　 网址：www.ssap.com.cn
发　　行 / 市场营销中心（010）59367081　59367018
印　　装 / 三河市尚艺印装有限公司

规　　格 / 开　本：787mm×1092mm　1/16
　　　　　 印　张：11.75　字　数：196千字
版　　次 / 2016年10月第1版　2016年10月第1次印刷
书　　号 / ISBN 978 - 7 - 5097 - 9177 - 6
定　　价 / 48.00元

本书如有印装质量问题，请与读者服务中心（010 - 59367028）联系

▲ 版权所有 翻印必究